U0673219

四川师范大学学术著作出版基金资助 ■

中国房地产市场繁荣
对实体经济的影响研究

THE EFFECT OF THE RAPIDLY DEVELOPING HOUSING INDUSTRY
ON THE REAL ECONOMY IN CHINA

蒲 艳 汤 晖 王官诚
李康荣 周 勇 / 著

人民出版社

序

　　中国住房市场化改革以来，房地产业经历了一个蓬勃发展的过程，成为国民经济的支柱产业，为社会进步和经济发展作出了巨大的贡献。从居民居住条件来看，住房市场化改革使中国城镇居民的住房面积大幅度增长、住房质量大幅度提高，城镇人均建筑面积从1978年的6.7平方米提高到2016年的40平方米左右，住房的样式、卫生设备、取暖设备均有了较大改善。从对经济的带动作用来看，房地产投资约占中国城镇固定资产投资的20%，对GDP的直接贡献率近年来一直保持在12%以上。更为重要的是，房地产业的关联产业众多，例如建筑业、相关制造业、电力煤气自来水供应业、金融保险业、社会服务业等。国家统计局综合司课题组曾根据2000年投入产出表，综合房地产对所有行业的影响，估算出每100元的房地产需求，大约会影响其他行业215元的需求，如果再加上房地产自身的需求，会影响315元的总产出。房地产业的蓬勃发展，带动该行业本身及相关行业就业人数的增长。从中国房地产开发企业的从业人数来看，2000年为97.19万人，2016年为273.85万人，增长了接近2倍，房地产行业直接或间接就业人员接近1亿人。

　　市场机制在房地产市场发挥重要资源配置作用的同时，其负面效应也在凸显，这就是房地产的投资属性逐渐超越消费属性，房地产市场日益偏离基本居住功能，成为金融投资场所。房价不断上涨，住房平均空置率却不断上升，拥有二套及以上住房的居民日益增多，低收入人群以及后进入房地产市场的人群购房却越来越困难，对宏观经济发展和人民福利带来巨大的不利后果。因此，客观分析和评价房地产行业对实体经济的影响，并提出房地产健康可持续发展的政策建议，是必要的且有意义的。截至目前，学者们对中国房地产行业的研究主要集中在房地产泡沫的形成机制、房地产对消费与投资的挤出效应、房地产投资性需求的测度、房地产行业的调控措施等。学者们对房地产泡沫的认识和界定，主要参照发达国家的惯例和标准，未结合中国的实际情况，因此很难达成共识。房地产对消费的挤出效应分析较为深入，主要研究房价波动对不同收入人群的消费的影响；房地产对投资的挤出效应分析则侧重房地产对制造业的负面影响。近年来房地产行业对经济的影响研究出现深入与细化趋势，如研究房价波动与贫富差距之间的联系，研究地区性房地产发展趋势及影响。学者们对房地产行业健康可持续发展的研究主要着眼于房地产税，其次是土地供给政策，力求探讨现行调控政策存在的问题和完善措施。

本书站在中立的立场，运用跨学科研究方法、比较分析法、博弈分析法、实证分析法等，从需求侧与供给侧两端对住房市场化改革以来房地产市场（非理性）繁荣的成因进行剖析，研究房地产市场（非理性）繁荣对居民消费和产业投资的积极作用和负面影响，并对有关挤入挤出效应进行大致估算，为房地产行业健康可持续发展提供一定的借鉴和参考。

本书的出版具有一定的理论意义和实践意义。在理论上，它进一步丰富和完善了房地产对实体经济影响的研究。住房市场化改革之初，学者们主要是研究房地产行业对经济的带动作用，所提的政策建议主要针对如何更好更快发展房地产。金融危机以后，学者们的研究主要集中于房地产行业的负面作用。本书则站在中立立场，全面客观分析房地产对实体经济的带动作用和负面影响。在获取数据极其困难的情况下，本书还估算了房地产非理性繁荣对消费和投资的挤出效应，以及高房价对国有房地产企业资源配置、主营业务竞争能力和社会福利的影响，这些分析和考察可拓展现有房地产经济学的研究视野。在实践上，本书就中国房地产的功能定位、中国土地供给政策改革完善、中国房地产税立法与相关制度建设、房地产金融市场建设、多层次住房供给体系建设等提出政策建议，这些建议对立法机关和其他相关行政职能部门制定和实施房地产调控措施具有一定的参考价值。

当然，房地产行业对实体经济的影响是一个非常复杂的问题，涉及公共事业管理、政治经济学、制度经济学、行政管理、金融理论与政策等诸多领域。要对这一问题进行全面、深刻的论述，并不是一件容易的事情。

因此，本书不可避免地存在一些不足之处。例如，对现阶段中国土地财政政策的必然性、被替代性，以及与房价之间的相关性，本书论述得还不够充分。关于房地产市场相关利益者的边际消费倾向的估算、房地产行业对消费和投资的挤入挤出效应估算，研究方法还有待优化。关于国有房地产企业占据市场主导地位对资源配置和社会福利的影响，论证还不够深入。对于这些问题，希望作者做进一步的思考和完善。

四川师范大学　杜伟
2017 年 8 月 15 日

目　录

第一章　新中国成立以来中国房地产政策及房地产供需状况 …… 1

第一节　计划经济时期（1949—1977 年）中国的住房政策及

房地产供需状况 …… 1

一、计划经济时期中国的住房政策 …… 1

二、计划经济时期中国的住房需求与供给 …… 3

三、计划经济时期中国住房政策的主要问题 …… 5

第二节　改革开放到住房市场化改革前（1978—1997 年）中国的

住房政策及房地产供需状况 …… 7

一、改革开放到住房市场化改革前中国的住房政策 …… 7

二、改革开放到住房市场化改革前中国住房的供求情况 …… 10

三、改革开放到住房市场化改革前中国住房政策的主要问题与

效果 …… 13

第三节　住房市场化改革以来（1998 年至今）中国的房地产

政策及效果 …… 14

一、住房市场化改革之初（1998—2003 年）的住房政策及

效果 …… 15

二、住房市场化深化阶段（2004—2009 年）住房政策及效果 …… 17

三、金融危机后（2010 年以来）的主要房地产政策及效果 …… 18

第二章 中国住房市场化改革以来房地产市场繁荣发展的
　　　　成因 ……………………………………………… 22
　第一节 基于需求因素的视角分析 …………………… 22
　　一、房地产消费性需求分析 ………………………… 23
　　二、中国人住房消费性需求的满足手段——基于中国文化的
　　　　视角 ………………………………………………… 27
　　三、房地产投资需求分析 …………………………… 30
　第二节 基于供给因素的视角分析 …………………… 40
　　一、土地政策 ………………………………………… 42
　　二、货币政策 ………………………………………… 49
　　三、生产要素市场的供需力量变化 ………………… 53

第三章 房地产市场繁荣对消费的带动效应 ……………… 56
　第一节 关键概念界定与理论基础 …………………… 56
　　一、房地产与消费的概念界定 ……………………… 56
　　二、与房地产市场相关的消费理论 ………………… 58
　第二节 房地产市场繁荣对互补品的带动效应 ……… 59
　　一、房地产商品与房地产互补品理论 ……………… 59
　　二、房地产市场繁荣对耐用消费品消费的现实考察 ………… 60
　第三节 房地产繁荣通过收入效应带动消费 ………… 62
　　一、房地产繁荣对房地产从业人员收入的积极影响 ………… 62
　　二、房地产繁荣对建筑业从业人员收入的积极影响 ………… 66
　　三、房地产繁荣对投资型购房者收入的积极影响 …………… 70
　　四、房地产繁荣对拆迁家庭收入的积极影响 ………………… 72
　第四节 房地产繁荣通过财富效应带动消费 ………… 73
　　一、房地产繁荣对房地产拥有者财富的积极影响 …………… 73
　　二、房地产繁荣对房地产上市企业投资者财富的积极影响 …… 74
　　三、房地产繁荣对房地产受赠者财富的积极影响 …………… 77

第四章　房地产市场繁荣对消费的负面影响 ………… 79

第一节　住房市场化改革以来中国居民消费增长情况 ………… 79

第二节　关键概念界定与理论基础 ………… 84

一、挤出效应的概念界定 ………… 84

二、房地产消费的挤出效应的理论分析 ………… 85

第三节　高房价对不同人群的消费的挤出效应 ………… 87

一、高房价对消费性购房者的消费的挤出效应 ………… 87

二、高房价通过投资型购房者对消费的负面影响 ………… 90

三、高房价对拆迁型购房者的影响 ………… 93

四、高房价对租房者消费的挤出效应 ………… 94

五、房价波动对房地产上市企业投资者的挤出效应 ………… 96

第五章　房地产市场繁荣对投资的带动效应 ………… 98

第一节　房地产繁荣对私人投资的直接带动效应 ………… 98

一、房地产繁荣对上游产业投资的直接带动效应 ………… 98

二、房地产繁荣对下游产业投资的直接带动效应 ………… 107

三、房地产繁荣对环向关联产业投资的直接带动效应 ………… 115

第二节　房地产市场繁荣对政府投资的带动效应 ………… 120

一、政府投资的概念与职能 ………… 120

二、政府投资的乘数效应 ………… 122

三、房地产市场繁荣增加政府投资能力 ………… 129

第三节　房地产市场繁荣对外商直接投资的带动效应 ………… 137

一、外商直接投资理论概述 ………… 137

二、房地产繁荣吸引境外资本直接投资于房地产业 ………… 140

三、房地产繁荣吸引外商直接投资房地产关联产业 ………… 149

第六章　中国房地产市场繁荣对实体投资的负面影响 ………… 151

第一节　房地产非理性繁荣对其他产业投资的负面影响 ………… 151

一、房地产非理性繁荣对非房地产投资形成挤出效应 ………… 151

二、房地产非理性繁荣对技术进步投资的负面影响 ……… 154

第二节 高房价导致部分国有企业投资错位 ……… 157

一、中国国有企业的定位及其资源优势 ……… 157

二、国有房地产开发企业投资现状 ……… 162

三、国有企业投资房地产的影响 ……… 165

第七章 中国房地产健康发展的政策建议 ……… 175

第一节 美国房地产发展借鉴 ……… 175

一、美国的房地产发展历程 ……… 175

二、美国的住房保障政策 ……… 179

三、美国的房地产调控政策 ……… 184

第二节 日本的房地产发展借鉴 ……… 188

一、第二次世界大战后日本房地产发展历程 ……… 188

二、日本房地产泡沫的成因与危害 ……… 191

三、日本政府的房地产调控政策 ……… 193

四、日本房地产调控的经验教训 ……… 193

第三节 中国房地产健康发展的政策建议 ……… 194

一、中国房地产的功能定位 ……… 194

二、加快房地产税立法与相关制度建设 ……… 196

三、完善房地产市场的土地调控政策 ……… 199

四、发展房地产金融，完善社会信用体系建设 ……… 203

五、完善多层次住房供应体系 ……… 205

六、适时开征遗产税 ……… 206

附录 住房市场化改革以来中国主要房地产政策 ……… 210

参考文献 ……… 225

后 记 ……… 242

第一章　新中国成立以来中国房地产政策及房地产供需状况

由于房地产业①②在国民经济中拥有重要地位，世界各国均对房地产业进行比较强烈的干预，人口众多的中国更不例外。新中国成立以来中国的房地产政策演变经历了三个主要阶段：第一阶段是 1949—1977 年计划经济时期的实物分配阶段，第二阶段是 1978—1998 年住房制度改革阶段，第三阶段是 1998 年以来的住房市场化阶段。

第一节　计划经济时期（1949—1977 年）中国的住房政策及房地产供需状况

一、计划经济时期中国的住房政策

1949 年新中国成立之时，百业凋零，百废待兴。从供给角度来看，已有城镇住房不仅数量少，且年久失修，新建住房面临资金紧缺的困难。从需求层面来看，大批国家机关人员及军队人员进城需要解决住房问题，大量无家可归的老百姓也需要解决住房问题。政府面临着巨大的住房压力。

为尽量满足老百姓的住房需求，及满足老百姓对建立公平的、解除租金重压的住房制度的愿望，中国实行福利性住房分配制度。在这个特殊时

---

① 房地产指房产和地产的总称，是土地、建筑物及附着在这二者上面的不可分离的部分及附带的各种权益。因此房地产既是一种客观存在的物质形态，又是一项法律上的财产权利。房地产所有者对自己拥有的房地产有使用权、租赁权和抵押权，这种权利衍生于房地产自身的特点，又赋予房地产金融资产的特征，即房地产和其他金融资产，如证券、股票一样，其价格不是固定不变的，而受到人们心理预期、市场上供求关系等多种因素的影响。除具有金融属性外，房地产还具有耐用性、异质性、位置的固定性等特征。

② 本书所指房地产，主要指居民住宅，不包括商业地产。

刻，该制度能够缓解城市住房问题，安定人心，稳定社会秩序，巩固新生政权，对经济起到积极作用。该制度也是单一的生产资料公有制和高度集中的计划经济的产物，是新中国成立以后计划经济时期特有的一种住房分配形式。其基本模式是：政府出资搞住房建设，然后以实物形式分配或出租给个人。如采取出租形式，考虑到老百姓的经济承受能力，租金都比较低。该制度对老百姓的住房需求具有一定的保障作用，具有较高的福利性，更体现了社会主义制度的优越性。

福利性住房分配制度具有以下四个特点：第一，住房产权公有制度。新中国成立后，中央人民政府依据临时宪法，对那些属于没收范围内的财产①进行接管、征收和征用。在此基础上，积累了国家最初的公有产权住房。与此同时，国家不断兴建公有住房，并限制私人建房行为，对出租私房进行社会主义改造，从住房来源上保证公有住房的不断积累，并进一步降低私有产权住房的比重，城镇住房产权公有制通过国家公有力得到确立。第二，实物分配制度。住房实物分配是指计划经济体制下，国家或单位投资、建设、购买住房并无偿分配给职工，由职工支付一定租金的住房分配体制。城镇居民住房普遍靠一个来源，即由单位建房后无偿分配。职工要根据参加工作时间长短、职务高低、年龄、居住人口辈数与人数、有无住房等一系列条件由单位分房。由于企事业单位建房少，一些职工几代人居于一小间，一旦分房，基本就不再有搬家的机会。第三，低租金使用制度。在住房产权公有和实物分配体制下，居住的人实际支付的房租远远低于建筑和维修成本。这种低租金使用制度充分体现社会主义制度的优越性以及该制度的福利性②，在建国初期的特定历史条件下较好地满足了当时城镇居民的基本住房需求，保障了他们的基本生活。第四，政府和企事业单位承担全部责任。职工或居民只需要为住房缴纳低廉的租金，其他的管理费、维修费和养护费等所有费用，都由政府和职工单位承担。因此房

---

① 主要是反革命、汉奸、官僚资本家、国民党政府的财产。

② 第一个五年计划期间，国家对职工住宅基建投资44亿元，建设职工住宅共约8000万平方米。而根据国家统计局1956年职工家庭收支调查，住公房的职工平均每户每月负担房租2.1元，占家庭收入的2.4%，占本人工资的3.2%。国家收回的租金，一般只达应收租金的三分之一到二分之一左右。

屋的分配实际上是一种福利待遇。

在实行福利性分配制度的住房政策下，政府成为公有住房建设主体，其住房建设资金来自国家的固定资产投资基金，其建设的公有住房按照居住者的职级和家庭人口等情况进行统一分配，并由地方主管部门和企事业单位组织管理。与福利性住房分配制度对应的土地使用政策是：土地属国家所有，通过政府行政划拨，无偿、无限期地提供给使用者，不允许流转。

福利性住房分配制度和政策在当时的历史条件下是比较合理的，既体现了社会主义制度的优越性，得到了人民群众的大力拥护，又兼顾了市场因素。但由于过低的房租根本无法维持建设与维修资金的消耗，政府构建的住房建设良性循环遭到破坏。该制度还存在另一个局限性，即福利性制度在中国的受益群体主要是担任公职的精英群体，生活在社会底层、迫切需要获得福利的弱势群体往往被忽略。随着社会的发展和人口的激增，住房分配制度的矛盾日益凸显。

二、计划经济时期中国的住房需求与供给

在福利性分配制度下，城镇居民住房状况总体较差，住房短缺成为常态，而住房需求则无限扩大，住房供求存在着比较尖锐的矛盾，形成这种局面既有福利性住房分配制度本身的原因，也有制度以外的客观原因。

首先，城市化和城镇人口增加。中国城镇非农业人口在 1949 年约为 5765 万人，到 1977 年激增到 17245 万人[1]，人口快速增长引起了住房需求量大幅增加。住房投资严重不足，全国主要城市面临住房严重短缺的困境。全国城镇人均居住面积甚至从 1949 年的 4.5 平方米降低到 1978 年的 3.6 平方米，缺房户 869 万户，占当时城镇总户数的 47.5%[2]。其次，家庭小型化。由于家庭分立，家庭总户数增加，而原有无房户和居住困难户本就较多。中国第一次全国性住房调查表明，大约有 1054 万户家庭面临住房困难，占城市居民总数的 25.26%。除此之外，随着时间的推移，危旧房改造或者住房淘汰使得住房存量越来越少，而住房需求越来越高。最后，

---

[1] 刘维奇：《城市非农就业结构、人口转移方式与城镇化水平》，博士后研究工作报告，2016年5月，第16—17页。

[2] 黄小凡：《从分房到买房：新中国的居住革命》，《安徽日报·农村版》2017 年 4 月 7 日。

居民生活水平的提高，也会造成需求的增加。1985 年房屋普查数据显示，城镇居民的居住条件十分糟糕，没有厨房的房屋占 31%，没有独立卫生间的占 65.9%，没有独立的家庭空间，必须与其他家庭合租的占 76%①②。可见，中国人在计划经济时期，住房短缺有多么严重。

住房供给跟不上住房需求的增长幅度，是造成住房短缺的关键原因。新中国刚刚成立之时，住房相关的各种资源都十分贫瘠，有限的住房建设资金为大型国有企业优先使用，中小企业难以获得。一方面是政府和单位每年承担着高达几十亿元的高额建造和维修费，另一方面为体现配给制的福利性和优越性，又只能收取非常低廉的租金。国家不能收回成本，但又需要大量的资金投入，压力越来越大，陷入总需求大于总供给的矛盾。当时的年代，强调"先生产后生活"，在国家的基础建设资金中，没有专门针对住房设立的专项资金，住房建设资金不断被挤压，在基本建设资金中所占比例呈下降趋势（见表 1-1）。据统计，19 世纪 50 年代国家基本建设投资总额为 1239.39 亿元，住房投资总额为 85.43 亿元，住房投资所占比例为 6.89%；60 年代国家基本建设投资总额为 1584.49 亿元，住房投资总额为 82.68 亿元，住房投资所占比例为 5.22%；70 年代国家基本建设投资总额为 3678.65 亿元，住房投资总额为 268.19 亿元，住房投资所占比例为 7.29%。尤其在 1970 年时，住房投资比例仅占 2.6%（见表 1-1）。因此，实行计划经济的 30 多年里，国家没有显著增加住房建设投资，而需求却不断扩大，供求缺口越来越大，传统的住房分配福利制度体系逐渐崩溃。

表 1-1　1950—1977 年中国住房投资情况

单位：亿元，%

年份	基本建设投资	住房投资	住房投资所占比例	年份	基本建设投资	住房投资	住房投资所占比例
1950	11.34	1.25	11.0	1965	170.89	9.43	5.5

---

① 朱亚鹏：《住房制度改革——政策创新与住房公平》，中山大学出版社 2007 年版，第 4 页。

② 中国在 1984 年首次进行全国住房情况普查，上述数据可在一定程度说明计划经济时期中国人的住房条件。

年份	基本建设投资	住房投资	住房投资所占比例	年份	基本建设投资	住房投资	住房投资所占比例
1951	23.46	8.21	11.0	1966	199.42	8.77	4.4
1952	43.56	4.48	10.3	1967	130.52	4.96	3.8
1953	80.01	9.47	12.5	1968	104.13	5.21	5.0
1954	90.62	8.44	9.3	1969	185.65	10.21	5.5
1955	93.02	6.16	6.6	1970	294.99	7.62	2.6
1956	148.02	12.74	8.6	1971	321.26	13.71	4.5
1957	138.29	12.84	9.3	1972	312.79	17.97	5.7
1958	266.96	8.10	3.0	1973	321.26	19.85	6.2
1959	344.65	13.74	3.9	1974	333.01	21.55	6.5
1960	384.07	15.07	4.1	1975	391.86	22.94	5.9
1961	123.34	7.43	6.0	1976	359.52	28.16	6.1
1962	53.62	3.16	5.9	1977	364.41	25.06	6.9
1963	94.16	7.28	7.7	—	—	—	—
1964	138.69	11.16	8.0	—	—	—	—

资料来源：成思危：《中国城镇住房制度改革——目标模式与实施难点》，民主与建设出版社1999年版，第104—105页。

三、计划经济时期中国住房政策的主要问题

在计划经济时期，住房分配崇尚平均主义原则。国家的初衷是按需分配住房，保证每个城镇居民住房平等，但事实上供求矛盾却越来越大。供不应求导致对稀缺住房的激烈竞争，住房不平等较为严重。除此之外，该时期中国住房政策还存在以下问题。

（一）住房建设资金的不均等分配

计划经济时期，单位住房建设资金大部分来自于政府拨款，有小部分来自于单位自筹资金。因此，强势的部门和企业会利用自己的优势地位，占有更多资源，如土地、住房建设资金等。那些弱势的部门和企业，则只能获得较少的资金，造成住房建设资金分配不平等，并由此产生不同类

型、不同规模的企事业、机关单位职工住房条件明显的差异。

（二）劳动力浪费，劳动力失真

福利性住房制度，把住房分配与职工的工龄、职务、家庭等挂起钩来，相当于把职工和职工家庭固定在一个地方，使大量的劳动力不能转移，造成劳动力的浪费。福利性分房制度并未考虑职工的业绩贡献（或者说并不以职工的业绩贡献为主要依据），造成职工人浮于事，整日虚度，效率低下。

（三）福利性分房容易滋生腐败

政府官员掌控住房建设资金的分配，需要建房的单位为获取更多建设资金，充分利用各种资源向其展开游说。因为住房被视为一种福利，以实物方式近似无偿地分配给员工使用，员工送礼行贿，找关系等腐败现象屡屡出现。单位领导由于控制本单位职工的住房分配容易成为本单位职工行贿的对象。有的干部一人名下有几套住宅，有的职工老少几代同居一室。

（四）单位内职工住房分配等级分明

计划经济时期，单位内职工住房分配标准较多采用记分制，即由单位房管局对需要住房的职工按一定标准进行评分，以分数多少来分配住房。职工工龄和职位高低是打分的重要标准，由此在职工心目中造成等级差距感，影响职工士气。

（五）房地产市场受到抑制

国有土地的使用采取划拨制度，未考虑市场价值。公有住房的建设和维修等高昂的成本难以通过租金得到补偿，单一的政府投资渠道和有限的投资规模无法刺激房地产业的发展。由于住房的需求者和供给者不存在交换关系，房地产市场发展受到抑制。

（六）单位分配与实际需求不匹配

在计划经济时代，住房建设资金由政府统一管理，住房分配按照职工工龄、职位高低等标准来分配给职工。由于分配标准中较少考虑家庭结构和规模，因此并不能真正反映居民的实际需求。单位分配也无法发挥市场在住房的投资、分配、流通和消费领域的调节功能，因而效率较低。

第二节 改革开放到住房市场化改革前 (1978—1997 年) 中国的住房政策及 房地产供需状况

一、改革开放到住房市场化改革前中国的住房政策

计划经济时期，国家对城镇居民实行实物分配、低租金使用的福利性住房政策，即"产权公有、实物调配、低租金使用"为中心的住房行政化分配政策。这一住房制度带来住房严重短缺、住房质量较差、看似公正实际不平等等严重问题。为顺应 20 世纪 70 年代以来中国经济的快速发展，改革开放伊始中央政府就积极探索中国住房的改革道路，并出台大量政策来解决住房困难问题。

为避免政策过于激进带来较大冲击，从改革开放到 1998 年间，中国城镇住房政策采取实物分配制和商品化住房市场并存，以实物福利分配制为主的双轨制住房制度。在计划领域，由国家及单位分配福利性住房；在市场领域，由房地产开发商负责建房及开展市场交易。

这一时期中国城镇住房先后实施以建造成本价出售公房、"三三制"补贴出售公房、鼓励私人建房、租售并举、提租补贴、住房公积金等政策，为中国住房实行全面市场化、商品化打下了基础。

（一）1978—1981 年，住房出售试点改革

随着十一届三中全会的胜利召开，改革开放拉开序幕。中国计划经济时期传统住房制度的弊端在经济建设发展中日益彰显出来。中央为缓解城镇居民住房压力，同时减轻政府的财政负担，召开一次次住房改革会议，最后决定打破传统分房制度，向商品化方向发展。1978 年 9 月，国务院副总理谷牧在城市住宅建设会议谈话中讲到，要将住房问题提出来并且进行解决。于是 1978 年就被视作住房改革的起点年份。

1979 年国家出台以建造成本价销售住房的政策，即全价售房政策，在通过一系列考察后，决定在西安、柳州、梧州、南宁四个城市开始试

点实施。中央政府负责提供住房建设资金，地方政府负责建设与销售，并以成本价出售给城镇居民。由于缺乏相应的配套政策，且住房售价相对于当时的工资和物价水平较高，城镇居民的购房意愿被抑制。全价售房政策还未普及到全国各城市就已经宣告失败，政府决定将改革重点转向降低房价，及以补贴形式出售公房。

（二）1982—1985年，补贴出售住房

1982年，在总结前两年全价售房试点改革失败教训的基础上，政府开始实行住房补贴出售政策，以调动广大城镇居民购房的积极性，并向住房商品化市场迈进。

按当时政策，政府、个人及单位三方主体分别负担房价的1/3，即所谓的"三三制"政策。此次政策试点选在郑州、常州、四平、沙市，尽管这四座城市的房价高于全国平均水平，但是由政府和单位来负担2/3，个人实际负担的房价还是较低的，所以大家购买公房的意愿较高。在试点城市，截至1983年共售出1619套住房[①]，达到预期目标。

住房改革补贴带给中国极大的变化，城镇居民不再依赖国家的住房福利政策，传统的国家解决住房问题的思想正在改革中逐步动摇，为后续的改革成功奠定了基础。然而，看似平静的住房政策依然面临很大的供需矛盾。在个人的购房需求被进一步激发出来的同时，地方政府和企事业单位的财务负担也在迅猛增加，住房资金循环受阻，供给滞后于需求。其次，房屋售价相对较低，但仍然高于当时的平均房屋租金，导致多数工资较低的城镇居民不愿意花钱去购置房屋，而选择租房。政府意识到，低价售房与低租金政策都是不可持续的，租售之间应该达到合理比例，住房资金才能健康、持续流转，实现良性循环。1986年，政府宣布停止"三三制"售房政策。

（三）1986—1988年，提租补贴，增租出售

自从补贴出售住房政策失败以后，住房政策改革方向集中在租金调整上，目标是通过提高住房租金促进公房出售。首批改革试点城市有烟台、

---

① 朱亚鹏：《住房制度改革——政策创新与住房公平》，中山大学出版社2007年版，第51页。

常州、蚌埠、唐山，国家实行各种补贴政策，改变住房建设和分配的方式，同时又不增加居民的负担。在此次改革中，烟台是很成功的，绝大多数居民对住房观念有了一定的转变。

（四）1988—1991年，中国全面住房改革起步

借鉴烟台试点的成功做法，政府想用3至5年的时间将这一试点方案推行到全国，希望在全国范围内掀起一股售房高潮，以逐步实现全国住房的商品化，并消灭住房分配不均的不合理现象。该政策的主要措施是提高公共住房租金的同时，提高职工工资来抵消租金上涨带来的经济负担。但该政策增加了企业的运行成本，企业既不愿也无法承担职工工资上涨带来的巨大压力。同时大部分体制内的职工多年来将传统廉价租房政策视作一大福利而不愿轻易放弃，导致全国改革进程非常缓慢。绝大多数政府官员、企事业单位职工的抵制，相关领域配套措施不到位，加上1988年的通货膨胀恐慌①，使第一次全国性住房改革暂停前进步伐。

（五）1992—1997年，房改进一步深化，住房公积金制度初步建立，推动住房商品化发展

随着1992年社会主义市场经济体制的提出与建设，国家在全国范围内进一步推行城镇住房制度改革，即第二次全国性住房改革。1994年7月，国务院下发《国务院关于深化城镇住房制度改革的决定》（国发〔1994〕43号），提出国家实施住房安居工程的方案，目的在于解决中低收入者中无房户住房难的问题，顺便推动住房商品化改革。

这一时期对住房市场化改革影响重大的举措是全面推行住房公积金制度。我国的住房公积金政策1991年于上海起源②，对全国的住房改革作出了巨大贡献。住房公积金制度减轻了居民购买住房的经济压力，以一种新的形式推广到全国各地，带动房地产市场的健康可持续发展。在党中央的关注下，全国各城市开始推行住房公积金制度。截至1993年年底，104个

---

① 根据国家统计局提供的数据，1988年的零售物价指数达到18.5%（城市居民消费指数上涨20.7%），创下建国40年以来上涨的最高历史纪录，引发一系列社会问题。政府对货币供给与资金投放采取紧急刹车，全国几千个建设项目中途放弃，"半拉子工程"一词由此产生。

② 住房公积金制度能够有效解决住房资金稳定和长期的来源这一难题，最早起源于新加坡。1991年5月，经国务院批准，上海市率先推行住房公积金制度，并很快在全国推广开来，为中央政府吸纳成为全国性政策。

大城市开始建立起强制性的住房公积金计划，119 个城市建立了住房基金管理中心，占全国全部 194 个大城市的比例分别为 53% 和 61%①。1994 年以后，中央采用市场化原则，建立了针对不同目标人群的经济适用房和商品房供应体系。1995 年，中央关注城市生活中住房困难的家庭，推出了安居工程等住房政策，保障低收入家庭的住房权利，使他们能够有房居住。

虽然改革在不断地前进，但是这些政策并未触及到原有住房制度的核心，企事业单位员工对单位住房福利政策的依赖性越来越强。全国各城市都在往商品化住房市场靠近，但是依旧没有摆脱住房福利分配的思想。直到 1998 年 8 月，国家停止住房实物分配，逐步实行住房分配货币化，并建立和完善以经济适用房为主的多层次城镇住房供给体系，真正意义上的住房商品化市场才得以建立起来。

二、改革开放到住房市场化改革前中国住房的供求情况

从 1978 年改革开放到 1997 年住房市场化改革前，中国城镇居民的住房需求相比计划经济时期有所上升，但仍然受到抑制。城镇住房供给增加速度有所上升，但仍滞后于需求增加速度，供不应求依然严重。

这个阶段的提租补贴、以租促售、以售带租等政策均在一定程度上激发城镇居民的住房需求，但由于工资收入较低，以及受福利分房思想的影响，市场交易量非常有限。1979—1981 年曾在西安、南京、柳州、梧州四个城市试行以成本价售房，后推广到 60 多个城市。但由于售价超过居民可承受能力，且没有相应的金融支持，需要一次性付清房款，因此市场反应较为冷淡。据统计，在该轮改革试验中，全国累计售出 2418 套住房，其中 1184 套新房，出售房屋总价 1278 万元②。尽管平均每套住房的价格为 0.5 万元，但相比当时的人均收入，依然是一个很高的数字③。

1982—1985 年间实行"三三制"售房，居民由于只需承担房价的三分之一，购房意愿较高。根据学者朱亚鹏提供的数据，1985 年共出售新房

① 李晓平：《记我国住房公积金监管制度的完善》，2013 年，第 4 页。
② 亢飞：《改革开放以来中国城镇住房政策的演变》，《党史研究与教学》2013 年第 5 期，第 57 页。
③ 根据国家统计局网站提供的数据，1980 年城镇居民人均可支配收入为 477.6 元。

147万平方米，价值2.45亿元，平均每平方米167元。按照"三三制"原则，个人只需支付56元。[1] 在试点城市常州，首批出售158套住宅，第一天登记认购的家庭有450户，10天内登记认购逾千户。截至1985年年底，全国补贴试点城市达到160个，县达到300个，约有1093万平方米住宅出售给城镇职工，收回资金150547000元[2]。从统计数据可看出，城镇职工购买住宅相当积极，住房补贴政策也把城镇居民潜在的住房需求激发了出来。正因为居民住房需求大增，导致国家和企业难以承受巨额的财政补贴负担，所以1986年"三三制"售房政策停止。

1986—1988年实行提租促售和提租补贴相结合的房改政策，租金逐步提高，足够用以支付住房的建筑与维修成本。然而住房补贴负担急剧增加，1988年补贴总额为583.68亿元，是1978年的11.4倍[3]，占1988年国家财政收入（2587.82亿元）的22.55%[4]。为缓解住房补贴和工资上涨带来的巨大压力，出售公房被认为是快速减轻财务负担的好办法，低价出售公房风潮随之出现。据不完全统计，1988年有645万平方米公房被出售，每平方米的平均价格仅为65.7元，仅为1982—1985年间试点改革中公房售价的一半[5]。

进入20世纪90年代后，住房改革进一步深化。改革促进市场发育，市场激发需求，城镇居民对住房的需求开始呈现多元化特征。相比于计划经济时期住房行政分配的需求抑制，中国住房市场正在走向商品化，住房价格取决于供给与需求，而不再是政府。从供给来看，国家努力增加对住房建设的投资。1992年城市人均居住面积增加到7.1平方米，相比于1978年的3.6平方米[6]，提高了接近1倍，见表1-3。城镇居民购买住房的比例

① 朱亚鹏：《住房制度改革——政策创新与住房公平》，中山大学出版社2007年版，第51页。
② 亢飞：《改革开放以来中国城镇住房政策的演变》，《党史研究与教学》2013年第5期，第58页。
③ 于思远主编：《房地产住房改革运作全书》，中国建材工业出版社1998年版，第91页。
④ 陈杰：《制度经济学视角下的中国住房制度变迁分析》，《社会科学编刊》2010年第6期，第104—108页。
⑤ 成思危：《中国城镇住房制度改革——目标模式与实施难点》，民主与建设出版社1999年版，第122页。
⑥ 成思危：《中国城镇住房制度改革——目标模式与实施难点》，民主与建设出版社1999年版，第163页。

越来越高（见表1-4），住房短缺问题在一系列改革政策的作用下得到初步缓解，为中国经济增长带来了巨大的活力和动力，同时也为此后进一步的住房改革奠定了基础。

表1-2　中国城镇住房建设与居民居住状况（1978—1997年）

年份	城镇住房建设投资 （亿元）	城镇新建住房面积 （亿平方米）	城市人均居住面积 （平方米）
1978	（37.54）	0.38	3.6
1979	（73.79）	0.65	3.7
1980	127.36（111.66）	0.92	3.9
1981	（111.19）	0.98	4.1
1982	（141.05）	1.28	4.4
1983	（125.07）	1.15	4.6
1984	（134.50）	1.07	4.9
1985	290.90（215.18）	1.88	5.2
1986	（189.41）	1.93	6.0
1987	（181.24）	1.93	6.1
1988	（198.07）	2.03	6.3
1989	（189.39）	1.56	6.6
1990	297.04	1.73	6.7
1991	523.33	1.93	6.9
1992	750.77	2.40	7.1
1993	1752.23	3.07	7.5
1994	2487.80	3.57	7.8
1995	2993.72	3.75	8.1
1996	2987.23	3.94	8.5
1997	2977.11	4.05	8.8

　　资料来源：成思危：《中国城镇住房制度改革——目标模式与实施难点》，民主与建设出版社1999年版，第164页。

表 1-3　城镇家庭不同时期购买住房的比例

时期	购买住房的家庭的比例（%）
1990 年及以前	4.2
1991—1994	19.0
1994—1996	32.5
1997—1999	44.3

资料来源：李学芬：《城镇居民住房现状分析》，《北京房地产》2000 年第 5 期，第 18 页。

三、改革开放到住房市场化改革前中国住房政策的主要问题与效果

从改革开放到住房市场化改革前，国家先后推行公房出售、以租促售、增租出售等政策，城镇住房朝着商品化方向前进。这些政策给地方政府和部分企事业单位带来了巨大的财务负担，因而遭到比较强烈的抵制。因为难以解决住房资金可持续问题，这些政策大多以失败告终。

为提高住房消费能力，市场经济国家主要采取的通行做法是利用商业住房抵押贷款，为住房建设提供稳定的、大量的资金来源。商业住房贷款按照当期一次性贷款、分期还本付息的方式运作，将居民的长期住房消费能力转化为即期消费能力。住房贷款周期长，但其资金来源主要是普通短期或活期存款，因此商业银行住房贷款存在严重的借贷期限不匹配，即所谓的"借短贷长"现象，这对放贷机构的风险管理能力提出了较高要求。按照当时中国商业银行的运营状况，尚难以运作和管理住房贷款的流动性风险。从另一个方面来看，商业银行住房贷款面临着资金匮乏问题：根据国家统计局网站提供的数据，1991 年中国职工平均年货币工资收入为 2365元，家庭人均消费性支出为 1453.81 元，考虑到抚养孩子以及赡养老人的费用，大多数城镇家庭都没有什么储蓄。这一时期中国城镇居民既无借贷消费的习惯，也无存钱购房或住房消费意识。

住房公积金制度的试点和推行比较有效地解决了住房消费资金的来源与期限匹配问题。作为一种强制性储蓄制度，它保证住房储蓄行为在短期内的广泛、普遍发生，从而保证了住房资金来源的稳定性。作为一种限制

性消费安排，住房公积金专款专用，其贷款利率比普通商业银行贷款利率要低，在一定程度上降低了城镇居民的购房成本。因此，住房公积金制度为住房市场化改革奠定了坚实的经济基础。

第三节　住房市场化改革以来（1998年至今）中国的房地产政策及效果

1998年7月3日，国务院发布《国务院关于进一步深化城镇住房制度改革加快住房建设的通知》（国发〔1998〕23号），宣布从1998年下半年开始，停止以实物分配为特征的传统住房制度，实行住房分配货币化。该项举措成为中国住房市场化的重要标志。当时按照建设部对收入人群的划分，城镇居民中80%的人口要通过经济适用房来解决住房问题，因此迫切需要建立和完善以经济适用住房为主的住房供应体系，同时继续推进现有公房改革，发展住房金融，培育和规范住房交易市场，加强住房物业管理。

房地产市场的发展使需求与供给急剧增加。作为国民经济的一大支柱性产业，房地产繁荣带动上下游产业、环向关联产业迅猛发展，为经济增长作出了应有的贡献。这一时期住房价格一路上涨，成为政府与老百姓关注的焦点。

根据图1-1、图1-2，商品房价格总体呈现上涨趋势。两图均显示，1998—2003年间，住房价格增长比较平缓。1998年到2003年的住宅价格分别为1854元/平方米、1857元/平方米、1948元/平方米、2017元/平方米、2092元/平方米、2197元/平方米，平均增长率为3.49%。2004年国有土地使用权开始实行"招拍挂"制度，土地价格上涨加上人们对于土地会越来越稀有的预期推动房价上涨。因此2004—2009年，住宅价格平均增长率为12.86%。2010—2015年，住宅价格的增长呈现出较低速和较平稳的状态，平均增长率为6.44%。

根据住宅和商品房增长率的特点，本书把1998—2016年的房地产市场分为三个阶段。第一个阶段为1998—2003年，第二个阶段为2004—2009年，第三个阶段为2010—2016年，分别论述各阶段住房政策的要点、特征

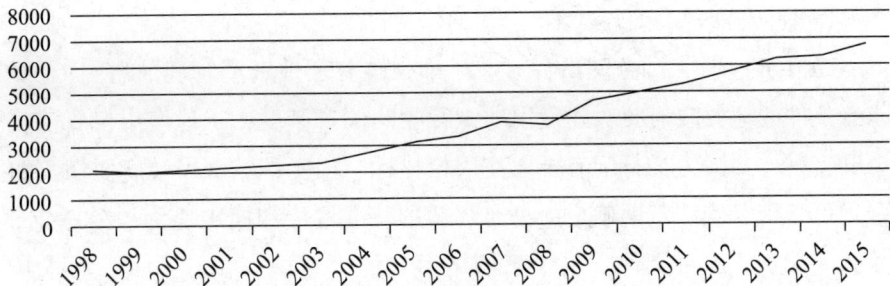

图 1-1 　1998 年以来商品房平均销售价格 （元/平方米）

数据来源：根据国家统计局网站相关数据整理所得，见 http://www.stats.gov.cn。

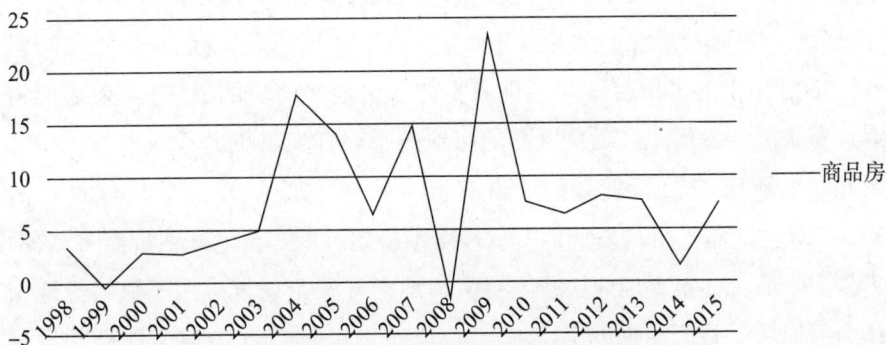

图 1-2 　1998 年以来商品房销售均价增长情况 （%）

资料来源：根据国家统计局网站相关数据整理所得，见 http://www.stats.gov.cn。

与效果。

一、住房市场化改革之初（1998—2003 年）的住房政策及效果

（一）住房公积金制度进一步完善

1997 年 3 月 17 日，中央政府出台《住房公积金管理条例》，规定职工住房公积金的月缴存额、单位为职工缴存的住房公积金月缴存额、住房公积金的用途等。2002 年 5 月，国务院发布《关于进一步加强住房公积金管理的通知》，规定受托银行为缴存住房公积金的职工建立个人账户；住房公积金管理中心建立职工住房公积金明细账；强化住房公积金归集，加大个人贷款发放力度。

（二）土地制度进行改革

2001 年 4 月，国务院出台《关于加强国有土地资产管理的通知》，要求有条件的地方政府要对建设用地试行收购储备制度；土地使用权要依法公开交易，要大力推行国有土地使用权招标、拍卖；县人民政府要切实加强地价管理，依法定期确定、公布当地的基准地价和标定地价。2002 年 5月，国家正式出台文件，叫停已沿用多年的土地协议出让方式，要求从2002 年 7 月 1 日起，各类经营性用地必须以招标、拍卖或挂牌方式进行公开交易。2003 年，国家要求清理整理各类开发区，严禁随意圈占大量耕地和违法出让、转让土地，严禁越权出台优惠政策的行为。

（三）房地产开发和住房信贷政策

2003 年，国家出台《关于进一步加强房地产信贷的通知》，要求严格审查商品房空置量大、负债率高的房地产企业开发贷款并重点监控；房地产开发企业申请银行贷款时，自有资金比例不低于开发项目总投资的30%；对土地储备机构发放的贷款额度不得超过所购土地评估价值的 70%，贷款期限最长 2 年。商业银行不得向房地产开发企业发放用于缴纳土地出让金的贷款，要严格防止建筑施工企业使用银行贷款垫资房地产开发项目。个人申请住房贷款购买第一套自住住房的，首付款比例最低 20%，购买第二套及以上住房的，首付比例要适当提高。

（四）初步明确提出房地产发展定位

2003 年 8 月，国家正式确立房地产业为国民经济的支柱性产业的地位。

1998—2003 年间的住房市场化以经济适用房为主，累计竣工面积达到4.77 亿平方米，累计解决 600 多万户中低收入家庭的住房问题①，极大地缓解了城市旧城改造和房屋拆迁矛盾②，但由于政策目标不明确，经济适用房执行过程中失当、失控现象严重，且没有成为房地产供应主渠道。住房货币化改革过程中住房补贴的发放和老百姓对住房需求的满足程度尚不

---

① 《我国近 5 年建设经济适用房 4.77 亿平米》，2004 年 5 月 29 日，见 http://finance.sina.com.cn。

② 北京、青岛、南昌等城市 30%以上的经济适用住房用于安置被拆迁居民；福州市有 47%的经济适用住房用于市政重点工程的拆迁安置，见新华网，2004 年 5 月 29 日。

令人满意，住房不公平现象随着房价的上升更加恶化。

在宏观经济政策和中国人民银行一系列政策支持下，1998—2002年，房地产开发企业和建筑施工企业贷款年均增长率为25.3%，个人住房贷款年均增长率达112.8%，房地产贷款余额从1998年年末的3106亿元上升到2003年9月末的21327亿元①。房地产信贷既优化了房地产市场供应结构，对抑制商品房价格起到一定的积极作用，又对扩大内需、拉动经济增长作出了重要贡献。土地协议出让政策引发权力寻租、国有资产流失与土地资源浪费，"招拍挂"出让制度遵循价高者得的原则，推动拍卖价格不合理上升。对房地产作为国民经济支柱产业的定位一方面促使房地产业快速发展进入前所未有的辉煌时期，另一方面也导致中国经济增长模式越来越依赖于房地产和信贷扩张，房地产的居住功能被弱化和忽视。

二、住房市场化深化阶段（2004—2009年）住房政策及效果

2003年后，中国经济开始提速增长，政府意识到协议转让土地的做法存在很大问题。第一是地价太便宜，吸引大量追逐暴利的资金进入房地产市场，刺激房地产泡沫。地价太便宜还意味着谁能接触到掌握批地权力的人，谁就有条件拿到土地，会引发大量的权钱交易、暗箱操作甚至以权谋私行为。土地协议出让违背中国市场经济发展的规律，因为土地作为已经市场化的重要生产要素，应该由市场供求关系来公平地决定它应有的价值和价格②。政府还意识到，地价太便宜，直接减少了政府财政收入。国家因此紧急出台"国六条""国八条"等限制土地供应和规范地产发展的政策措施。

2004年4月，国土资源部、监察部联合出台《关于继续开展经营性土地使用权招标拍卖挂牌出让情况执法监察工作的通知》，规定从2004年8月31日起，所有建设用地都必须通过土地招、拍、挂的形式进行出让。已获得土地但尚未付足土地出让金的，必须在8月31日前补齐，才能办理土

---

① 《金融机构贷款问题尚多，贷款结构流动性突出房地产新增比例过高，不良贷款余额下降缓慢三大问题值得关注》，《中华工商时报》2003年10月27日，见 http://finance.sina.com.cn。

② 中国《宪法》规定，土地属于国家和集体所有，大量土地通过协议出让形式流入少数房地产企业名下，实际是对国家利益和集体利益的变相剥夺，既不符合经济和市场规律，更不符合社会公平原则。

地证或再行转让，且须在两年内动工，否则就有可能被政府收回。土地资源的稀缺性及中国巨大的市场需求使地价暴涨，加上民间资本、境外资金、银行存款、股市资金都涌入房地产市场，全国各大城市的房价陆续突破一个又一个"天花板"，成为社会关注的焦点。

2007 年 8 月 7 日，国务院出台"24 号文"，透露出强烈的"拨乱反正"意味。政府明确提出"住房问题是重要的民生问题"，将调控方向从调市场转向调保障。文件将廉租房提到前所未有的高度，首次明确廉租房取代经济适用房成为住房保障体系的中心。文件规定新建廉租住房主要在经济适用住房以及普通商品住房小区中配建，或相对集中建设，套型建筑面积控制在 50 平方米以内。严格经济适用住房上市交易管理，积极发展住房租赁市场，除鼓励开发建设中小户型住房向社会出租外，规定土地出让净收益用于廉租住房保障资金的比例不得低于 10%。

在一系列调控政策的作用下，2005 年和 2006 年商品房价格增长率有所下降，2007 年出现反弹，但在 2008 年金融危机的影响下出现负增长。2008 年政府为稳定经济、保增长，重新将房地产业确立为国民经济增长的重要产业，开始对房地产业实行宽松的政策，取消城市房地产税、降低住房贷款利率、下调首付比率等，以期让房地产业焕发活力，带动经济增长。此轮调控的结果就是 2009 年房地产业增长达到前所未有的比率，住宅均价增长比率接近 25%[①]。

三、金融危机后（2010 年以来）的主要房地产政策及效果

2010 年中国经济在全球率先复苏，2009 年就开始疯涨的房价让政府警惕房地产泡沫风险。2010 年 4 月 17 日，国务院发布《国务院关于坚决遏制部分城市房价过快上涨的通知》，要求提高首付比例和贷款利率，并探索除土地招拍挂制度之外的其他土地出让方式[②]。此举打击了投机者的炒房热情，使市场狂热有所下降。

在政策调控下，2010 年房价增长率降至 5.97%，比起 2009 年 24.69%

---

① 数据来源于国家统计局网站，见 http://www.stats.gov.cn。
② 招拍挂制度由于本身的特点会造成土地价格偏高，探索除此之外的土地出让方式说明政府希望地价回归合理，让房价回归合理。

的增长率，可以看出政策调控的力度之大反应之迅猛。此轮调控有以下几个特征：

（一）采取"因城施策"的差异化调控

本轮调控不同以往，不再进行整体性的房市紧缩，而让不同城市根据自身情况采取不一样的调控政策，对于房价过高、住房供不应求的一线城市采取限购限贷增加住房供给的方法，对于住房供过于求，去库存压力大的二三线城市采取鼓励购买存量房、限制新开发房产的政策。

（二）调控手段多样化

金融危机以来，中央政府对房地产市场采取多种调控手段，通过信贷收缩抑制房价的过快上涨，使用利率政策合理引导住房消费、抑制投资、投机性购房需求。全国各地各部门采取住房限购、差别化住房信贷和税收、增加土地供给等综合性政策措施，稳定房价、合理引导住房需求、缓解供求矛盾。

1. 建立健全稳定房价工作的考核问责制度。根据 2013 年 2 月 20 日国务院常务会议，各直辖市、计划单列市和除拉萨之外的其他省会城市需按照保持房价基本稳定的原则，制定并公布年度新建商品住房价格控制目标。

2. 坚决抑制投机投资性购房。各地不断完善和严格执行商品住房限购措施，对限购区域、限购住房类型、购房资格审查等作出更严格规定。严格实施差别化住房信贷政策，扩大二套房与首套房之间的首付比例及贷款利率差距。在许多城市，商业银行暂停发放第三套房贷。对房价过高、上涨过快、住房供给紧张的城市，在一定时间内限定居民家庭购房套数。2016 年和 2017 年，针对房价过快上涨，武汉市、成都市等纷纷发布限购升级措施，以成都为例，成都市政府规定同一身份自然人、法人在大成都区只能新购 1 套商品住房；2017 年成都市开始对二手房购买实施限定政策，不仅限制二手房购房资格，且限定二手房购房数量。此外，国家从 2013 年开始在上海、重庆两地试点房产税。

3. 增加普通商品住房和经济适用房、廉租房、共有产权房等保障性住房及土地供应。加快中小型住房项目供地、建设和上市，解决低收入人群的住房需求。加快保障性安居工程规划建设，完善并严格执行准入退出制度，将更多人群纳入住房保障范围。

4. 加强市场监管。进一步加强商品房预售管理，加强商品房价格指导，要求房地产开发企业合理确定申报价格，不得虚高申报，不得采取各种理由变相抬高价格，损害购房者利益。商品房申报价格一经确定，需明码标售、不得上调。强化企业的信用管理，严肃查处房地产开发企业和房地产中介机构捂盘惜盘、虚假宣传、违规收取诚意金、不明码标价等违法违规行为，推进城镇个人住房信息系统建设，加强市场监测和信息发布管理，净化舆情监测、引导，倡导理性消费，净化舆论环境。

（三）短期多次调控

仅 2010 年就有 3 次调控，第一次调控以 1 月 7 日国务院发布《关于促进房地产市场平稳健康发展的通知》为标志，调控的基调是"平稳发展"，但是并没有取得成效。紧接着，4 月 17 日国务院发布了《关于坚决遏制部分城市房价过快上涨的通知》，基调是"坚决遏制"，随即可见住宅均价开始下降。但在进入夏季销售热季时，房价开始回暖上涨，为了不让前两轮调控又被市场消解，第三次调控开始。第三次调控的基调是"巩固调控"，9 月 29 日财政部、国税局、住建部联合发布《关于调整房地产交易环节契税个人所得税优惠政策的通知》，9 月 30 日央行发布《关于完善差别化住房信贷政策有关问题的通知》，10 月 6 日住建部、国土部、监察部发布《关于进一步贯彻落实国发〔2010〕10 号文件的通知》，之后住宅均价随即下跌，如图 1-3 所示。

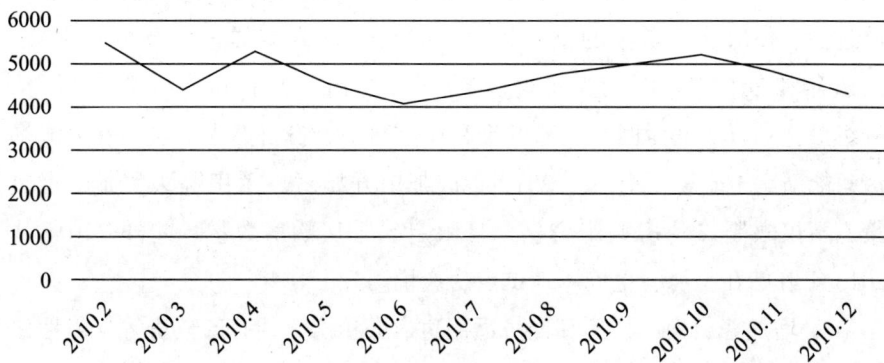

图 1-3　2010 年全国商品房销售均价（元/平方米）

资料来源：根据国家统计局网站提供的数据计算所得，见 http://www.stats.gov.cn。

（四）落实地方各级人民政府责任

首次提出要落实地方政府责任，保证地方严格执行中央政策，保证政策执行的效率。

2011 年的调控政策（新"国八条"）首次要求地方政府制定房价调控目标，进一步落实地方政府责任，要求地方政府切实承担起促进房地产市场平稳健康发展的责任。要落实住房保障和稳定房价工作的约谈问责机制，要坚持和强化舆论引导，引导理性消费、引导住房需求。要求扩大保障性住房覆盖范围，加大保障性安居工程建设力度，多渠道筹集保障性住房房源，努力增加公租房供应。从金融政策来看，二套房首付款比例提高至六成。从土地交易来看，严格住房用地供应管理，将保障性住房用地单列出来。并从交易税费等角度抑制房价。

2012 年经济运行疲弱，国家把稳增长放在更加重要的位置，要求积极采取扩大需求的政策措施，为保持经济较快平稳发展创造良好政策环境。在此基调和相关政策作用下，2012 年全国大中城市房价连续数月环比下跌后开始掉头向上。2012 年，中国城市房价开始严重分化。2012 年前，一二三线城市的房价不仅涨跌同步，而且涨跌的幅度也是一致的。2012 年后，一线城市的价格开始摆脱与二三线城市的同步性，出现小跌大涨的局面。部分二线城市也摆脱与三线城市的同步，加剧上涨。房价分化在一定程度上弱化了房地产调控政策的效果。

2013 年全国房价继续冰火两重天局面，一线城市连续高涨，部分二线城市连续下降。国家出台政策，建立健全稳定房价工作的考核问责制度，明确支持自住性住房需求，进一步挤压投资性需求，将外来务工人员纳入保障房范围。2014 年房价增长较为平稳，2015 年全国各地库存严重。中央出台"330 新政"，鼓励大家购房"去库存"。各地政府纷纷跟进，出台实施细则，如降低二套房首付，提高公积金贷款上限，营业税契税免征放宽，公积金商贷利率打折等，房价开始猛涨。2016 年下半年以来，全国各大城市纷纷出台史上最严格的限购政策，从过去的限制购房数量、限制贷款数量扩大到限制购房区域。房价依然上涨，市场交易量有所减少。

第二章　中国住房市场化改革以来
房地产市场繁荣发展[①]的成因

住房市场化改革以来，随着国民经济的发展、人均收入的提高、城市化进程的加快，以及多项房地产产业支持政策和信贷支持政策的出台，中国房地产业得到迅猛发展。在部分区域，房地产价格已脱离决定其价值的基本面因素，陷入由经济主体主观信念决定的非理性繁荣状态。本章从需求和供给视角分析房地产非理性繁荣发展的成因。

第一节　基于需求因素的视角分析

根据经济学经典理论，房地产需求指一定时期内，消费者在每一个可能的价格水平下愿意购买且能够购买的房地产商品的数量。因此，房地产需求取决于人们购买房地产的欲望与能力。

由于房地产商品的特殊属性[②]，本书将房地产需求分为消费性需求与投资性需求。消费性需求包括首次购房需求、改善型购房需求、拆迁购房需求。这类需求虽然不会导致房地产非理性繁荣，但却会推高房地产价格，是房地产非理性繁荣的一个基础因素。房地产非理性繁荣直接来源于房地产商品的金融属性，即房地产的投资需求，包括纯投资需求与投机需求。房地产的消费性需求与投资需求是相对独立的：前者的主要制约因素是居民收入水平，因此是相对有限的；后者的主要制约因素是

---

① 在多种因素的影响下，中国房地产价格多年持续上涨，引发"房地产泡沫"议题，但由于泡沫定义的模糊性及实证方法的非完备性，界定中国房地产市场发展状态时，使用"房地产非理性繁荣"比"房地产泡沫"更加合适。

② 房地产商品兼具消费属性和金融属性，对应产生消费性需求与投资需求。

居民的流动性资金，在可以借贷的情况下，居民的流动资金可以远远超过自身的财富水平，因此房地产投资需求在房价看涨情况下可以不断膨胀。

一、房地产消费性需求分析

居住属于人类最基本的需要，因此房地产消费需求具有普遍性和不可替代性。此外，由于房地产的不可迁移性，房地产需求还具有明显的区域性。由于人的需求具有层次性①，所以房地产需求也具有层次性。只要社会在不断发展，房地产需求就得以不断承袭②。中国房地产消费性需求强劲，有以下几个方面的原因。

（一）人均收入快速增长

收入水平决定消费者的购买能力，因此制约房地产消费性需求。住房作为一个价格高昂的耐用商品，其需求与收入水平之间存在正相关关系。尽管有学者认为，房地产业的发展速度与人均 GDP 的增长速度之间呈"倒 U 形曲线"，即当人均 GDP 增长到一定程度后，房地产业的发展速度会低于人均 GDP 的增长速度，但从中国的现实来看，房地产市场需求总量与收入之间的拐点尚未出现。1978 年，中国城镇家庭人均可支配收入为 343.4 元③，2016 年，这一数据上升到 33616④ 元，增加了接近 100 倍。根据恩格尔定律⑤，居民收入水平的提高会促使消费结构发生重大变化，即生活必需品方面的花费比重减少，"住"和"行"上的花费比重增加。因此，随着家庭可支配收入的持续增加，中国居民在满足生存需求后，开始追求代表更高生活质量的住宅，从而增加对房地产的需求。

---

① 按照著名心理学家马斯洛的需求层次理论，人的需求分为五个层次，按照从低到高顺序依次为：生理需要、安全需要、情感需要、尊重需要、自我实现需要。

② 由于生命周期的影响，房地产需求也存在间断性。

③ 数据来源于《中国统计年鉴 2014》，见 http://www.stats.gov.cn。

④ 数据来源于国家统计局网站，见 http://www.stats.gov.cn。

⑤ 德国经济学家根据统计资料得出的关于消费结构变化的规律：一个家庭的收入越少，用于购买食品等生活必需品的比例就越大；随着家庭收入的增加，用于购买食品等生活必需品的支出比例就会下降。

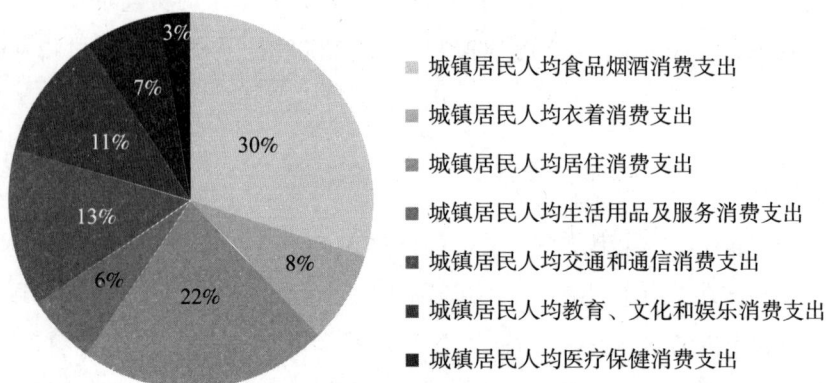

图 2-1　2015 年中国城镇居民人均消费支出图

资料来源：国家统计局，见 http://www.stats.gov.cn。

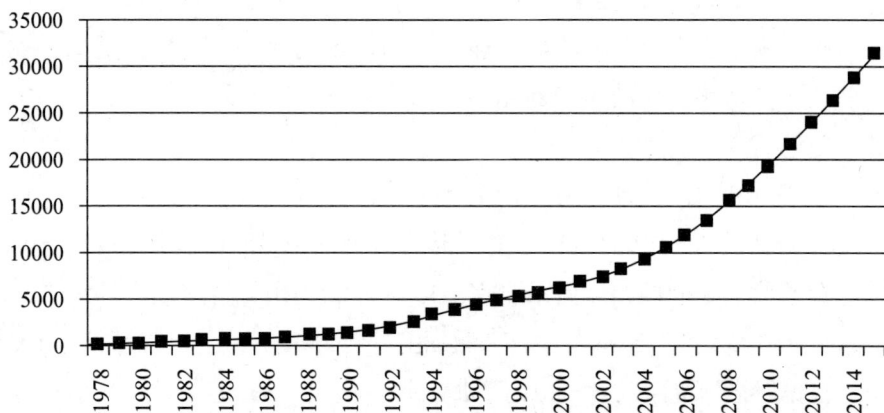

图 2.2　改革开放以来中国城镇人均可支配收入增长图

资料来源：国家统计局，见 http://www.stats.gov.cn。

（二）城镇化快速发展

城镇化进程的加快和城镇化率的上升，带来城市规模的扩张、城市人口聚集、城市结构变化，为城市不断输送第二三产业的劳动者，从而不断衍生出新的购房群体，对房地产市场产生推动作用。大量人口从农村向城市转移，首先必须满足的是住房需要，由此形成对房地产的消费性需求。2006年，中国城镇化率为 44%，按当年 13 亿人口计算，非农人口为 5.7 亿①。

---

① 吴梦宸、易谋、王俊杰：《房地产刚性需求影响因素分析》，《现代商贸工业》2011 年第 2 期，第 27 页。

2016 年城市化率为 57.35%①，按照当年人口 13.8 亿②计算，意味着非农人口接近 8 亿。从 2006 年到 2016 年短短 10 年，非农人口从 5.7 亿增加到 8 亿，平均每年有 2000 多万农业人口转为城镇人口，催生巨大的住房需求。城市化进程中大、中、小城市非均衡发展，导致人口向大城市尤其是特大城市汇聚③，与此同时小城市数量在减少④，引发大城市尤其是特大城市爆炸式房地产需求。以中国首都北京为例，根据历次人口普查数据及国家统计局网站提供的数据，1953 年人口数量为 276 万人，2015 年为 2171 万人。2008 年以来，北京市新建房屋销售价格指数每年同比上涨幅度均在 10% 左右（2014 年除外），2016 年更是高达 25.9%。⑤

表 2-1a　北京市人口增长情况

时间	1953 （一普）	1964 （二普）	1982 （三普）	1990 （四普）	2000 （五普）	2010 （六普）	2015 （国家统计局网站）
人口数量 （万人）	276	756	923	1082	1357	1961	2171

资料来源：历次人口普查数据及国家统计局网站提供的数据。

表 2-1b　北京市 2008—2016 年新建房屋价格指数同比上涨情况（%）

年份	2008	2009	2010	2011	2012	2013	2014	2015	2016
上涨幅度	10.8	11.8	8.9	—	1.6	16	-2.7	8.3	25.9

数据来源：北京市统计局网站，见 http://www.bjstats.gov.cn。

---

①　数据来源于国家统计局网站，见 http://www.stats.gov.cn。

②　《2016 年中国人口总量、人口出生率、死亡率及自然增长率分析》（见 2017 年 1 月 22 日），http://www.chyxx.com/industry/201701/489699.html。

③　区域中心城市、省会城市由于资源与高端人才集聚，比较完善的基础设施，以及交通枢纽作用，虹吸效应明显。

④　根据国家发展改革委规划司副司长陈亚军在 2016 年 5 月 28 日举行的"2016 安仁论坛·文化与城镇化"发表的演讲，城镇化率从 30% 上升到 70% 的时期，是城镇化快速发展阶段，也是城市数量增长最快的阶段。但中国的城镇化不但没有增加城市数量，反而导致中小城市数量减少。1997 年，中国有 668 个城市；2016 年，中国城市人口接近 8 亿，却只有 654 个城市。美国 2 亿多城市人口，城市数量有 1000 多个；日本 1 亿多城市人口，有 787 个城市。

⑤　数据来源于北京市统计局网站，见 http://www.bjstats.gov.cn。

表 2-2　1990 年以来中国城镇化率情况

年份	城镇化率	年份	城镇化率	年份	城镇化率
1990 年	26.40%	1999 年	34.50%	2008 年	45.70%
1991 年	26.90%	2000 年	36.20%	2009 年	46.60%
1992 年	27.50%	2001 年	37.66%	2010 年	49.90%
1993 年	27.80%	2002 年	39%	2011 年	51.30%
1994 年	28.50%	2003 年	40.50%	2012 年	52.60%
1995 年	29%	2004 年	41.80%	2013 年	53.70%
1996 年	30.50%	2005 年	42.99%	2014 年	54.80%
1997 年	31.90%	2006 年	43.90%	2015 年	56.10%
1998 年	30.4%	2007 年	44.90%	2016 年	57.35%

资料来源：细体字直接来源于相应年份中国统计年鉴，粗体字根据当年中国统计年鉴，用中国城镇人口除以年末总人口计算所得。

（三）拆迁改造

城市的发展需要改善城市基础设施建设，更高效地利用城市空间和进行资源开发，城市规模的扩张需要对周边土地进行征用，这些都涉及拆迁改造①。拆迁安置最早采取住房安置手段。住房安置又包括分散安置和集中安置。分散安置有一定弹性，有利于被拆迁人口尽快融入城市生活，缺点是安置成本较高。集中安置一般比较偏远，容易出现与周边生活环境不相容的问题。住房安置还带来子女入学困难、就业困难等问题。拆迁安置的另一种方式即货币化安置则比较灵活，所以现在较多采用住房安置加货币化补偿的方式。在当前资本市场不发达，投资渠道狭窄的情况下，被拆迁人口极容易将手中持有的货币转化为房地产需求。虽然像这样的拆迁安置并不会对城市房地产需求和房地产价格产生直接影响，但从长期来看，由于收入增长、土地供给稀缺会产生间接影响。

除此以外，易地扶贫也产生搬迁需求。根据中国经济网 2015 年 10 月

---

① 以北京通州区为例。通州区在 20 世纪 90 年代被定义为北京市卫星城，按规划在北京世界城市建设中承担更多的城市功能。通州区从 2001 年开始旧村搬迁改造计划，截至 2015 年土地拆迁面积已超过百万平方米。

16 日报道，2001 年以来，国家安排中央投资，对内蒙古、贵州、云南、宁夏等居住地生存环境恶劣的贫困人口实施易地扶贫搬迁，截至 2015 年，已累计搬迁贫困群众 680 万余人，安排易地扶贫搬迁中央补助投资 363 亿元。"十三五"期间，分布在深山区、石山区、高寒山区、荒漠化地区，建档立卡贫困人口中有易地扶贫搬迁需求的约 1000 万人。这类搬迁也不会对城市房地产产生直接影响，但会对土地供给产生一定压力，对房地产价格形成上涨预期。

二、中国人住房消费性需求的满足手段——基于中国文化的视角

在满足消费性需求的两种手段"自有"与"租赁"之间，中国人基于文化传统坚持购房信念。中国自古以来就有"修身、齐家、治国、平天下"的古训，以及"安居乐业"的传统，加之与西方国家相比工作流动性更低，固定的住所成为有家、有归属感的重要标志，且给所有者带来融入一个城市的强烈心理暗示。住房环境及相关配套设施，包括小区所处位置、社区环境、周围教育、医疗等公共设施状况，体现购房者的个人身份与社会地位。因此，通过购房而不是租房来满足住房消费性需求，是公共资源不足的情况下，购房者在非理性市场的理性选择。

（一）基于传统文化的视角

"安居乐业"是中国的重要传统思想文化之一。中国人深受"有恒产才有恒心""房屋是安身立命之本"等思想的影响，把拥有一套住房视为成家立业的首要条件。许多中国人持有租赁住房等于没有房的观点，重视房屋所有权而不重视经济上的使用权，认为自有住房比租房在心理上更有家的归宿感、稳定感和安全感。在孝文化的影响下，以成家立业、光宗耀祖让父母感到最大的精神满足，成为中国传统社会价值观。虽然这种观念在现代化进程中受到多种因素的冲击，但仍对中国人产生重要影响。子女到一定年龄还与父母挤在小小的出租房，会被认为没出息，不能干，甚至不孝。父母也把为子女结婚准备彩礼和住房作为重大人生任务，并为此不辞辛劳地工作。基于成家立业的文化传统，各地房产购买政策均作出规定：父母与已成年子女的住房数量独立核算，父母与子女都有独立购房的

资格。

在血缘亲情形成的家文化的影响下，中国人将冰冷的房子赋予家的内涵和情感，住房能够同时满足购房者的居住需求与情感需求。中国自古以来就以"血浓于水"形容亲情，家族文化对中国人的工作与生活均产生重要影响。房地产商以家文化为切入点，推出各种彰显"家文化"的系列广告，以契合潜在购房者内心深处的价值观。万科房产 2014 年 9 月 4 日举行"幸福系·梦享家"新品发布会，推出四大理念：懂生活的家、精工艺的家、爱健康的家、心呵护的家。这些理念支撑和烘托中国人"家的梦想"，洞察消费者心理、倡导温情，处处都有中国传统文化的影子。

（二）基于当代文化的视角

全球化对世界经济、政治、文化都产生了深刻影响，西方肯定人性的消费观念冲击中国人的消费心态。资本主义反对封建禁欲，宣扬快乐主义、功利主义、个人主义思想，给予中国人强烈的震撼和冲击。当美国科学技术借助经济全球化进程，向全球各国快速扩散的时候，美国人的价值观念及整个美国文化也在全球掀起一个又一个高潮，消费主义、个人中心主义、享乐主义、自我价值满足等观念向全球渗透传播。张扬个性、强调感官刺激、永不满足的消费理念挑战中国"安分、知足、寡欲、摄生"等生活理念。部分人群对房地产的拥有不再以物质效用的满足为目的，而在于获得身份的商品符码体系或得到某一阶层的认可和接纳，住宅消费从遮风避雨、防暑御寒的居所，向富丽精美的豪宅发展。消费品与社会身份结合起来，部分消费者以炫耀消费品的附加值为主要目的[1]，美国经济学家凡勃伦的"有闲阶级理论"可以解释这一现象。

美国经济学家凡勃伦（Thorstein B. Veblen）早在 1899 年就提出"有

---

① 尽管如此，西方人并不愿投资房产，并认为那是少数富人才有的行为。西方人，尤其是美国人，更不愿意为购买自有房产降低日常生活的水准。拥有自己的房产，需要支付大笔的保有费用，并因为是"有产阶级"不能得到政府的各种补贴。注重现世享受的大多数西方人宁愿花掉自己的钱，做个能够享受政府福利的"穷人"，也不愿意为拥有房产所有权被贷款和各类费用压得喘不过气来。这与西方人经常性流动有关：流动是西方人的普遍生活状态，流动代表冒险、创新、上进等西方文化，不流动代表安于现状、不求上进，这与中国传统文化相异。中国人认为流动，尤其是频繁流动，代表浮躁，不安分守己，甚或是混得糟糕，在一个地方混不下去等。西方人的普遍性流动使自有住房成为迁居障碍。

闲阶级论"，认为有闲阶级①的消费往往出于炫耀心理，不是为消费而消费。有闲阶级通过掠夺和剥削来敛财，其购买行为取决于能否体现买主的实力和地位。商品价格越高，越能受到有闲阶级的青睐，这种现象被称为"凡勃伦效应"。有闲阶级认为高价格商品能够引起别人的嫉妒和羡慕，从而获得荣誉感和自豪感。例如，皮质、款式相近的一双皮鞋，大商场的卖价比普通鞋店可能高出数百元，但却总有人愿意去大商场购买。一些近乎"天价"的商品，也能在市场上走俏。原因就在于消费者购买此类产品的目的不在于获得直接的物质满足和享受，而在于向别人炫耀自己的财富，获得心理上的满足。奢侈品、名车、名表、豪宅的消费均具有这种"凡勃伦效应"。

　　商品价格越高越能彰显购买者的财富、权势、地位、荣誉和成功，以及与其他人的差别，对其他人群构成一种歧视心理。这种消费方式最早为有闲阶级专属，但后来波及并不富裕的贫困阶级。中国房地产炫富型消费有三个倾向：阶层划分、皇室独尊和推崇西化，炫富情结主要来自于四个方面：年轻新贵的"崇洋情结"、商界精英的"阶层情结"、文化精英的"皇家情结"、在消费主义的土壤里孕育的"炫富情结"②。尽管城市居民住房越来越同质化，人们为所购房屋社会属性所花费的钱远远高于为房屋物理属性的花费，并往往用房屋的社会属性去提高、突出自己的社会地位，从而对房价产生推波助澜的效果。人们对不同地段的房子（尽管户型、配套设施、建筑质量相差无几）赋予不同价值，也对此产生一定的预期，使得房产成为社会沟通中人们表明自身地位的一种手段。住房相关行为成为一个和购房者身份、权利、财富、社会地位及群体认同紧密相连的交互过程③。人们将自己持有的房产看作是自我价值的延伸，拥有房产代

---

　　① 凡勃伦的有闲阶级，既包括有钱的富人，也包括未开化的上层穷人。
　　② 郭姝：《从房地产炫富广告看我国社会文化中的炫富情结》，《新闻世界》2010 年第 8 期，第 167—168 页。
　　③ 即使是在倡导平等民主的美国，也存在由于种族、经济状况、受教育程度等引起的居住区域化，即所谓的物以类聚，人以群分，有相同种族、相同经济状况和相同受教育程度的人群往往聚居于同一个地方。

表一种成就，一种让人获得尊严的源泉①。根据全国房产市场数据中心发布的数据，中国最具影响力的金融中心之一——上海市陆家嘴附近楼盘均价超过 10 万元每平方米，其中滨江大道旁的汤臣一品小区 2014 年房价高达 20.5 万元每平方米，北京、广州、深圳等地的高端住宅也超过 10 万元每平方米②。由于中国教育资源配置不均衡，拥有优质教育资源的学区房也频频爆出天价。北京学区房的火爆始于 2010 年，因为该年北京所有知名中学、大学附中一改过去不参加派位的政策，首次全部参加"小升初"电脑大派位。2014 年北京市全面取消共建入学，所有学生必须就近入学，这在客观上助推了房价③。

三、房地产投资需求分析

房地产投资需求源自于房地产商品的金融属性④。从全球范围来看，任何国家的房地产市场都存在消费性需求与投资性需求，但一个健康的房地产市场一定以满足消费性需求为主、投资性需求为辅，因为消费性需求是一种关系生存权利的基础性需求，投资性需求则是一种实现财富增长的高级需求，二者有本末之别、主次之分。但中国房地产市场已经严重偏离健康、理性轨道，2007 年深圳房价高涨时期，消费性需求不到 30%，投资性需求占比达到 70%以上⑤。投资性需求过度旺盛，必然拉高房价，对消费性需求产生挤出效应，改变房地产市场的基本属性并使房地产市场偏离健康发展轨道。

目前，刻画房地产市场投资性需求的指标主要有租售比、房价收入比等。

---

① 贵永霞：《购房置家行为预测：基于文化价值取向、计划行为理论和消费者估价的研究》，博士学位论文，西南大学发展与教育心理学系，2014 年，第 3 页。

② 数据来源于和讯房产网，2014 年 10 月 13 日，见 http://house.hexun.com/2014-10-13/169268351.html。

③ 根据腾讯财经 2016 年 3 月 3 日的报道，北京市西城区文昌胡同因胡同西侧的北京市实验二小而闻名，该胡同的平房学区房于 2016 年 2 月卖出每平方米 46 万的高价，打破北京市学区房房价最高纪录。

④ 亦作投资属性。

⑤ 叶檀：《中国房地产战争》，山西人民出版社 2009 年版，第 27 页。

（一）租售比

租售比指每平方米使用面积的月租金与每平方米建筑面积的房价之间的比值。国际上一般认为合理的租售比介于 1:300—1:200 之间。租售比低于 1:300 说明相应区域房价过高，也意味着相应区域投资性需求旺盛，大量房产涌入租赁市场，导致租赁市场供给过度，租金下跌。

根据中国房价行情数据，不考虑其他变量因素的影响，2014 年中国仅有 22.2% 的城市房产租售比界于国际标准的合理范围内，这些城市多为三线或三线以下城市。租售比大于 1:300 的二线城市只有一个，那就是地处中国最北边，气候寒冷的哈尔滨，其房价在中国 16 个二线中等发展城市中，排名第 14 位，而租金排名第 2 位。

一线城市租售比均低于 1:450，广州最高，为 1:470。其他一线城市租售比均低于 1:500。北京最低，为 1:587。二线城市除哈尔滨之外，租售比均低于 1:300，其中温州和厦门的租售比低于 1:600。三四线城市中，有 83% 的城市租售比低于 1:300。以笔者所在城市成都为例，根据链家官网提供的信息，在成都市锦江区、武侯区、金牛区、成华区、高新区、青羊区分别选取近五年开发的小区，得到租售比如下表所示。按照国际租售比标准，中国房地产市场投资性需求极为旺盛。[①]

表 2-3　成都市六大城区相关小区租售比

行政区域	小区名称	二手房平均房价（元/平方米）	平均月租金（元/平方米）	租售比	备注
锦江区	华润幸福里	23000	42	0.0018	<1:300
武侯区	绿地圣路易名邸	17000	23	0.0014	<1:300
青羊区	蓝光 COCO	18000	36	0.002	<1:300
金牛区	龙湖北城天街	16500	35	0.0021	<1:300
成华区	千居朝阳*	17000	26	0.0015	<1:300
高新区	神仙树大院	20000	45	0.0022	<1:300

资料来源：成都链家网，2017 年 7 月 7 日，见 http://cd.lianjia.com。

[①] 《从租售比看中国房价的合理性》，《城市房产》2015 年 6 月 30 日，见 http://drc.cityhouse.cn/article/article-8856.html。

（二）房价收入比

房价收入比是相关区域住房价格与该区域居民家庭年收入之比，是国际公认的判断房价是否合理、是否存在泡沫的最重要衡量指标之一。因为房地产市场的总需求由消费需求和投资需求组成，如果房地产投资需求相对稳定，则房价收入比会保持相对稳定。房价收入比可以衡量房价是否处于相关区域居民收入能够支撑的合理水平，直接反映房价水平与消费需求相匹配的程度，也能间接反映房地产市场的投资需求情况及泡沫情况。

房价收入比的计算公式可如下表示：房价收入比 = 房价/收入 = (单位面积价格×人均建筑面积×户均人口数)/(全年人均可支配收入×户均人口数)，其合理范围没有严格界定。1996 年，世界银行对 96 个地区进行统计，发现房价收入比的数值高度离散，这 96 个地区最低的为 0.8，最高的为 30，中位数为 6.4，平均值为 8.4。在发达国家，房价收入比超过 6 一般被认为存在泡沫。

表 2-4　1996 年世界银行对家庭收入与房价收入比的相关统计

家庭类别	家庭收入（美元）	房价收入比（平均值）
最低收入户	小于 999	13.2
中等收入户	3000—3999	9
高收入户	大于 10000	5.6

资料来源：《凤凰财经综合》，2016 年 11 月 22 日，见 http://finance.ifeng.com。

中国的房地产统计制度尚不健全，且对商品房的统计口径、统计方法与国外大相径庭[1]，房价收入比不如欧美准确，但仍具有一定的借鉴意义。易居研究院认为，按照中国实际情况，全国房价收入比保持在 6—7 属于合理区间。根据《中华人民共和国 2016 年国民经济和社会发展统计公报》[2]，

---

[1]　首先，联合国的计算方法一般采用房价中位数与家庭收入中位数之比，而不是平均数。其次，联合国定义的房价是自由市场的价格，因此非市场化的交易活动不计算在内，但存量住房的交换与流通计算在内。中国一般考虑新建住房，不考虑存量住房的交易。第三，联合国对家庭收入的定义是各种税前收入，我国只考虑工资收入，或人均可支配收入。因此，发展中国家的房价收入比一般高于发达国家。

[2]　国家统计局 2017 年 2 月 28 日发布，见 http://www.stats.gov.cn。

2016 年，中国城镇居民人均可支配收入①为 33616 元，名义增长率同比为
7.8%，比 2015 年增幅下降 0.4 个百分点。2016 年新建商品住宅名义价格
增长为 13.9%，比 2015 年的增幅扩大 4.8 个百分点。根据房价收入比计算
公式，2015 年全国商品住宅房价收入比为 7.2，2016 年为 7.6，房价收入
比上升明显。表 2-5 记载 2001—2015 年城镇房价收入比情况，表明住房市
场化改革以来，居民收入增幅远小于房价增幅，房价水平与消费需求分
离，房地产市场投资需求旺盛。

表 2-5　2001—2015 年中国城镇房价收入比

年份	人均可支配收入（元）	商品房平均销售价格②（元/平方米）	人均居住面积③（平方米）	房价收入比（%）
2001	6859.6	2170	20.8	6.58
2002	7702.8	2250	22.8	6.66
2003	8472.2	2359	23.7	6.60
2004	9421.6	2778	25	7.37
2005	10493	3168	26.1	7.88
2006	11759.45	3367	27.1	7.76
2007	13785.8	3864	28	7.85
2008	15780.76	3800	28.3	6.81
2009	17175	4681	31.3	8.53
2010	19109.44	5032	31.6	8.32
2011	21810	5357	32.7	8.03
2012	24565	5791	32.9	7.76
2013	26955	6237	34.09	7.89
2014	29381	6324	34.55	7.44

---

①　居民人均可支配收入指居民家庭全部现金收入中，可用于支付家庭日常生活的那部分收
入。人均可支配收入是家庭总收入扣除应缴所得税、社会保障费及调查户的记账补贴后的收入。
其计算公式为：人均可支配收入=（家庭总收入-交纳的所得税-个人交纳的社会保障支出-记账补
贴）/家庭人口。

②　为住宅、办公楼、商业营业用房等的房屋平均价格。

③　按照目前惯例，用城市人均住宅建筑面积代替。

续表

年份	人均可支配收入（元）	商品房平均销售价格（元/平方米）	人均居住面积（平方米）	房价收入比（%）
2015	31790	6793	34.61	7.40

资料来源：2002—2016年中国统计年鉴，其中黑色字体部分来自于相应年份《城乡建设统计公报》。

总的来看，中国房地产市场投资性需求如此旺盛，主要出于以下几个方面的原因：

1. 对房地产价格上涨的心理预期

预期是人们根据过去和现在的行为与相关信息，对事物未来发展趋势作出自己的估计和判断。预期来源于人们对未来的不确定性，预期理论则强调未来的不确定性对人们经济行为的决定性影响。当前对房价影响较大的预期理论有适应性预期和理性预期。适应性预期最早由美国经济学家卡甘于1956年提出，经诺贝尔经济学奖得主弗里德曼推广，成为货币和通货膨胀理论的一个重要组成部分。根据适应性预期理论，过去的房价信息，影响人们对未来房价的预期。如果房地产需求在过去很旺盛，价格一直上涨，则人们对未来的房地产价格也会存在上涨的预期。但如果过去受经济环境或国家宏观调控的影响，房地产市场疲软，消费者就会预期未来价格下跌。理性预期理论则认为，人们预测未来的经济状况时，不仅考虑过去的历史情况，还要结合当前政策和信息的影响，以便对未来形势的变动做出尽可能精确的判断。与适应性预期不同的是，理性预期理论认为，经济主体利用本期一切可能得到的信息后对未来的期望价格水平，就是实际的未来价格水平，二者之间的差距，是随机存在的误差。

中国房地产市场投资性需求最主要、最直接的影响因素是对房地产价格、土地价格的预期。由于土地的稀缺性，从长期来看，土地价格上涨是一个不可避免的趋势。在理性预期主导市场时，经济主体利用各种市场信息，结合当前收入、价格、利率或政府宏观调整政策的影响，对未来的价格和需求作出判断，作出对未来价格最合理的预测。这种预测在一定程度上推动实现相关政策的既定目标，因此能够起到平稳市场的作用。以笔者所在城市成都为例，2016 年 6 月 21 日，成都市政府取消"7090"①、降首付、提高商品房预售门槛、鼓励农民购房、不再新建保障性住房等 51 条楼市促进政策。此外，还出台成都特色条款，分区控供地，执行不同的首付政策，平衡各区域健康发展。2016 年 7 月，成都市房价开始缓慢上升。2016 年 10 月 1 日，成都市发布并执行《关于促进我市房地产市场平稳健康发展的若干措施》，实行住房限购措施。2016 年 11 月 17 日，成都市再次发布并执行《关于印发进一步促进我市房地产市场健康发展若干政策措施的通知》，进一步细化此前的限购政策。2016 年 12 月，成都市平均房价环比出现负增长。

表 2-6　2016 年 5 月以来成都市平均房价走势

月份	平均房价（元/平方米）	环比增长（%）
2016 年 5 月	8179	-0.81%
2016 年 6 月	8128	-0.62%
2016 年 7 月	8205	0.95%
2016 年 8 月	8146	-0.73%
2016 年 9 月	8362	2.65%
2016 年 10 月	8896	6.40%
2016 年 11 月	9204	3.46%
2016 年 12 月	8830	-4.06%
2017 年 1 月	8808	-0.25%
2017 年 2 月	9021	2.41%
2017 年 3 月	9391	4.11%
2017 年 4 月	9758	3.90%

资料来源：中国产业信息网，2017 年 5 月 26 日，见 http://www.chyxx.com。

理性预期的完美实现要求市场信息是完全的，但市场信息不完全、不对称却是普遍现象，因此在大多数时候，非理性预期或适应性预期占据主

---

① 来自于国务院办公厅发布的《关于调整住房供应结构稳定住房价格的意见》。《意见》明确新建住房结构比例，要求"十一五"时期，重点发展普通商品住房。规定自 2006 年 6 月 1 日起，凡新审批、新开工的商品住房建设，套型建筑面积 90 平方米以下住房（含经济适用住房）面积所占比重，必须达到开发建设总面积的 70% 以上。

导地位，市场产生"追涨杀跌"或"羊群效应"。近几年来，中国的媒体常将房价上涨信息放在显要位置，给很多人造成一个印象：全国房地厂市场，尤其是一线城市的房地产市场，一房难求，要买从速。根据房天下二手房市场的数据，从 2014 年到 2015 年 3 月，上海二手房每月成交量大约为 2 万套左右，2015 年 3 月二手房成交均价在 2 万元/平方米左右。2015 年 3 月 30 日，中央宣布"330 新政"，降低二套房首付比例至四成，公积金贷款最低首付比例降至两成，营业税免征年限由五年减至两年。"330 新政"本意是为库存严重的城市去库存，但在一房难求的非理性预期下，上海二手房成交量与成交价量价齐涨，2015 年二手房成交量成为历史上二手房成交量最大的一年①。

2. 货币超发带来的通货膨胀焦虑

根据国家统计局提供的数据，改革开放以来中国的通货膨胀率平均在 6% 左右。单纯从这一组数据来看，通胀压力并不大，人们似乎没有必要投资不动产实现价值保值或增值。但由于这些年实行宽松的货币政策，货币和准货币供应量（M2）增长率一直超过 GDP 增长率，存款利率一直处于下行趋势。自 2007 年以来，只有 2009 年和 2012 年实际存款利率为正，其他年份一年期实际存款利率均为负，增加货币贬值压力和通货膨胀焦虑。

表 2-7　1978 年以来中国通货膨胀率、名义与实际存款利率变动情况

年份	通货膨胀率（%）	一年期名义存款利率（%）	一年期实际存款利率（%）
1978	0.7	3.24	2.52
1979	2	3.78	1.32
1980	6	5.04	−2.16
1981	2.4	5.4	2.98
1982	1.9	5.67	3.75
1983	1.5	5.76	4.23
1984	2.8	5.76	2.95
1985	9.3	6.72	−2.06

①　数据来源于腾讯房产网，2016 年 3 月 9 日，见 http://house.qq.com。

年份	通货膨胀率（%）	一年期名义存款利率（%）	一年期实际存款利率（%）
1986	6.5	7.2	0.9
1987	7.3	7.2	0.18
1988	18.8	7.68	−9.36
1989	18	11.11	−5.48
1990	3.1	9.91	6.61
1991	3.4	7.89	4.34
1992	6.4	7.56	1.09
1993	14.7	9.46	−4.57
1994	24.1	10.98	−10.57
1995	17.1	10.98	−5.23
1996	8.3	9.16	0.79
1997	2.8	7.12	4.2
1998	−0.8	5.03	5.88
1999	−1.4	2.92	4.38
2000	0.4	2.25	1.84
2001	0.7	2.25	1.54
2002	−0.8	2.02	2.84
2003	1.2	1.98	0.77
2004	3.9	2.03	−1.8
2005	1.8	2.25	0.44
2006	1.5	2.35	0.84
2007	4.8	3.87	−0.86
2008	5.9	4.14	−1.65
2009	−0.7	2.25	2.97
2010	3.3	2.25	−1.03
2011	5.4	3.5	−0.2
2012	2.6	3	0.6
2013	4.0	3	−0.2
2014	7.5	2.75	−0.56

第二章 中国住房市场化改革以来房地产市场繁荣发展的成因

年份	通货膨胀率（%）	一年期名义存款利率（%）	一年期实际存款利率（%）
2015	12.8	2.5	-0.75
2016	8.5	1.75	-0.71

注：实际利率=(名义利率-通货膨胀率)/(1+通货膨胀率)。

资料来源：国家统计局网站和中国人民银行网站，见 http://www.stats.gov.cn 与 http://www.pbc.gov.cn。

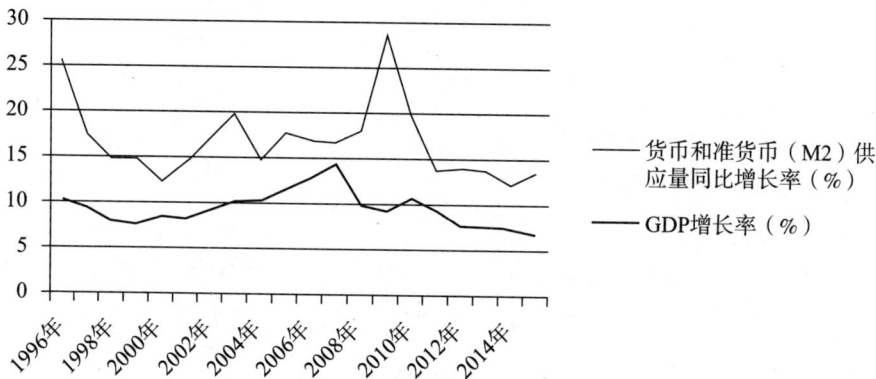

图2-3　近20年中国广义货币量与GDP增长率

资料来源：根据国家统计局网站相关数据计算所得，见 http://www.stats.gov.cn。

3. 银行信贷扩张

银行信贷扩张，为投资者提供资金支持，使投资者可以更低的利率，即更低的融资成本，实现投资行为。银行信贷扩张的直接影响是扩大货币供给量，为投资者的预算约束松绑。购房投资者既能获得高收益率，又不用对筹资行为负无限责任[1]，自然容易对房地产投资过度，进一步推高房价。房地产价格上涨，银行因此获得丰厚的贷款利息，以房地产为抵押贷款的违约风险下降，增加了商业银行向房地产贷款的激励，如此循环往复，推动房价不断上涨。房价上扬还使商业银行自身拥有的房地产价值提高，无意中增加了商业银行持有更多房地产的欲望与需求[2]。这些都会导

---

[1] 因个人住房贷款为抵押贷款之故。

[2] 在我国，占据绝大部分金融资源的银行已深入到房地产行业的方方面面。见王胜：《银行信贷扩张与房地产泡沫生成：理论、模型与实证》，博士学位论文，西南财经大学金融学系，2008年，第2页。

致商业银行过于乐观地以较低利率向房地产行业提供巨量的信贷资金。

信贷扩张还会产生双重利率效应。由于资金条件是房地产投资性需求的一个"硬约束",所以房地产需求取决于银行的信贷意愿和投资者的投资热情。利率测度投资者的融资成本,其高低成为人们投资房地产的重要影响因素。银行信贷扩张时,利率降低,投资者贷款成本也大大降低,扩大房地产投资需求,促使房地产价格上涨。利率降低直接影响货币资产的收益,在其他投资渠道收益低或风险高的情况下,投资者倾向于投资房地产而减少货币资产的持有比例。多数居民可能选择直接投资房地产,部分居民选择间接投资房地产,把资金借给直接投资者,获得比银行存款利息更高的利息收入。这也助长房地产投资需求。

表2-8 2001—2015年以来个人住房贷款增长情况

年份	个人住房贷款规模(亿元)	房地产业贷款总额(亿元)	个人住房贷款占房地产业贷款总额的比例(%)	GDP(亿元)	个人住房贷款占GDP的比例(%)
2001	5598	—	—	110863.1	5.05
2002	8258	—	—	121717.4	6.78
2003	11780	21422	54.99	137422	8.57
2004	1.6万	26306.3	60.82	161840.2	9.89
2005	1.84万	2.77万	66.43	187318.9	9.82
2006	1.99万	3.68万	54.08	219438.5	9.07
2007	2.7万	4.8万	56.25	270232.3	9.99
2008	2.98万	5.28万	56.44	319515.5	9.33
2009	4.76万	7.45万	63.89	349081.4	13.64
2010	6.16万	9.47万	65.05	413030.3	14.91
2011	7.14万	10.73万	66.54	489300.6	14.59
2012	8.1万	12.11万	66.87	540367.4	14.99
2013	9.8万	14.61万	67.09	595244.4	16.46
2014	11.52万	17.37万	66.32	643974	17.89
2015	14.18万	21.01万	70.86	689052.1	20.58

资料来源:2008年以前数据来源于各年国民经济和社会发展统计公报,2008年及其以后来源于各年金融机构贷款投向统计报告。

4. 强劲的消费性需求免去投资者后顾之忧

由于中国根深蒂固的传统文化"有家必有房"的影响，以及房产在中国可以彰显社会地位、个人身份的属性，房价上涨可能使消费性购房者推迟买房，而不是放弃买房。房价的变化不会对商品房消费性需求产生太大的影响，即从长期来看，商品房消费性需求价格弹性极低，商品房消费性需求曲线可近似为一条直线。因此，投资者才会有恃无恐，无所顾忌地投资楼市。

5. 投资渠道狭窄

据 2015 年年底统计，当年中国 GDP 为 68.91 亿万元，城乡居民人民币储蓄存款 35.2 万亿元，超过当年 GDP 的 50%。巨量的货币存款投到什么地方了呢？2015 年 1 年期银行存款利率为 1.5%，CPI 同比上升 1.4%[①]，实际利率接近 0。股市是上市公司和少数大机构的游乐场，其风险非个体投资者能承受。古董、邮票等属于非主流投资渠道，需要高深的专业知识。房地产投资只需要简单的支出回报计算，先行入市者高额的示范效应为人津津乐道，坚定人们"房地产属于优质投资品"的信念，形成巨大的投资需求。快速上涨的房价印证投资者的选择，导致房价螺旋式上升。尽管国家频频出台调控政策，提高首付比例、提升利率、增加土地供应量、提高存款准备金率，但这些调控政策最多让疯狂上涨的房价暂时"消停消停"，此后往往伴随着新一轮"报复式上涨"，陷入越调控越上涨的怪圈。

第二节　基于供给因素的视角分析[②]

根据经济学对商品供给的定义，房地产供给指在一段特定的时间内，在每一个可能的价格水平，房地产商愿意向市场提供并出售的房地产数量。房地产供给的形成需要满足两个条件：一是房地产商愿意供给，二是房地产商有能力供给。房地产供给量则随价格而变化，与价格成正相关关

[①] 数据来源于国家统计局网站，见 http://stats.gov.cn。
[②] 以下所指的房地产供给既包括新建房地产的供给，也包括存量房地产（二手房）的供给。由于二手房供给最终来源于新建住房供给，所以本节主要分析新建房地产的供给。

系。受房地产行业特点的影响，房地产供给呈现这样几个特点[1]：（1）由于房地产生产需要一段时间，房地产供给具有滞后性，短期内房地产供给缺乏弹性。（2）尽管长期内随着土地资源的开发和土地供应量的增加，房地产供给弹性要大一些，但由于土地供给稀缺性的制约，以及对生态环境的保护，可开发的土地数量越来越少，难度越来越大，开发成本越来越高，所以房地产供给从更长时期来看增速下降。（3）由于土地为国家垄断性所有，房地产供给也具有垄断性，各级政府是城市土地一级市场的唯一供给者。（4）房地产有效供给不足。由于房地产兼具投资属性，并对消费属性造成一定挤压。房地产供给量不断增加的同时空置率在上升，城市里面买不起房的人也不断增多。

表 2-9　2000—2015 年中国房地产市场供给量、销售量变化情况

年份	新建住宅面积（万平方米）	出售面积（万平方米）	出售占新建之比
2000	265293.53	18637.13	7.03%
2001	276025.4	22411.9	8.12%
2002	304428.15	26808.29	8.81%
2003	343741.65	33717.63	9.81%
2004	376495.05	38231.64	10.15%
2005	431123	55486.22	12.87%
2006	462677	61857.97	13.37%
2007	548542.04	77354.72	14.10%
2008	632260.99	65969.83	10.43%
2009	754189.4	94755	12.56%
2010	844056.9	104764.65	12.41%
2011	1035518.88	109366.75	10.56%
2012	1167238	111303.65	9.54%
2013	1336287.6	130550.59	9.77%
2014	1355559.65	120648.54	9.34%

---

① 周艳：《我国房地产市场供求与房价关系的实证研究》，硕士学位论文，湖南大学国际贸易学系，2008 年，第 8 页。

年份	新建住宅面积（万平方米）	出售面积（万平方米）	出售占新建之比
2015	1292371.73	128494.97	9.94%

注：新建面积为房屋施工面积。

资料来源：国家统计局网站，http://www.stats.gov.cn。

根据房地产供给的形成条件，房地产供给的影响因素有很多，包括房地产开发成本与其他投入成本，房地产商对未来利润水平、市场前景、行业调控导向等的预期，房地产商的资金融通能力和融资成本，政府相关调控政策等。鉴于房地产开发技术的同质性与成熟度，当前我国房地产供给影响最直接、最大的因素是土地政策和货币政策。

一、土地政策

从建国后到中国实行改革开放的这段时间里，中国实行计划经济，生产、分配、交换、消费等全由国家决定，人们的住房需求受到抑制，地方政府也缺乏活力和激励①。改革开放政策的顺利实施要求调动地方政府的积极性，所以中央在改革开放之初就大力下放权力，并在"以经济建设为中心"的指导思想下，以 GDP 作为官员晋升的主要考核指标，并通过不断培育市场、减少政府干预来促进社会主义市场经济建设。为激励地方政府参与城市化建设，1988 年国务院开始实施国有土地有偿出让政策，出让金收入少部分上缴中央政府，大部分留给地方使用。② 土地协议出让曾经是最重要最常用的政府供地方式，指政府与土地使用者以协议方式签订土地使用权出让合同，国家把一定期限内的国有土地使用权让渡给土地使用者，土地使用者支付相应的土地出让金③。土地协议出让有利于政府控制

---

① 这一时期我国土地政策是统一划拨，无偿使用。

② 自实行土地有偿出让政策以来，中央政府与地方政府在房地产市场的目标存在一定冲突。中央政府的目标是房地产市场长期健康稳定可持续发展，为此要控制房屋的供给，以缓解土地压力。房价适度增长，既能满足大多数人需求，又能保持适当活力促进经济增长。但地方政府在绩效指标的激励作用下，却希望房价能快速增长，带动房地产投资及相关行业的发展，促进地方财政收入与 GDP 高速增长。

③ 土地协议出让改变了我国土地供给性质，从无偿无限期逐步过渡到有偿有限期。

地价，并能灵活调度供给数量①，但由于缺乏竞争机制，使那些具有政府背景、国企背景的房地产开发企业得以垄断土地买方市场，民营企业难以进入。这种不够发达、不够公开、不够透明的房地产市场，极易产生以权谋私、权钱交易等寻租与腐败现象。从1998年到2003年，新建住宅以经济适用房为主，累计竣工面积达4.77亿平方米，累计解决600多万户中等收入家庭住房问题。

为进一步深化住房市场化改革，遏制腐败现象，促进国有土地所有权公开、公平、公正配置，2003年中央政府开始实行土地出让招拍挂制度，具备房地产开发资质资格条件的企业均可进入土地市场，降低了房地产企业的进入门槛，也降低了房地产市场的垄断性，提高房地产市场的竞争程度。其最客观的表现就是房地产市场民营企业和外资企业的数量不断增加，国有企业和集体企业的数量不断减少。

从表2-10可以看出，2003年实行土地招拍挂制度后，2004年全国房地产企业数量迅猛增加，增幅高达60%，远超此前的最高增长率13.8%。国有与集体企业数量增幅分别为4.8%和8.4%，外资企业数量增幅为43.1%。增幅最高的是民营企业，数量从26344增加到46330，增幅为75.87%。因此，土地招拍挂制度提高了房地产市场的竞争程度和公平程度。

表2-10　实行土地招拍挂制度前后不同性质的房地产企业数量变化情况

单位：家

年份	总数量	外资	国有与集体企业	民营企业
2000	31329	4026	10133	13144
2001	33595	4043	8853	16656
2002	36579	3961	7503	21154
2003	41139	4016	6763	26344
2004	64989	5747	7165	46330
2005	61623	5333	5941	45016

① 土地数量未进行严格控制，造成严重土地流失。

年份	总数量	外资	国有与集体企业	民营企业
2006	64152	5442	5383	47885
2007	68071	5553	5047	51918
2008	93842	6280	5461	75821
2009	86140	5733	5196	69478
2010	90947	5729	4905	74584
2011	93827	5408	4450	78561
2012	95023	5164	4258	80437
2013	96509	5065	2309	84070
2014	99176	4979	1933	87285
2015	98079	4653	1738	87035

注：台港澳侨投资房地产企业此处也以外资企业代称。

资料来源：国家统计局，其中民营企业数据通过计算得出，见 http://www.stats.gov.cn。

土地招拍挂制度采取竞价方式，比协议出让更加公开、透明，也更具竞争性，使土地价格得以真实反映土地资源的稀缺程度。土地价格大幅上涨，是房价上涨最重要直接的原因之一。

（一）中国房地产市场结构判断

根据经济学对市场结构①的定义，本书认为中国房地产市场属于垄断竞争市场，原因有三：第一，在中国房地产市场，有大量企业提供有差别的住房，不同住房彼此之间都是非常接近的替代品。不同开发商提供的住房，其差别可能存在于质量、构造、外观、销售服务等实体层面，也可能存在于消费者感知的商标、广告等软性方面，甚至存在于以消费者想象为基础的心理层面。住房的差别使不同开发商对自己的产品价格具有一定的垄断性，住房之间的替代性又使开发商面临来自竞争者的比较激烈的竞争，使房地产市场兼具垄断和竞争特征。第二，中国房地产市场存在数量

---

① 市场结构共有四种类型：完全竞争市场、垄断竞争市场、寡头垄断市场和完全垄断市场。完全竞争和完全垄断是理论分析中两种极端的市场组织，比较少见。垄断竞争市场与完全竞争市场比较接近。

众多的企业①，每个企业都认为自己的行为影响较小，不会受到竞争对手任何报复措施的影响。第三，中国房地产开发企业规模较小，市场集中度较低，进入和退出相对比较容易。根据 2016 年中国房地产测评中心（CRIC）发布的相关数据，中国房地产市场前 10 家企业的市场集中度为 18.35%。

表 2-11　2014—2016 年中国房地产市场按销售金额计算的市场集中度（%）

	2014 年	2015 年	2016 年
TOP10 企业	16.92	17.05	18.35
TOP20 企业	22.79	23.06	24.73
TOP30 企业	26.09	26.60	28.81
TOP50 企业	31.15	32.07	34.59
TOP100 企业	37.78	40.05	43.92

注：本表所指按销售金额计算的市场集中度＝入榜房企销售金额/统计局公布的全国商品房销售金额。

资料来源：CRIC，中国房地产测评中心，见 http://bj.leju.com/cra/。

（二）中国房地产开发企业土地使用原则

如上所述，中国房地产市场是一个垄断竞争市场，利润最大化要求房地产开发企业使用土地要素的原则是"边际收益"等于"边际成本"。需要注意的是，此处所指的"边际收益"与"边际成本"不同于一般的"边际收益"与"边际成本"。

假设房地产市场供求均衡时，住房供给量为 Q，价格为 P，房地产企业②的总收益为：

---

①　根据国家统计局提供的数据，2015 年中国房地产开发企业共 93426 家，其中国有企业 1329 家，占 1.42%。

②　此处探讨房地产市场的土地需求，所以把全部房地产开发企业视作一个整体进行分析。在垄断竞争市场，企业面临的需求曲线有两种：一是表示某个企业改变产品价格而其他企业保持产品价格不变时，该企业产品价格和销售量之间的关系；二是表示某个企业改变产品价格，其他企业也使产品价格保持同样变化时，该企业产品价格和销售量之间的关系。结合中国房地产市场实践，单家企业调整价格其他企业保持价格不变的情况较少。由于市场预期和/或政府调控政策的影响，房地产开发企业基本上是同时涨价或降价。本书采用第二种需求曲线，把房地产开发企业视作一个整体来讨论土地需求及土地使用原则。

$$R(Q) = Q \cdot P \qquad (2\text{-}1)$$

为简化起见，设房地产企业的住房销售数量（即住房需求量）

$$P(Q) = a - bQ \qquad (2\text{-}2)$$

一般意义上的边际收益：

$$MR(Q) = a - 2bQ \qquad (2\text{-}3)$$

此处仅讨论土地使用与房屋建筑面积之间的关系：

$$Q_L = nL \qquad (2\text{-}4)$$

L 代表土地投入量，n 大于 1，代表开发密度，即新增 1 平方米土地的使用，能够导致房地产开发企业新建房屋面积的倍数。于是，新增 1 平方米土地可以给企业集团带来的"边际收益"变成"边际住房价值"，等于新增 1 平方米土地可以增加供给的房屋面积乘以新增 1 平方米住房的边际价值[①]。由于新增 1 平方米土地的边际住房数量：

$$MP = \frac{\mathrm{d}Q_L}{\mathrm{d}L} = n \qquad (2\text{-}5)$$

"边际住房价值" $VMP = MP \cdot MR = n \cdot (a - 2bQ) = n \cdot (a - 2bnL)$

$$(2\text{-}6)$$

若使用土地的价格为 R，则使用土地的成本可以表示为：

$$C_L = R \cdot L \qquad (2\text{-}7)$$

新增 1 平方米土地的边际成本：

$$MR = \frac{\mathrm{d}C_L}{\mathrm{d}L} = R \qquad (2\text{-}8)$$

根据边际成本等于边际住房价值的原则：

$$VMP = n \cdot (a - 2bQ) = R = MC \qquad (2\text{-}9)$$

（式 2-11）表明，房地产开发企业愿意为新增 1 平方米的土地支付的价格是 n 与 L 的函数，且有：

$$R = an - 2bn^2L \qquad (2\text{-}10)$$

$$\frac{\mathrm{d}R}{\mathrm{d}n} = a - 4bnL \qquad (2\text{-}11)$$

---

① 为简化分析，假设新增 1 平方米土地增加 n 平方米住房的供给，在该区间范围内，新增住房供给的单位价值保持不变，即新增 n 平方米住房的边际价值保持不变。

$$\frac{\mathrm{d}R}{\mathrm{d}L} = 2bn^2 \qquad\qquad (2\text{-}12)$$

式（2-13）和式（2-14）表明，房地产开发企业愿意支付的土地价格与建筑密度正相关，是建筑密度的增函数，是土地需求量的减函数。

（四）地价对房价的拉动效应

上述讨论站在房地产开发企业的立场，本着土地的"边际成本"等于"边际住房价值"的原则，分析企业的用地需求及愿意支付的土地价格。但在中国土地市场，政府是唯一的供给者。因土地的稀缺性和垄断性，政府对土地价格具有决定权。

在图 2-6 中，d 为土地市场的需求曲线，即房地产开发企业的需求曲线，P_cA 为土地供给的长期成本曲线 LAC 和边际成本曲线 MC，即土地市场的供给曲线[1]。若土地市场为完全竞争市场，资源配置达到最优，均衡价格和均衡产量分别为 P_c 和 Q_c，消费者剩余为三角形 P_cAD 的面积。当土地市场从完全竞争转入垄断供给时，土地所有者按照边际收益[2][3]等于边际成本[4]确定垄断价格 P_m 和数量 Q_m。与完全竞争市场相比，垄断市场的均衡价格远高于长期平均成本，地方政府获得巨额收益；土地供给数量从 Q_c 下降到 Q_m，土地出现供不应求局面。房地产开发企业对土地的渴求与竞争使土地价格急剧上升，土地成本占房地产开发企业直接成本的很大比例，占房地产开发企业经营总收入的比重也在不断提高，房地产开发企业不得不通过提高房价来抵消高土地成本带来的利润率下降[5]。

土地价格拉动房产价格上涨的机理如下：

---

① 考虑到现实经济生活中，边际成本、边际产量、边际收益等难以测量和确定，为简化分析，设长期平均成本曲线等于边际成本曲线。

② 为便于对比两种不同市场结构下的土地价格和土地数量，本图并未画出土地所有者的边际收益曲线。根据经济学对边际收益的定义，垄断企业（此处为土地垄断供给者）的边际收益曲线位于市场需求曲线的下方，斜率为市场需求曲线的 2 倍。

③ 土地所有者广义的边际收益包括土地资产收益、与土地相关的税费收入和土地融资收入。狭义的边际收益仅指土地资产收益，土地出让收入占土地收益的最大份额。

④ 土地供给成本主要包括征地补偿成本和拆迁补偿成本。

⑤ 2002 年，北京房地产开发企业土地购置费用占经营总收入的比重为 20%，2011 年增加到 50%。北京市房产税、土地增值税、城镇土地使用税、耕地占用税及契税五税之和占房地产开发企业开发成本的比例呈现逐年上升趋势。见曾勇：《土地财政对房地产发展的影响研究》，硕士学位论文，辽宁大学政治经济学系，2015 年，第 21 页。

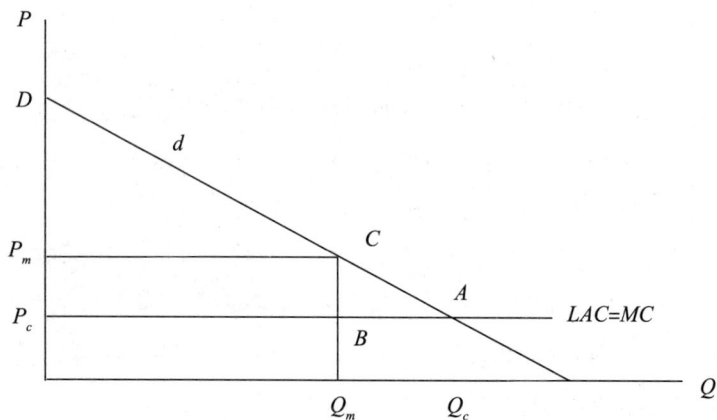

图 2-4　垄断供给制度下土地市场短期均衡

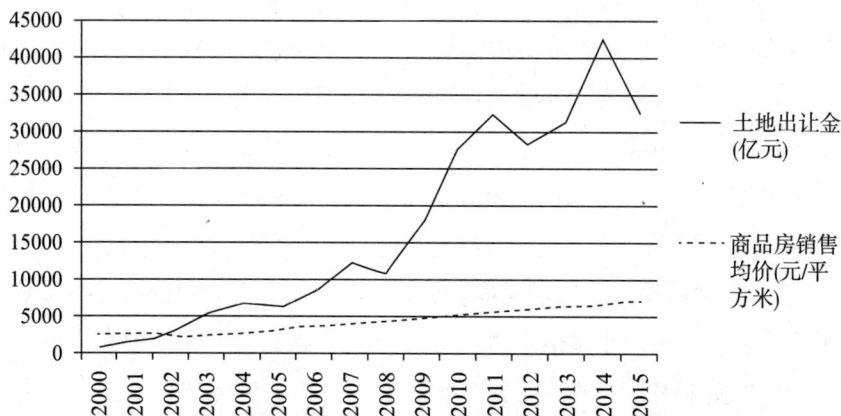

图 2-5　住房市场化改革以来中国土地出让金收入与商品房销售价格变化情况

资料来源：土地出让金数据来自《中国国土资源统计年鉴》，见 http://www.tjcn.org。商品房销售均价根据国家统计局网站相关数据计算所得。

　　首先，1994 年分税制改革后，地方政府的财政收支由"盈余剪刀"变为"赤字剪刀"，面临巨大的财政压力，不得不追求预算外收入以弥补财政缺口。中国的土地制度使地方政府成为土地一级市场的"垄断供给者"，独享土地资源支配权，获取与土地运行相关的收入就成为地方政府增加预算外收入的重要渠道。按照新的土地管理法，地方政府的征地成本与土地出让价格之间存在很大差距，产生"征地剪刀差"，地方政府得以获取巨额土地增值收益。征地、卖地行为对地方政府而言成本低廉、收益丰厚。

地方政府依靠土地资源的资本化获得财政收益，可弥补财政缺口并缓解财政压力。

其次，虽然中国经济发展已进入新常态，但过去以 GDP 为主要考核指标的激励机制仍未完全转变，加上不同区域之间的竞争，进一步恶化土地财政。现行政绩考核体系以经济建设为中心。房地产作为中国国民经济支柱性产业，其繁荣发展可以为地方政府带来巨额的土地出让金收入、税收收入，直接增加政府公共支出能力，带动 GDP 增长。房地产繁荣发展还可带动上下游及环向关联产业的迅速发展，进一步推动 GDP 增长。政府收入增长促进城市建设，提升城市形象，增强在区域经济体中的区位优势，吸引资本、劳动力进入本地市场，带动土地需求，拉高土地价格。如此循环往复，地方政府一旦尝到"征地、卖地"的甜头，就会持续保持推高房地产价格的动机。

第三，如前所述，中国政府与地方政府在房地产市场的目标存在一定冲突。地方政府是否严格执行中央政府制定的房地产调控政策，缺乏激励与惩罚机制。中央政府"上有政策"，地方政府就"下有对策"，难以发挥房地产调控政策预期成效，这是房地产调控政策效果不佳的主要原因之一。

二、货币政策

《中国人民银行法》规定，中国货币政策以稳定币值为单一目标，但实际上货币政策目标是一个复杂的体系，即多元目标体系。中国人民银行行长周小川在华盛顿国际货币基金组织（IMF）一年一度的康德苏讲座上，明确指出中国央行采取多目标制，既包括价格稳定、促进充分就业、促进经济增长、促进国际收支平衡四大宏观经济目标，又包含金融改革和开放、发展金融市场这两个动态目标[①]。这几大目标的实现依赖于货币政策的中介目标[②]，即广义货币供应量（M2）和贷款量。货币政策三大工具分别为公开市场业务、法定存款准备金率及再贴现率，这三大工具通过影响

[①]　《周小川详解央行为何选择多目标货币政策框架》，《第一财经日报》（上海）2016 年 6 月 27 日。

[②]　货币政策中介目标具有可测性、可控性、相关性等特点，对货币政策执行效果至关重要。

操作目标进而影响中介目标最后完成对前述最终目标的调控。

货币政策工具在实现货币政策目标的过程中，通过以下机制和路径对房地产业的供给产生影响。

（一）通过通货膨胀拉高投入品成本

在信用货币制度①下，流通中的货币数量超过经济平稳运行的实际需要而引起的货币贬值与物价水平全面、持续的上涨。即在一段时间内，经济体中的物价水平普遍持续上涨，货币购买力持续下降②。

根据著名的费雪方程式：

$$MV = PQ \qquad\qquad (2-13)$$

M 代表流通中的货币量；V 是货币流通速度，一般认为在一定时间内货币流通速度保持不变；P 代表经济体处于充分就业状态时最终产品的平均价格；Q 代表经济体处于充分就业状态时的最终产品数量。因此，如果经济体已处于充分就业状态，此时增加货币供给量只会造成物价水平全面上涨。

根据国家统计局网站提供的数据，2016 年年末广义货币供应量（M2）余额为 155 万亿元，按当年外汇牌价折合 22.34 万亿美元，超过美国13.28 万亿美元与日本 8.19 万亿美元之和。2016 年中国 GDP 为 12.25 万亿美元，美国为 18.70 万亿美元，日本为 4.17 万亿美元。2016 年中国GDP 不到美日之和的 53.56%，广义货币供应量是美日之和的 1.04 倍。中国货币供给增速过快，这是无法否定的事实。

表 2-12　中国广义货币供给量（M2）与同期 GDP 增长率

年份	货币和准货币（M2）供应量同比增长率（%）	GDP 增长率（%）	差额（%）
1996 年	25.3	10.01	15.29

---

① 信用货币制度是以中央银行或国家指定机构发行的信用货币（国家法律规定的、强制流通的货币，不以任何贵金属为基础、独立发挥货币职能）的货币制度。信用货币制度具备以下几个特点：（1）中央银行发行本位纸币，政府发行铸币（作为辅币）。（2）本位币不与任何金属保持等值关系，是无限法偿货币和最后支付手段。（3）纸币数量可自由变动，不受黄金保有量的限制。（4）发行者为保证纸币的交换价值，对纸币的发行与流通实行严格管理。

② 凯恩斯主义经济学认为，通货膨胀是由于经济体中总需求和总供给的变动导致物价水平的变动。货币学派则认为，通货膨胀的产生原因是货币发行量超过流通中所需要的金属货币量。

年份	货币和准货币（M2）供应量同比增长率（%）	GDP 增长率（%）	差额（%）
1997 年	17.3	9.3	8
1998 年	14.8	7.83	6.97
1999 年	14.7	7.62	7.08
2000 年	12.3	8.43	3.87
2001 年	14.4	8.3	6.1
2002 年	16.8	9.08	7.72
2003 年	19.6	10.03	9.57
2004 年	14.7	10.09	4.61
2005 年	17.6	11.31	6.29
2006 年	16.9	12.68	4.22
2007 年	16.7	14.16	2.54
2008 年	17.8	9.63	8.17
2009 年	28.5	9.21	19.29
2010 年	19.7	10.45	9.25
2011 年	13.6	13.6	0
2012 年	13.8	7.65	6.15
2013 年	13.6	7.67	5.93
2014 年	12.2	7.4	4.8
2015 年	13.3	6.9	6.4

注：此表所指差额为广义货币供给增长率减去同期 GDP 增长率的差额。

资料来源：根据国家统计局网站相关数据计算所得。

　　货币超发的结果就是流通中的货币量超过实际需要的货币量，物价全面上涨。根据国际经济部统计委员会提供的数据，2014 年、2015 年、2016 年中国通货膨胀率分别为 7.5%、12.8%、8.5%，远超当年一年期名义存款利率（分别为 2.75、2.5、1.75）。房地产生产建设需要大量的原材料投入，也是一个劳动密集型产业，因通货膨胀拉高的原材料价格和人工工资都必将转嫁到房地产最终价格。

　　（二）商业银行的信贷传导

　　房地产市场非理性繁荣的形成需要巨量资金支持。因为商业银行是购房者和房地产开发企业的资金供给主体，从而成为中国房地产市场最重要的金融机构。在中国的银行业市场，国有商业银行占据垄断地位，但其日常经营管理行为受政府行政干预的程度较大。地方政府对房地产业依赖较重，一些商业银行以政府或明或暗的担保为后盾，抱着"太大而不能倒"（too big to fail）的理念，盲目追求信贷规模与市场份额，缺乏对房地产贷款的收益与风险的客观审视，其风险没有得到足够的补偿、转移和分散。房地产贷款在商业银行资产中占据较高比例，给商业银行带来风险隐患。

根据表 2-12 提供的数据，2005 年以来，房地产开发国内贷款占房地产开发投资资金比例先升后降再升。2016 年，房地产开发企业到位资金 144214 亿元，比 2015 年增长 15.2%。其中国内贷款增长 6.4%、利用外资下降 52.6%、自筹资金增长 0.2%、其他资金增长 31.9%（定金及预付款增长 29.0%，个人按揭贷款增长 46.5%）[①]。

表 2-12 房地产开发国内贷款占房地产开发投资资金比例（%）

年份	国内贷款		外资资金	自有资金	其他资金
	银行贷款	非银行金融机构贷款			个人住房贷款
2005	17.56	0.75	1.2	32.72	6.27
2006	18.43	1.31	1.47	31.68	9.54
2007	17.44	1.28	1.71	31.41	13.56
2008	17.36	1.84	1.84	38.65	9.81
2009	17.94	1.72	0.83	31.05	14.81
2010	15.53	1.69	1.08	36.52	13.05
2011	13.34	1.90	0.92	40.85	10.13
2012	13.61	1.70	4.92	40.48	10.90
2013	14.06	2.05	0.44	38.83	11.49
2014	14.80	2.61	0.52	41.33	11.20

资料来源：唐盼：《银行信贷与房价波动关系的价格分层效应研究——基于金融加速器理论》，硕士学位论文，西南财经大学金融学系，2016 年，第 26 页。

---

① 数据来源于国家统计局网站，见 http://www.stats.gov.cn。

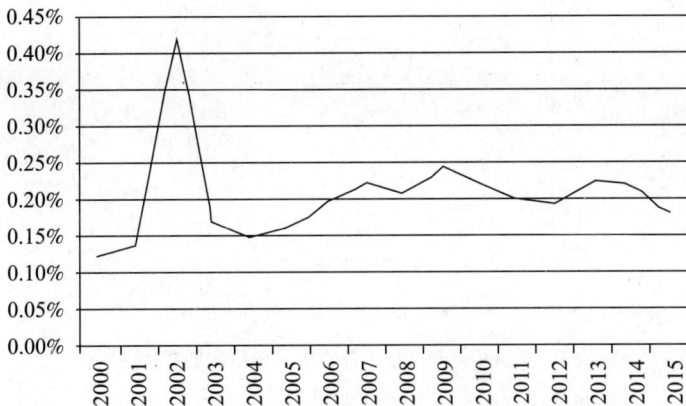

图 2-6 中国房地产开发企业贷款占银行贷款资产的比例变化

资料来源：通过国家统计局、中国人民银行官网相关数据计算所得。

商业银行信贷扩张扩大房地产市场投资规模和建筑规模，增加住房供给，在需求不变时降低房地产价格，抑制房价上涨。但住房市场化改革释放长期以来中国居民被抑制的住房需求，土地供给不足导致房地产市场长期处于供不应求状态，房地产市场总的来说是卖方市场而不是买方市场，因此出现量价齐涨的局面。

如图 2-9 所示，如果房地产市场保持需求不变，则在商业银行信贷扩张的情况下，房地产供给从 S_1 扩大到 S_2，房地产市场价格可以出现一定程度下降，从 P_1 降到 P_2。但由于房地产供给的增加幅度低于需求扩大程度，尤其在房地产市场信息不对称情况下，房地产商极易通过发布虚假信息，引起购房恐慌，进一步扩大房地产需求，从而使市场需求曲线从 D_1 扩大到 D_2，房地产市场均衡价格从 P_1 上升到 P_3。

三、生产要素市场的供需力量变化

除土地之外，房地产业最重要的生产要素有劳动力、原料辅料、能源等。改革开放以来的很长一段时间里，中国依靠廉价的劳动力、丰富廉价的各种资源，进入"中国制造"时代。随着经济发展带来增长方式的转变，生产要素市场的供需力量对比正在发生变化。

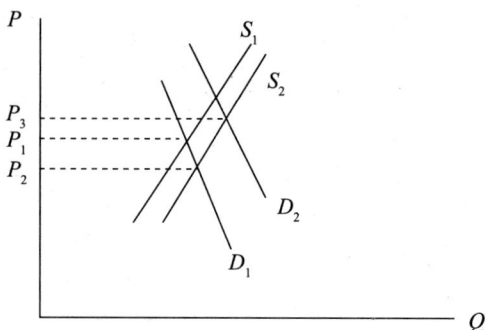

图 2-7　信贷扩张与房地产需求扩大前后房地产均衡比较

（一）人口红利①消失，建筑业出现"用工荒"

随着人口结构的转变和劳动力价格的攀升，中国人口红利优势逐渐消失。人口结构转变主要是劳动年龄人口急剧减少，老龄化现象突出。从 20 世纪 80 年代到现在，年轻人的数量减少 1 个亿。照此推算，到 2050 年，中国老年人占全部人口的 1/3。劳动力减少对经济的直接影响，就是劳动力成本价格急剧上涨。最近几年，每年春节后沿海地区的建筑业均出现"用工荒"现象。第一个直接原因是很多农民工，特别是年龄偏大的农民工，不愿意舍近求远再去遥远的地方打工②。第二个原因是"新生代农民工"不愿以"卖苦力"为生。新生代农民工指 20 世纪 80 或 90 年代后出生的农民工，他们受教育程度较高，对农村、农业、家乡不像父辈那样有深厚的依恋。他们中的大多数人既不了解农村也不了解农业，更不愿在农村干活。他们对城市有较高的融入愿望，对工作的要求和预期目标多元化。所以，尽管许多建筑工地的环境有较大改善，薪水也很诱人③，但他们不为所动。第三个原因是农民进城愿望自"农业税"免除以来逐渐衰减。城市生活成本日益增加（房租、交通成本、水电气价格等不断上涨），

①　人口经济学家认为，当一个国家生育率迅速下降造成人口老龄化加速和少儿抚养比例迅速下降，劳动年龄人口所占比例上升，在老龄人口比例达到较高水平之前，将形成一段抚养负担轻、劳动力资源相对丰富、对经济发展非常有利的"黄金时期"。人口经济学家称之为"人口红利"。

②　他们一般有少量储蓄，子女已成年独立。

③　根据《海南特区报》（2016 年 2 月 23 日），优秀技术工平均每月工资近万元，是当年应届毕业大学生的 3—4 倍。即使这样的工资也很难招到优秀满意的工人。

农民进城收益与城镇居民相比仍然较低①，因此自免除"农业税"以来，年龄较大的农民进城务工意愿逐渐降低。

（二）能耗需求高而供给日益紧张

房地产业是能源消耗非常大的产业。房地产生产过程中需要消耗大量的钢材、水泥、墙砖、有色金属等高能耗的原材料生产，以及巨量的运输。据《21世纪经济报道》测算，每建筑1平方米房屋，需要0.80—0.83平方米的土地，约75—80公斤钢材，约0.2—0.23立方米混凝土、约0.15—0.17立方米墙砖。根据国家统计局发布的数据，2016年房屋竣工面积10.6万亿平方米，约消耗8268亿吨钢材、2.332万亿立方米混凝土、1.696万亿立方米墙砖。这么高的能耗，必然拉动能源及原材料行业价格上涨。

近几年，国家开始加大力度整治环境污染，对水泥、钢材等耗能大污染重的行业进行污染物排放整顿。根据《京津冀大气污染防治强化措施（2016—2017）》和山东省《进一步加强省会城市群大气污染防治工作实施方案》，京津冀六市和山东五市水泥行业如未达到大气污染物排放标准，从当年11月至次年1月停产；对不能达到污染物排放绩效的钢铁企业实施停产，玻璃行业生产燃料更换为天然气集中供应的煤制天然气或电力。以上举措造成水泥市场供应量减少。在需求同比小幅增长的情况下，供应的削减改变供求力量对比，推动水泥价格超预期上涨②。

在国家"三去一降一补"供给侧结构性改革推动下，钢铁、煤炭等去产能效果显著，盈利情况出现明显好转。水电气的供给也在进行改革。为更加有效地保护和管理稀缺水资源，推进实行水资源管理制度，多地水力发电和工业生产水资源费征收标准上调。天然气属于不可再生资源，随着煤改气工作推进，工业天然气需求进一步增长。所有这些都带动水电气等资源价格上涨。最终转嫁到房地产价格上，导致房地产价格上涨。

---

① 根据人社部提供的数据，农民工月平均收入由2010年的1690元增加到2015年的3072元，全年工资收入36864元。2015年城镇单位就业人员平均工资为62029元，农民工平均工资仅比城镇就业人员平均工资的一半多一点，更不用说城镇家庭比农民工享受更多、更优质的社会服务。

② 《水泥价格为何如此疯狂 原因竟是……》，2016年10月27日，见http://mcsn.yatai.com/xwzx/qyxw/201610/t20161027_ 40410.htm。

第三章　房地产市场繁荣对消费的带动效应

房地产市场与居民消费支出的相关性是经济研究领域的重点问题之一，近年来中国住房价格的急剧波动与居民财富的迅速增加进一步强化了房地产市场与消费关系研究的重要性。不少学者从房地产的直接财富效应、抵押效应、缓冲储备效应、分布效应等视角对房地产市场影响消费的传导渠道展开较为深入的论证与分析，而关于房地产市场繁荣对其互补品的带动效应，以及房地产市场繁荣的收入效应对消费的影响几乎无人涉及，本章将对此展开针对性论述。

第一节　关键概念界定与理论基础

一、房地产与消费的概念界定

耐用性的原因是土地使用年限长，因此人们购买房产时，不仅考虑房产的当期价值，还会放眼未来，考虑升值空间和机会。耐用性也意味着许多消费者不能用当前一次性收入实现购买目标，因此预算约束是跨期的。异质性表现为不同房地产在环境、地理位置、面积、设计理念等方面不可能是完全一致的，即便是同一社区同一栋楼同一户型的房地产，也会因为楼层的差异而产生价格的差异，出现"一房一价"。位置的固定性则指房地产的不可移动性，所以房地产商品的信息搜寻成本会高于其他一般商品。

消费行为指消费者为获得能满足自己需求的商品和劳务而从事的信息搜寻、选择、购买和使用等活动。总体来讲，消费主体可分为居民消费和政府消费，消费对象可分为耐用消费品和非耐用消费品。房地产作为耐用消费品，应该纳入本章研究的范围①。

购买力和购买意愿是影响消费的两个重要因素，前者受收入和财富水平的制约，属于客观因素；后者属于消费者的主观意愿，常用消费者信心指数来反映。消费者信心指数（Consumer Confidence Index，缩写为CCI），又称为消费者情感指数（Consumer Sentiment Index，缩写为CSI），是乔治·卡通纳（George Katona）于1952年首先使用，后来经过密歇根大学调查研究中心采用后，才普及开来并被人们逐渐认识。消费者信心指数采用主观指标来衡量生活质量和经济领域的实际状况。这是一个从微观和宏观两个方面来看都很重要的指标，既能够测度消费者消费心理的变化，又能预测未来社会经济发展的趋势。

房地产价格的上涨对消费者信心的刺激大致有两种渠道：一是价格的上涨意味着财富的增长，增强了消费者的乐观情绪，显然这是传统的财富效应在起作用；二是价格的持续上涨预示着未来经济的良好运行，自然也会让消费者信心增强。就具体的个人而言，对拥有房产的家庭，房价的上涨会使他们对未来收入和财富的增长更为乐观；而对租房者而言，房价的上涨会增加他们当前的房租以及未来购房支出，打击他们的消费信心。

假设在图3-1中，横轴与纵轴分别代表消费者购买的两种非房地产商品，X_1Y_1为消费者（包括自有房者与租房者）最初的预算线，U_1为初始的效用最大化水平。假设消费者收入不变，消费偏好不变。当房价上涨时，自有房者的预算约束线由X_1Y_1提高到X_3Y_3，效用水平由U_1增加到U_3；租房者的预算约束线由X_1Y_1下降到X_2Y_2，效用水平由U_1下降到U_2。

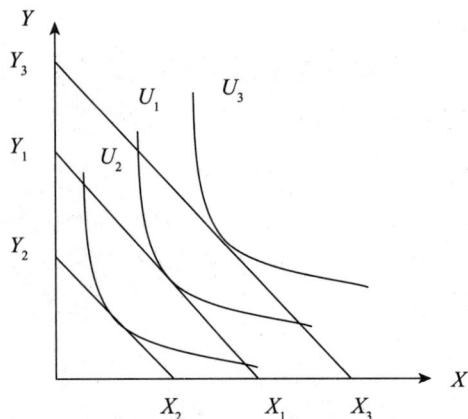

图 3-1　房地产价格上涨对自有房者与租房者消费者效用的影响

二、与房地产市场相关的消费理论

当代消费理论起源于凯恩斯在《就业、利息和货币通论》中提出的"绝对收入假说"。该理论假定收入为 0 时人们也必须消费，认为消费与收入之间存在稳定的函数关系，消费倾向存在递减规律，即随着收入的增长，人们用于消费的那部分支出固然也会增长，但消费支出在收入中所占比例不断减少。凯恩斯开创了消费理论研究先河，但其观点"消费支出主要依赖于当前收入"却受到时代的局限，无法解释房地产市场的跨期消费行为。弗里德曼提出的"持久收入理论"比"绝对收入假说"有所进步。弗里德曼认为，短期收入是偶然的，具有不稳定性，短期收入不会影响人们的消费水平。持久的收入是稳定的，消费是持久收入的函数。进一步地，持久性消费与持久性收入之间存在比例关系，依赖于消费者的偏好、家庭结构、年龄等，以及银行利率。因此，如果房价上涨被认为具有可持续性，则自有房者会判断为自己的持久收入增加，从而促进消费。对租房者而言，情况则恰恰相反。

"持久收入假说"并没有特别说明多长时间才算持久期限。莫迪格利安尼在此基础上进一步提出，理性的消费者根据效用最大化原则，合理安排一生的消费与储蓄，实现整个生命周期效用最大化。因此消费与一生的收入预期、家庭结构、年龄、资产存量等息息相关。莫迪格利安尼将人的一生分为三个阶段：年轻时期、中年时期、老年时期。认为在生命周期的不同阶段，消费在收入中所占比例是不同的。年轻时收入不高，但消费占收入的比例却很高，甚至出现借债消费。中年阶段后，收入增加，但是消费在收入中的比例却会降低，因为既要支付年轻时候的超前消费，还要增加储蓄为老年做准备。老年时期收入下降，消费又会超过收入。生命周期假说为房地产价格和消费的关系奠定了理论基础，该理论中的消费，取决于整个生命阶段的收入，某个时点的消费决策，仅取决于该时点在生命周期中所处的位置。

第二节　房地产市场繁荣对互补品的带动效应

一、房地产商品与房地产互补品理论

互补品指的是互相配合才能共同满足消费者同一种需要的一组商品，例如照相机和胶卷。一般而言，某种商品互补品价格上升，会导致该种商品需求下降。一种商品互补品价格下降，会导致该种商品需求上升。也就是说，如果商品 X 和商品 Y 是互补品，则 X 的需求与 Y 的价格成反向变化。

房地产作为一种商品，也需要与其他商品配合使用才能满足消费者需求，这些与房地产配合使用的商品或物品就是房地产的互补品。就一座城市而言，城市规划与相关基础设施是对该城市房地产行业影响较为显著的互补品，城市基础设施发达便捷成本低，就会增加对该城市房地产的需求。就城郊的住宅而言，连接城郊与市区的公路是它的互补品①。就具体位置的房地产而言，周围的生活设施及道路交通就是它的互补品。根据房地产与其他商品配合使用的比例情况，可分为普通互补品与完全互补品。普通互补品就是房地产与互补品之间没有固定的同时使用的比例，例如房

---

①　根据 2012 年 9 月 13 日《21 世纪经济报道》，2012 年 9 月初，国家发展改革委集中批复轨道交通项目，涉及 18 个城市、8000 多亿元总投资。其中国家仅提供不到 40% 的资本金，其余需各地自行筹集。但地方财政收入大幅下滑，截至 2012 年 8 月底，10 个典型城市（北京、上海、广州、深圳、杭州等）土地出让金收入为 1649 亿元，同比下降 52%。因此各地政府纷纷出台政策，搞地铁沿线物业开发，以此获得的收入用于地铁专项建设。

地产与水、电、气等生活设施以及家具、家电等用品。完全互补品就是房地产与互补品之间必须按照固定不变的比例同时使用，截至目前，尚未发现与房地产完全互补使用的物品。

根据与房地产所处的相对位置，将房地产互补品分为外部互补品与内部互补品：前者指房地产外部的公共基础设施与公共资源，后者指房地产内部的家具家电水电光纤等生活用品。房地产与房地产互补品之间存在主导权博弈问题。例如，城郊住宅的需求量在很大程度上取决于附近是否有地铁通行、地铁的收费情况、周围是否有比较优质的教育资源、医疗资源、生活设施等。也就是说，在房地产与房地产外部互补品之间，外部互补品起着需求主导作用。外部互补品越丰裕越优质，对该地房地产的需求就会增加；外部互补品越欠缺劣质，对该地房地产的需求就会减少。而在房地产与房地产内部互补品之间，则由房地产起需求主导作用。房地产内部互补品的需求主要取决于房地产商品的需求，房地产商品的需求增加，与其互补的家装、家具、家居产品的需求和价格就会上升。由于房地产外部互补品主要属于公共产品或准公共产品，房地产市场繁荣更多刺激外部互补品的投资与供给而不是消费，因此本书重点考察房地产市场繁荣对内部互补品的带动效应。

二、房地产市场繁荣对耐用消费品消费的现实考察

耐用消费品是住房必需品，因此也是房地产商品的互补品。当新建住房销售面积增加时，家庭耐用消费品拥有量必然也会增加。但是，由于耐用消费品的使用寿命一般短于房地产商品，即便在使用期限内，耐用消费品的损耗或对时尚美观的要求也可能导致部分消费者产生新的消费需求，因此房屋的更新肯定赶不上耐用消费品的更新。所以，当新建住房销售面积下降时，耐用消费品销售的下降幅度相对房屋销售面积要小一些。总的来看，耐用消费品销售额与新建住房面积的变化趋势应该是一致的。

从表3-1和图3-2可以看出，2006—2012年间，全国房地产销售面积与城镇居民家庭平均每百户耐用消费品拥有量变化趋势大致趋同。2008年由于美国金融危机的影响，房地产销售面积下降，同一时期城镇家庭每百户年底耐用消费品中彩色电视机的保有量也有一定下降，但下降幅度较

小。其他耐用消费品如微波炉、空调、洗衣机、电冰箱等几乎未受影响。2008 年—2010 年，全国房地产销售面积急剧增加，同一时期空调的增幅比较明显。2010 年后，房地产销售面积增长趋于平缓，耐用消费品的保有量也出现同样趋势。

表 3-1 2006—2012 年中国城镇居民家庭平均每百户耐用消费品拥有量与
房地产销售面积情况

年份	洗衣机（台）	电冰箱（台）	彩色电视机（台）	空调（台）	微波炉（台）	全国房地产销售面积（万平方米）
2006	96.8	91.8	137.4	87.8	50.6	61857.07
2007	96.8	95	137.8	95.1	53.4	77354.42
2008	94.7	93.6	132.9	100.3	54.6	62000.00
2009	96	95.4	135.7	106.8	57.2	93713.00
2010	96.9	96.6	137.4	112.1	59	104300.00
2011	97.1	97.2	135.2	122	60.7	109900.00
2012	98	98.5	136.1	126.8	62.2	111304.00

资料来源：国家统计局网站。

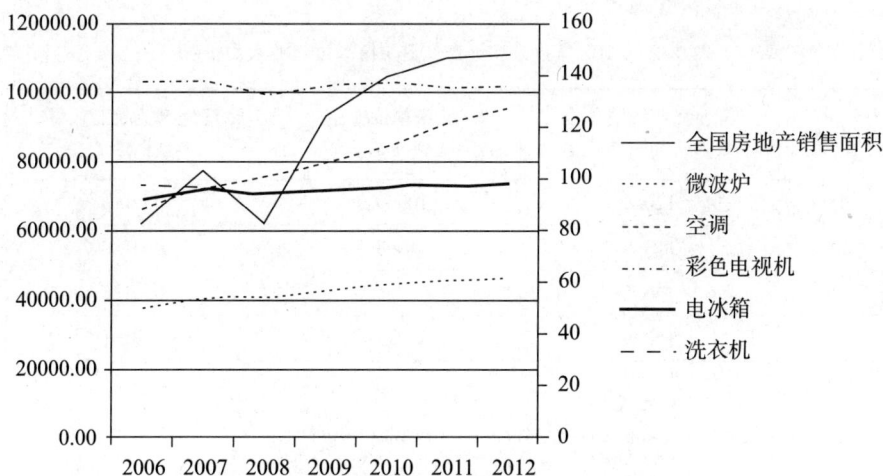

图 3-2 2006—2012 年中国城镇居民家庭平均每百户耐用消费品拥有量与
房地产销售面积变化趋势

资料来源：国家统计局网站，见 http://www.gov.cn。

第三节　房地产繁荣通过收入效应带动消费

一、房地产繁荣对房地产从业人员收入的积极影响

根据中国社会科学院工业经济研究所研究员曹建海的研究，房地产行业已经成为中国涉及从业人员最多的行业之一。根据国家统计局提供的相关数据，2015 年，房地产开发企业平均从业人员数为 2738454 人，是 2003 年 1205355 人的 2.3 倍。2015 年，房地产业城镇单位就业人员达到 417.3 万人，占当年城镇单位就业人员 18062.5 万人的 2.3%①。由于城镇单位不含私营企业，而事实上房地产开发企业与房地产经营服务企业大多是私营，所以这一数据被严重低估。此外，房地产物业管理人员和中介、评估员、服务人员等也大多在私营企业就业，因此也未被纳入统计范畴。中国房地产业务与地方政府的土地政策有密切关系，从分配到开发到招拍挂形成一个完整的产业链，也涉及大量的从业人员。中国一共有 330 多个地级市，2800 个县级单位，每个县级单位都有几十个甚至上百个相在工作与土地经营相关的工作人员②，政府部门从事房地产经营的人员至少在 20 万。

表 3-2　2003 年以来房地产产业城镇单位就业人员情况

年份	房地产业城镇单位就业人员（万人）	城镇单位就业人员（万人）	房地产业就业人员所占比例（%）
2003	120.2	10969.7	0.0110
2004	133.4	11098.9	0.0120
2005	146.5	11404.0	0.0128
2006	153.9	11713.2	0.0131

①　数据来源于国家统计局网站，见 http://www.stats.gov.cn。

②　根据成都市国土资源局某区分局及该区房管局公开的政务信息，该区国土分局与房管局均有工作人员负责与房产经营相关的工作。国土资源分局负责编制该区土地资源利用规划和开发规划，负责区内土地的征用管理等。房管局负责全区房屋拆迁纠纷案件的受理、调解、裁决工作，负责全区住宅类房地产项目及其房地产固定资产投资工作的协调推进，负责住宅类房地产企业的协调服务工作。

年份	房地产业城镇单位就业人员（万人）	城镇单位就业人员（万人）	房地产业就业人员所占比例（%）
2007	166.5	12024.4	0.0138
2008	172.7	12192.5	0.0142
2009	190.9	12573.0	0.0152
2010	211.6	13051.5	0.0162
2011	248.6	14413.3	0.0172
2012	273.7	15236.4	0.0180
2013	373.7	18108.4	0.0206
2014	402.2	18277.8	0.0220
2015	417.3	18062.5	0.0231

资料来源：国家统计局网站。

除创造就业机会外，房地产从业人员工资收入增长速度也比较快。2003年，房地产业城镇单位就业人员平均工资为17085元，2015年为60244元，比2003年增加了2.52倍。2015年房地产业城镇单位就业人员平均工资高于农、林、牧、渔业、采矿业、制造业、建筑业、住宿和餐饮业、水利、环境和公共设施管理业、居民服务和其他服务业城镇单位就业人员平均工资。2003年，房地产业城镇单位就业人员工资总额为202.7亿

（元）

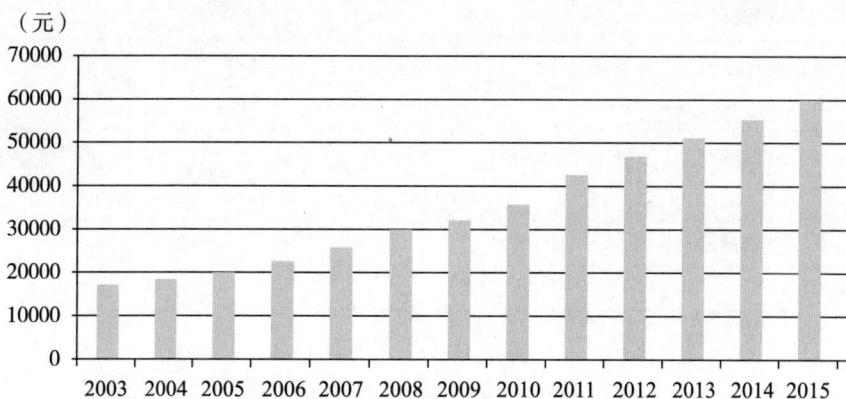

图3-3　2003年以来房地产业城镇单位就业人员平均工资增长情况

资料来源：国家统计局网站。

元，占当年城镇单位就业人员工资总额 15329.6 亿元的 1.3%。2015 年，房地产业城镇单位就业人员工资总额为 2493 亿元，占当年城镇单位就业人员工资总额 112007.8 亿元的 2.2%，这一比例比 2003 年增加了接近一个百分点①。

表 3-3　2015 年城镇单位就业人员按行业分工资总额与平均工资情况

所属行业	工资总额		平均工资	
	数额（亿元）	排序	数额（元）	排序
农、林、牧、渔业	862.6	18	31947	19
采矿业	3318.2	12	59404	13
制造业	28341.6	1	55324	14
电力、燃气及水的生产和供应业	3137.4	13	78886	4
建筑业	13619.3	2	48886	15
交通运输、仓储和邮政业	5898	7	68822	8
信息传输、计算机服务和软件业	3912.7	9	112042	2
批发和零售业	5324.6	8	60328	11
住宿和餐饮业	1130	16	40806	18
金融业	6730.1	5	114777	1
房地产业	2493	14	60244	12
租赁和商务服务业	3399.9	11	72489	6
科学研究、技术服务和地质勘查业	3665.8	10	89410	3
水利、环境和公共设施管理城	1177.7	15	43528	17
居民服务和其他服务业	336.1	19	44802	16
教育	11492.1	3	66592	9
卫生、社会保障和社会福利业	5941.3	6	71624	7

---

① 上述数据来源于国家统计局网站，见 http://www.stats.gov.cn。

所属行业	工资总额		平均工资	
	数额（亿元）	排序	数额（元）	排序
文化、体育和娱乐业	1086	17	72764	5
公共管理和社会组织	10141.4	4	62323	10

资料来源：国家统计局网站。

房地产城镇单位就业人员工资总额的快速增加，必然带动相关消费品的消费。根据商务部的统计数据，1995—2004 年近十年来的平均消费率58.5%[1]。照此估算 2015 年房地产业城镇单位就业人员的工资收入中，有1458.4 亿元用于消费，对消费产生比较积极的影响。

表 3-4　2003 年以来房地产业城镇单位就业人员工资收入带动消费情况

年份	房地产业城镇单位就业 人员工资总额（亿元）	房地产业城镇单位就业人员工资 收入带动消费情况（亿元）
2003	202.7	118.58
2004	243.3	142.33
2005	293	171.41
2006	338.4	197.96
2007	426.2	249.33
2008	520.8	304.67
2009	607.8	355.56
2010	745.6	436.18
2011	1052.5	615.71
2012	1271.3	743.71
2013	1882.3	1101.15
2014	2220.5	1298.99
2015	2493	1458.41

资料来源：国家统计局网站或根据国家统计局网站数据计算所得。

---

① 《2005 年中国消费品市场形势分析》，《中国经济时报》2006 年 3 月 1 日，http://finance.sina.com.cn。

二、房地产繁荣对建筑业从业人员收入的积极影响

房地产业是以土地和建筑物为经营对象，集房地产开发、建设、经营、管理以及维修、装饰和服务等多种经济活动为一体的综合性产业，属于国民经济中的第三产业，即服务业，其具体活动包括土地开发、房屋建设、房屋维修、房屋管理、土地使用权的有偿划拨转让、房屋所有权的买卖租赁、房地产的抵押贷款等。在实际生活中，人们习惯于将从事房地产开发和经营的行业统称为房地产业。建筑业则是专门从事房屋建设与设备安装、土木工程、工程勘察设计工作的生产部门，属于物质生产部门，其产品包括各种厂房、矿井、桥梁、港口、道路、管线、住宅及其他公共设施，属于国民经济中的第二产业。建筑行业包括的范围非常广，涉及行业数量众多，建筑业本身以及围绕建筑的设计、施工、装修、管理而展开的行业，如装潢、装修等，都属于建筑行业的范畴。

从二者的定义可以看出，房地产企业与建筑企业之间往往形成甲方和乙方的密切合作关系。房地产开发过程中的建造活动，通常由建筑企业来承担，所以房地产业总体上属于新兴服务行业，但与建筑业形成相互依存的关系。房地产业和建筑业之间相辅相成的关系，使许多建筑企业发展到一定规模以后，就成立自己的房地产公司。同样地，有许多房地产企业发展到一定规模后，就成立自己的建筑公司。例如，中国建筑行业龙头老大企业中国建筑股份有限公司，同时也是中国最大的房地产企业集团之一。该公司旗下设有中国海外集团有限公司（香港）、中海地产集团有限公司、中国中建地产有限公司、普瑞置地投资有限公司、中国海外发展有限公司（香港上市）、中国建筑国际集团有限公司（香港上市）等多家涉足房地产业务的子公司，其中中国海外集团有限公司在中国房地产开发中始终居于领先地位，是中国房地产行业的领军企业，其自主规划开发的多个项目曾获中国房地产界的最高荣誉奖项——"詹天佑大奖优秀住宅小区金奖"。中国海外集团有限公司打造的"中海地产"已成为中国最具价值的房地产品牌之一。中建地产成功地创新了工程承包与房地产开发相结合的经营模式，正致力于成为中国最大的保障性住宅供应商之一。

根据学者李启明的研究，房地产业对建筑业和制造业的诱发作用最

大，每 100 亿元房地产投资可以诱发建筑业产出 90.76 亿元①。住房市场化改革以来，房地产业快速发展，带动建筑业投资与就业的快速增加。根据国家统计局网站提供的数据，2015 年，建筑业城镇单位就业人员达到 2796 万人，占当年城镇单位就业人员 18062.5 万人的 15.48%②。同样地，按照国家统计局的统计口径，城镇单位不含私营企业，因此这一数据并未包含私营建筑企业的相关人员。如果算上 2015 年建筑业私营企业和个体就业人员 1317 万人，则 2015 年建筑业共提供就业岗位 4112 万个。

表 3-5 2003 年以来建筑业就业人员情况（含城镇与私营企业）

年份	建筑业城镇单位就业人员 （万人）	建筑业私营企业与个体就业人员 （万人）	合计 （万人）
2003	833.7		833.7
2004	841	324.8	1165.8
2005	926.6	379.6	1306.2
2006	988.7	419.3	1408
2007	1050.8	477.3	1528.1
2008	1072.6	563.4	1636
2009	1177.5	633.6	1811.1
2010	1267.5	723.5	1991
2011	1724.8	772.7	2497.5
2012	2010.3	840.2	2850.5
2013	2921.9	976.3	3898.2
2014	2921.2	1132.6	4053.8
2015	2796	1317	4113

资料来源：国家统计局网站，见 http://www.stats.gov.cn。

受房地产繁荣的积极拉动，建筑业城镇单位从业人员工资收入增长速度也比较快③。2003 年，建筑业城镇单位就业人员平均工资为 11328 元，

① 李启明：《论中国房地产业与国民经济的关系》，《中国房地产》2002 年第 6 期，第 13—16 页。

② 数据来源于国家统计局网站，见 http://www.stats.gov.cn。

③ 目前尚无建筑业私营企业与个体企业就业人员平均工资和工资总额统计。

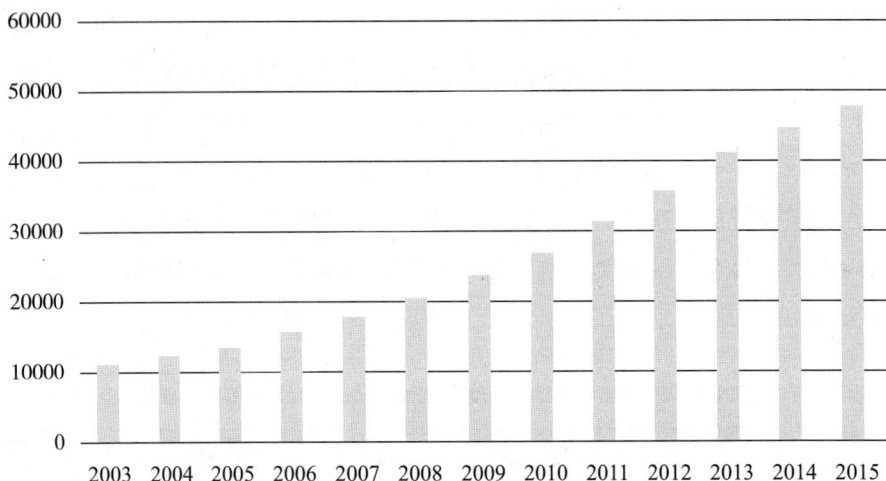

图 3-4　2003 年以来建筑业城镇单位就业人员平均工资增长情况

资料来源：国家统计局网站，见 http://www.stats.gov.cn。

2015 年为 48886 元，比 2003 年增加了 3.32 倍。从工资总额来看，2003年，建筑业城镇单位就业人员工资总额为 965.9 亿元，占当年城镇单位就业人员工资总额 15329.6 亿元的 6.3%。2015 年，建筑业城镇单位就业人员工资总额为 13619.3 亿元，占当年城镇单位就业人员工资总额 112007.8亿元的 12.16%，这一比例比 2003 年增加了接近六个百分点①。

表 3-6　2003 年以来建筑业城镇单位就业人员工资总额情况

年份	建筑业城镇单位就业人员工资总额 （亿元）	占当年城镇单位就业人员工资 总额的比例（%）
2003	965.9	6.30%
2004	1081.3	6.14%
2005	1324.7	6.42%
2006	1612.1	6.64%
2007	1946.2	6.60%
2008	2313.6	6.56%
2009	2837.9	7.04%

---

① 上述数据来源于国家统计局网站，见 http://www.stats.gov.cn。

年份	建筑业城镇单位就业人员工资总额 （亿元）	占当年城镇单位就业人员工资 总额的比例（%）
2010	3471.5	7.34%
2011	5596.4	9.33%
2012	7392.7	10.42%
2013	12315.1	13.23%
2014	13389.4	13.02%
2015	13619.3	12.16%

资料来源：国家统计局网站。

建筑业就业人员工资总额的快速增加，带动相关消费品的消费。如前所述，1995—2000 年间中国平均消费率为 58.5%[①]，照此估算，2015 年建筑业城镇单位就业人员的工资总额为 13619.3 亿元，直接带动 7967.29 亿元的消费。

表 3-7　2003 年以来建筑业城镇单位就业人员工资收入带动消费情况

年份	建筑业城镇单位就业人员工资总额 （亿元）	建筑业就业人员工资收入 带动消费情况（亿元）
2003	965.9	565.05
2004	1081.3	632.56
2005	1324.7	774.95
2006	1612.1	943.08
2007	1946.2	1138.53
2008	2313.6	1353.46
2009	2837.9	1660.17
2010	3471.5	2030.83
2011	5596.4	3273.89
2012	7392.7	4324.73

① 《2005 年中国消费品市场形势分析》，《中国经济时报》2006 年 3 月 1 日，http://finance.sina.com.cn。

年份	建筑业城镇单位就业人员工资总额 （亿元）	建筑业就业人员工资收入 带动消费情况（亿元）
2013	12315.1	7204.33
2014	13389.4	7832.80
2015	13619.3	7967.29

资料来源：国家统计局网站或根据国家统计局网站数据计算所得。

三、房地产繁荣对投资型购房者收入的积极影响

房地产市场繁荣通过两个渠道增加投资型购房者的收入。一是以较低价格买进房地产，再以较高价格卖出去，赚取低买高卖的价差收入①。二是购买房产后，将其出租给他人使用，或其长期租金收入。

住房市场化改革以来，全国各大城市的商品房价格已经翻了几番。根据国家统计局网站的数据，2000年全国商品房平均销售价格为2112元/平方米，2015年为6793元/平方米，是2000年的3倍多。2000年全国商品房销售额为3935.44亿元，2015年为87280.84亿元，是2000年的22.18倍。2000年全国商品房销售面积为18367.13万平方米，2015年为128494.97万平方米，是2000年的7倍。在商品房年复一年的涨价过程中，商品房销售面积与销售额均在快速增长。

在房地产市场，有这样一个群体，以在全国房地产市场进行投资而盈利为目标。这些人或以个体为单位采取单独行动，或以团体为单位采取集体行动，赚取房地产市场低买高卖的价差。如果他们组成团体采取共同行动，就形成所谓的"炒房团"，既能谋取高额利润，又能对房地产市场产生较大的破坏性作用。

炒房团作为独立存在于政府体制之外的民间组织，其盈利的方式主要有两种：一是并不影响房地产市场的价格，仅通过低买高卖进行牟利②；

---

① 为简化分析，部分并未严格区分投资型购房行为与投机型购房行为。
② 有一种常见的形式是通过团体购房，增强与开发商的谈判能力和议价能力，压低房屋价格整体买入，再以较高的零售价格获利。

二是具有故意影响房地产价格的主观意愿，通过散布虚假信息、实施虚假交易等方式，炒作房地产，牟取暴利①。具体方法包括：（1）与开发商、媒体联合炒作，影响房地产市场价格，再通过交易获取利润。（2）通过开发商的洗售行为和炒房团的相对委托行为牟利，即炒房者通过虚假交易造成房地产市场繁荣假象、诱骗他人作出错误的购房决定，其手法是开发商与炒房者联合，对同一商品房（期房）卖出后又买回的炒作行为。（3）利用资金优势买进某一楼盘，使个体购房者产生错觉，误以为交易活跃，盲目跟进，炒房团趁机抛售从中牟利。

与炒房者仅是短期持有房屋，或仅仅是名义上持有房屋不同，另一类投资者通过长期持有房屋，获取房租收入。

自改革开放以来，全国各大城市流动人口急剧增加，20世纪80—90年代，这些流动人口构成租房市场的主要需求者。住房市场化改革以来，房地产租赁市场的需求者发生了结构性变化：离开校园走上工作岗位尚未购房的大中专毕业生、在异地工作尚未买房的工作人员、为接近优质教育资源或上班场所而选择租房的父母或职员成为房屋租赁市场的主力军。根据历年人口普查的数据推算，2000年中国以租赁为主要居住方式的比例为20.55%，到2010年上升到21.05%。尽管这一比例远低于西方发达国家②，但租金规模并不小。链家研究院的《租赁崛起》报告数据显示，目前中国房地产市场租金规模大概在1.1万亿元，占整个房屋交易额的比例为7%左右。在不同的城市，这一比例有较大差异。根据链家研究院提供的数据，全国14个人口净流入超过170万的租赁市场热门城市中，北京、深圳、杭州、厦门的租金收入比超过28%③。

这些城市房租上涨幅度较快的原因是城镇化高速进行，各地房价已经处于高位，加上限购限贷等调控措施，选择租房的人越来越多，房租上涨

---

① 因此严格地讲，前一类炒房行为属于合法的市场交易和投资行为，后一类炒房行为属于违法，或至少说是不正当的市场交易行为，应该受到法律的制裁。遗憾的是，有关这方面的法律，中国尚是一片空白。

② 在经济较为发达的美国、英国、法国、德国和日本，住房自有率在50%—70%左右。德国的比例更低，在50%以下，大部分人群以租赁为主要的居住方式。

③ 上述数据来源于中国房地产网，2017年8月19日，见http://www.chinafcdc.com。

成为长期趋势。2013年2月6日，北京房地产中介行业协会公布了上一年度北京房屋租金数据：每建筑平方米平均每月租金53.5元，其中顺义城区最便宜，为每月每平方米26元；西城区金融街区域租金最贵，为每月每平方米85元。照此计算，金融街区域一套80平方米的房屋，每月需要支付租金6500元左右。

房地产投资者收入的增加，必然对消费产生一定的带动作用。虽然从消费函数理论来看，投资型购房者边际消费倾向低于刚需购房者，但其收入增加依然对消费产生一定的积极影响。

四、房地产繁荣对拆迁家庭收入的积极影响

房屋拆迁，指的是建设单位或个人出于国家建设、城市改造、市容整顿、环境保护等需要，对现存建设用地上的房屋进行拆除，对房屋使用者或所有者进行迁移安置并视情况给予一定补偿的活动。

由于土地资源的不可再生性与稀缺性，以及城市规划和专项建设工程的需要，政府对国有土地使用权进行再分配，实现土地资源合理配置、土地利用效率最大化目标，往往需要拆除大量旧房，在原有土地上开发建设新房。由于土地上的建筑物与附着物凝结了大量的劳动力与资金，且往往是原有住户、用户赖以生存和生产的基本物质条件，因此拆迁工作的主持者必须对原住户、用户进行妥善安置，并对其损失给予合理赔偿。

为规范拆迁行为，各地出台许多关于拆迁补偿和安置的地方性法规和规章。1991年3月，国务院正式颁布实施《城市房屋拆迁管理条例》，标志着城市建设走上依法拆迁的道路。从现有操作方式来看，拆迁补偿有三种：一是货币补偿，通过专业的评估机构根据不同的法律依据对被拆迁房屋进行专业评估，生成有据可循的补偿金额。二是产权置换，又分为价值标准产权置换和面积标准产权置换。前者指的是对被拆迁人房屋的产权价值进行评估，再置换以相同价值的新建房屋产权。后者指的是以房屋建筑面积为基础，在安置面积内并不结算差价的异地产权房屋调换。三是混合型补偿，即货币补偿与产权置换相结合的补偿方式①。

根据 2011 年施行的《国有土地上房屋征收与补偿条例》，房屋拆迁补偿包括房屋价值补偿、搬家费和临时安置费补偿、停产停业损失补偿、补助和奖励、房屋装修补偿及家电设备移机补偿，其中份额最重的是房屋价值补偿。《国有土地上房屋征收与补偿条例》第十九条对此作了专门规定："对被征收房屋价值的补偿，不得低于房屋征收决定公告之日被征收房屋类似房地产的市场价格。被征收房屋的价值，由具有相应资质的房地产价格评估机构按照房屋征收评估办法评估确定。"房地产市场繁荣带动拆迁家庭收入的增加，对拆迁家庭的消费带来一定的积极影响。

第四节　房地产繁荣通过财富效应带动消费

任何事物都有两面：针对不同的人群，房地产价格上涨既有正向财富效应，也有负面财富效应，对消费也产生双重影响。由于本章论述房地产市场繁荣对消费的积极影响，所以本部分仅论述房地产财富效应对消费的积极影响，下一章再论述房地产财富效应对消费的负面影响。

一、房地产繁荣对房地产拥有者财富的积极影响

首先是显性财富效应。房价上涨导致房产增值，此时，他们可以通过抵押贷款，或直接将房产出售变现等方式更大程度地提高消费水平。

其次是隐形财富效应。不同于显性的财富效应，房产拥有者并未通过抵押贷款和将房产出售等方式获得现实的受益，只是因为房价上涨，房产未来的贴现值增加，导致他们对未来收入和财富的预期增加，从而增加当期的消费支出。

第三，信心效应。弗里德曼的持久收入理论认为，持久消费与持久收

---

① 由于诸多客观因素的影响，中国房地产市场价格和土地价格虚高，因此出现诸多拆迁房屋不能单单使用产权置换或货币补偿来解决的问题，需要产权置换和货币补偿相结合来解决。例如，在许多城市的旧城区，房屋面积特别小。如果选择产权置换，很难找到同样面积的安置房。如果要求原住户对安置房超过原房屋面积的部分支付差价，可能造成不公平。选择货币补偿很难对旧房的评估价值达成一致意见，原住户也不愿意离开自己熟悉的生活环境。因此，将货币补偿与产权置换相结合，更容易满足原住户的需求。

入之间存在固定的比例关系。房价的持续上涨，给房产的拥有者获取持续收入的信心，增加他们的消费支出。同时，这些人消费支出的增加，可以产生示范效应，从而影响周围的人，带动周围人消费水平的增加。

二、房地产繁荣对房地产上市企业投资者财富的积极影响

房地产繁荣通过两种途径增加房地产上市企业投资者的财富：第一是通过利润增长增加上市企业所有者分到的红利，第二是通过上市企业附加升值带来投资收入。

截至 2016 年，中国沪深两市房地产上市企业大约 130 家左右。根据国家金融与发展实验室资本市场与公司金融研究中心发布的《2016 年上半年 A 股上市公司盈利分析报告》，2016 年上半年，样本上市公司营业收入同比增加 3046.46 亿元。考虑房地产行业对上下游产业的拉动作用后，房地产行业对于上市公司营业收入增长的贡献应至少达到 50% 以上[1]。该报告以 2271 家 2012 年以前上市的非金融类 A 股上市公司为样本，经研究发现，2016 年上半年房地产行业营业收入增加 1360.02 亿元，增幅为 44.6%，增加额占上市公司总体增加额的 44.6%，增加额和增幅高居各行业之首。

在众多的房地产企业中，龙头企业的竞争优势非常突出，市场份额持续攀升，盈利能力不断提高。根据 2016 年第三季度季报，房地产行业共有 129 家上市企业，营业收入达到 8731.82 亿元，净利润达到 709.07 亿元。其中有 108 家盈利，21 家亏损。万科第三季度净利润达 82.62 亿元，位居行业第一；保利地产和绿地控股分别以 71.10 亿元和 59.20 亿元，分列第二位和第三位。仅 2016 年第三季度，房地产上市企业归母公司股东净利润前 10 强合计净利润达到 427.8 亿元。

表 3-8 2016 年第三季度房地产上市企业净利润前 10 强

序号	企业名称	归母公司股东净利润（万元）
1	万科 A	826238.1

---

[1] 《报告：房地产对 A 股公司收入贡献至少一半以上》，2016 年 9 月 26 日，见 http://www.fang.com/news/2016-09-26/22994925.htm?cms_ uuid=201311342_ bj_ 17277。

序号	企业名称	归母公司股东净利润（万元）
2	保利地产	710933.57
3	绿地控股	591975.7
4	招商蛇口	561067.5
5	华夏幸福	460335.75
6	雅戈尔	330583.53
7	荣盛发展	217432.29
8	中天城投	205181.28
9	城投控股	190512.11
10	泛海控股	184123.56

资料来源：中商情报网，2016年10月31日，见 http://www.askci.com/。

　　为培育投资者长期投资理念，增强资本市场吸引力，上市企业往往采取现金分红方式为上市企业投资者（所有者）提供回报。2013年，中国证监会发布《上市公司监管指引第3号——上市公司现金分红》。2015年，证监会、财政部、国资委等又联合下发通知，积极鼓励上市公司现金分红。深圳证券交易所积极落实证监会及各部委的各项措施，规范和引导上市公司现金分红，强化上市公司回报股东的意识。万科公司更是自上市以来每年都进行现金分红，截至2015年底累计分红268.93亿元，占累计实现净利润19.9%[1]。根据万科2015年和2016年年报，2015年万科A实现净利润181亿元，每10股分红7.2元（含税），共派现79.48亿元，占净利润比例为43.91%。2016年，以分红派息股权登记日股份数为基数，每10股派送7.9元现金股息（含税），共计派发现金约87.2亿元，占公司净利润的比例为41.48%。

　　房地产上市企业市值上升给投资者带来较大收益和财富。所谓市值，指的是上市企业的市场价值，是上市企业所发行的股份按照市场价格计算出来的股票总价值，计算方法为一定时点每股股票的市场价格乘以总股票份数。由于一家上市企业所发行的股票份数在一定时期保持不变，

---

　　① 《多举措引导现金分红 深市公司分红占比已超七成》，《网易财经》2017年3月25日，http：//money.163.com/17/0325/03/CGBGFC6p002580s6.html。

所以短期内影响市值波动的因素是上市企业的股票价格。股票价格取决于公司自身因素、行业因素、市场因素以及大众的心理预期，在股票价格较低的时候买入待其上涨时卖出，就能获取股票市值波动带来的收益，这也是所谓的"炒股"。房地产上市企业受行业因素、市场因素、心理预期的正向拉动，这些年总体呈现上涨趋势，投资者也从中获得收益。从表3-9和表3-10可以看出，2014年到2015年，中国房地产行业上市企业按市值前10强平均市值有了较大提高，平均每家企业的市值在一年内上浮127.12亿元，前10强企业的总市值在一年内上浮1271.2亿元，给股票市场的投资者带来丰厚利润，也肯定会对他们的消费带来一定积极影响。

表3-9 2014年中国房地产行业上市企业按市值前10强情况

序号	企业名称	市值（亿元）	平均市值（亿元）
1	万科	2961	
2	碧桂园	1363	
3	中国海外发展	1084	
4	富力地产	839	
5	招商地产	803	
6	保利地产	795	981.4
7	华润置地	651	
8	雅居乐地产	490	
9	雅居乐地产	420	
10	北辰实业	408	

资料来源：中国房地产业协会。

表3-10 2015年中国房地产行业上市企业按市值前10强情况

序号	企业名称	市值（亿元）	平均市值（亿元）
1	万科	2630.94	
2	绿地控股	1987.06	
3	招商蛇口	1544.01	1108.52
4	保利地产	1144.36	

序号	企业名称	市值（亿元）	平均市值（亿元）
5	华夏幸福	812.78	
6	城投控股	691.91	
7	华侨城	647.15	
8	金地集团	620.95	
9	泛海控股	571.94	
10	新湖中宝	434.05	

资料来源：中国房地产业协会。

三、房地产繁荣对房地产受赠者财富的积极影响

基于中国几千年来的文化传统，房地产作为一种兼具消费与投资价值的财产，作为父代留给子代的财富时，其价格上涨对子代的消费与消费信心的影响不容小视。从理论上来分析，上一代人将财产赠送下一代人主要有以下几个原因：（1）利他主义，即发自内心地关心下一代，在自己能力范围内尽量给予经济上的支持。尤其在当前房地产市场非理性繁荣背景下，父代认为多为子代积累房产，将使子代在未来过得更轻松。（2）利己主义，即上一代对下一代的财产转移，是为了获得下一代未来的回报，比如照顾及养老等，并不是完全出于关心下一代的经济状况。（3）预期错误，由于无法预期自己能活到什么时候，适时进行财产转移以防万一。（4）名利欲望，给下一代留下遗产以获得对自身身份、地位的肯定及名利的追求。在中国，利他主义因为更符合东方文化价值观，在几种动机中居主导地位。因此中国人的效用感与幸福感不仅仅来自自身的消费，还来自于他们给予子孙后代的福利，这种传统观念的影响非常持久深远，大多数老一辈都有把财产赠送给子孙后代的动机。从目前来看，中国尚未开征遗产税，因此财产赠送成本较低。

房产赠送增加房产受赠者的财富。虽然一方面来看，房产赠与方的财富与收入会下降，导致他们的消费也会减少；但从另一方面来看，接受房产赠与的一方多为年轻子代，他们的边际消费倾向高于年老的父代。房地产繁荣带给他们财富增加，使他们增加的消费超过父代减少的消费，从而

对消费产生总的正效应。即便是仍值壮年的父母，为子代购置房产后，房地产价格上涨也会给他们一种如释重负的轻松感，增加他们的消费或增强他们的消费信心。

第四章 房地产市场繁荣对消费的负面影响

第一节 住房市场化改革以来中国居民消费增长情况

自 20 世纪 90 年代开始到 21 世纪初，中国的住房制度改革，以取消福利分房，推动住房消费市场化为核心。政府的政策重心在于刺激习惯福利分房的老百姓转向购买商品房，因此在取消福利分房的同时，实施大规模的旧城改造拆迁，并频频举办房交会，推出各种金融、税收等优惠政策。这一系列市场化取向的改革政策，确实推动了房地产市场的繁荣，也带来了相互矛盾的经济现象。一是在很多一二线城市，房价屡创新高，房地产在经济增长中发挥的作用越来越明显，成为当地经济的支柱产业之一，甚至很多地方的经济增长严重依赖房地产，出现所谓的"土地财政"①。二是在房地产繁荣的背后，住房空置率居高不下，以致直到 2016 年各地政府都在想办法去库存。1991 年到 2015 年年底，中国城镇商品和保障住宅竣工累计套数，加住房体制改革前原有存量，再加各种各样 7000 万套不完全产权房（即小产权房），规模约为 35411 万到 37781 万套，减去拆除的房屋大约 2000 万套，2015 年年底，城镇住宅存量大约在 32881 万到 35411 万套之间（其中 2015 年商品房竣工 738 万套，保障房竣工 772 万套）。2015 年后住宅建设和供给更加严峻：截至 2015 年年底，正在施工的商品住宅面积尚有 51.16 亿平米，新开工的近 10.67 亿平米，共计 61.83 亿平米。2016

---

① 土地财政指一些地方政府依靠出让土地使用权的收入来维持地方财政支出，这种收入属于预算外收入，所以土地财政又叫第二财政。

年后，即使新楼盘一个也不开工，还将增加 6183 万套房屋供给，届时，城镇全部住宅供给将达到 41594 万—44594 万套。全部竣工后，每套 3.05人，城镇住宅可容纳 12.69 亿到 13.6 亿人口居住①。根据国家统计局网站提供的数据，2016 年中国城镇常住人口 79298 万人，比 2015 年年末增加 2182 万人，城镇人口占总人口比重为 57.35%。照城镇住宅每套 3.05 推算，需要住房 26230 万套。就算按照城镇全部住宅供给最低估计额来计算，也将出现空置房屋 15364 万套，空置率达到 37%。没有消费和就业人口的空壳房地产，意味着大量稀缺经济资源的浪费。

与房地产繁荣发展相对应的是，中国消费率并没有跟上房地产的发展步伐，而是长期处于较低的水平。与世界各国相比，中国消费率明显偏低。消费率指一定时期内最终消费支出占支出法国内生产总值的比率，一般按现行价格计算，计算公式为：消费率＝最终消费支出÷支出法（GDP）×100%。需要注意的是，最终消费支出包括居民消费支出和政府消费支出，因此用这个公式计算出来的消费率反映的是生产活动的最终成果用于最终消费的比重，可用来研究经济的增长类型和运行质量，揭示其发展规律。但如果要更准确地计算居民最终消费率，了解居民的消费变化规律，则需要用居民最终消费支出÷支出法（GDP）×100%。

从表 4-1 可以看出，住房市场化改革以来，城镇居民最终消费支出占当年 GDP 的比例总体呈现下降趋势，2000 年为 31.2%，2008 年跌到最低点，为 27.04%，随后缓慢回升，到 2015 年变为 29.59%，仍然低于住房市场化改革之初的水平。从全国居民最终消费率指标来看，下降趋势更加明显，2000 年为 46.72%，随后一路下降，2014 年开始略有回升，2015 年达到 38.05%，比 2000 年下降 8.67%。

---

① 《中国住宅空置率在 20%～25%　住宅已严重过剩》，和讯新闻网，2016 年 8 月 17 日，见 http://www.hexun.com/。

表 4-1　2000—2005 年中国最终消费率情况

年份	城镇居民最终消费支出（亿元）	农村居民最终消费支出（亿元）	GDP（亿元）①	城镇居民最终消费率（%）	居民最终消费率（%）
2000	31375.90	15611.80	100576.80	31.20%	46.72%
2001	34411.30	16297.50	111250.20	30.93%	45.58%
2002	38059.70	17016.70	122292.20	31.12%	45.04%
2003	41568.80	17775.00	138314.70	30.05%	42.90%
2004	47354.40	19232.60	162742.10	29.10%	40.92%
2005	54320.40	20912.00	189190.40	28.71%	39.77%
2006	61479.50	22639.60	221206.50	27.79%	38.03%
2007	74204.80	25588.50	271699.30	27.31%	36.73%
2008	86497.50	28840.70	319935.90	27.04%	36.05%
2009	95994.70	30666.20	349883.30	27.44%	36.20%
2010	112447.20	33610.30	410708.30	27.38%	35.56%
2011	135456.60	41075.30	486037.80	27.87%	36.32%
2012	153313.90	45222.80	540988.90	28.34%	36.70%
2013	170330.40	49432.10	596962.90	28.53%	36.81%
2014	188173.60	54366.10	647181.70	29.08%	37.48%
2015	206836.80	59143.30	699109.40	29.59%	38.05%

资料来源：国家统计局网站。

　　与最终消费率一路下降趋势形成鲜明对比的是，中国城镇人均可支配收入、农村人均可支配收入、全国人均可支配收入均呈现上升趋势。2000—2015 年，城镇人均可支配收入从 6280 元上升到 31195 元，农村人均可支配收入从 2253.4 元上升到 11422 元，全国人均可支配收入从 3711.82 元上升到 21966 元。

----

　　① GDP 核算有三种方法：支出法、生产法、收入法。从理论上讲，三种方法得到的 GDP 应该是一致的。由于实际操作中资料来源的不同以及基础数据质量的差异，三种核算方法计算的 GDP 之间存在一定误差。中国国家统计局网站提供支出法核算的 GDP。

表 4-2　2000—2005 年中国人均可支配收入及增长情况①

年份	城镇人均可支配收入（元）	城镇人均可支配收入增长率（%）	农村人均可支配收入（元）	农村人均可支配收入增长率（%）	中国人均可支配收入（元）	中国人均可支配收入增长率（%）
2000	6280.00	7.28%	2253.40	1.95%	3711.82	6.74%
2001	6859.60	9.23%	2366.40	113.00	4058.53	9.34%
2002	7702.80	12.29%	2475.60	109.20	4518.90	11.34%
2003	8472.20	9.99%	2622.20	146.60	4993.22	10.50%
2004	9421.60	11.21%	2936.40	314.20	5644.62	13.05%
2005	10493.00	11.37%	3254.90	318.50	6366.56	12.79%
2006	11759.50	12.07%	3587.00	332.10	7210.93	13.26%
2007	13785.80	17.23%	4140.40	553.40	8566.60	18.80%
2008	15780.80	14.47%	4760.60	620.20	9938.94	16.02%
2009	17174.70	8.83%	5153.20	392.60	10964.60	10.32%
2010	19109.40	11.26%	5919.00	765.80	12507.56	14.07%
2011	21809.40	14.13%	6977.30	1058.30	14581.96	16.59%
2012	24564.70	12.63%	7916.60	939.30	16668.52	14.31%
2013	26467.00	7.74%	9430.00	1513.40	18311.00	9.85%
2014	28844.00	8.98%	10489.00	1059.00	20167.00	10.14%
2015	31195.00	8.15%	11422.0	933.00	21966.00	8.92%

资料来源：国家统计局网站。

　　因此，不管是城镇居民（见图 4-1）、农村居民（见图 4-2），还是就全国居民（见图 4-3）来看，最终消费率都与人均可支配收入增长率之间呈现相反趋势。虽然随着收入的增长，居民边际消费倾向呈现递减规律，但中国的最终消费率实在太低。这表明中国居民收入增加的同时，不断压缩开支，增加储蓄。

① 2013 年前城乡居民收支数据来源于分别开展的城镇住户抽样调查和农村住户抽样调查。从 2013 年起，国家统计局开展了城乡一体化住户收支与生活状况调查，2013 年及以后数据来源于此项调查。与 2013 年前的分城镇和农村住户调查的调查范围、调查方法、指标口径有所不同。

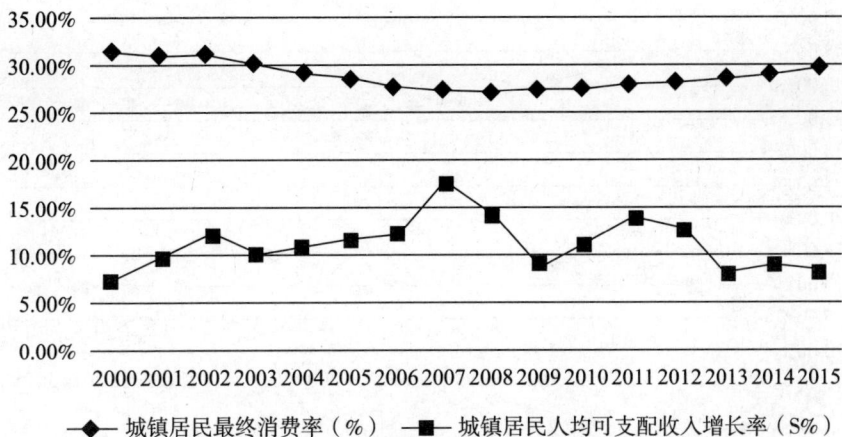

图 4-1　2000—2015 年中国城镇居民最终消费率与城镇居民人均可支配收入增长率
资料来源：国家统计局网站。

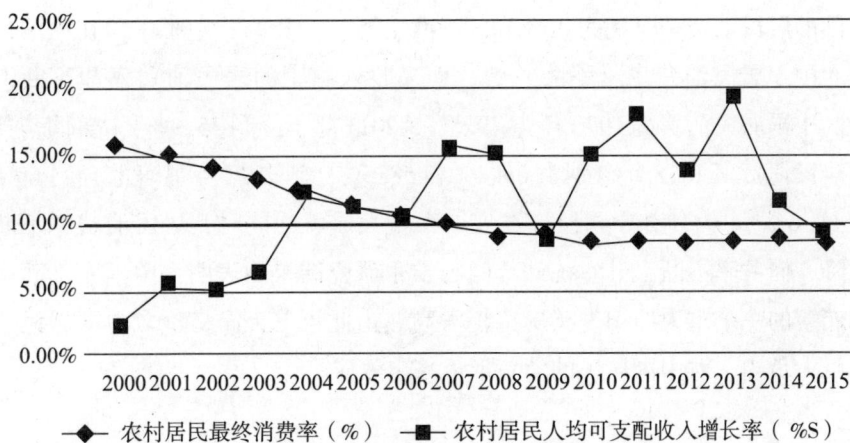

图 4-2　2000—2015 年中国农村居民最终消费率与农村居民人均可支配收入增长率
资料来源：国家统计局网站。

　　从世界范围来看，中国居民消费率不仅远远低于美国等发达国家，甚至低于印度等发展中国家。以 2011 年数据为例，世界平均居民消费率为 60.4%。高收入国家平均居民消费率为 61.4%，上中等收入国家平均居民消费率为 52%，下中等收入国家平均居民消费率为 63.85%，低收入国家平均居民消费率为 77.6%。再看具体的国家，美国与英国的居民消费率为 69% 和 64.6%，金砖国家巴西和印度的居民消费率在 60% 左右，俄罗斯与

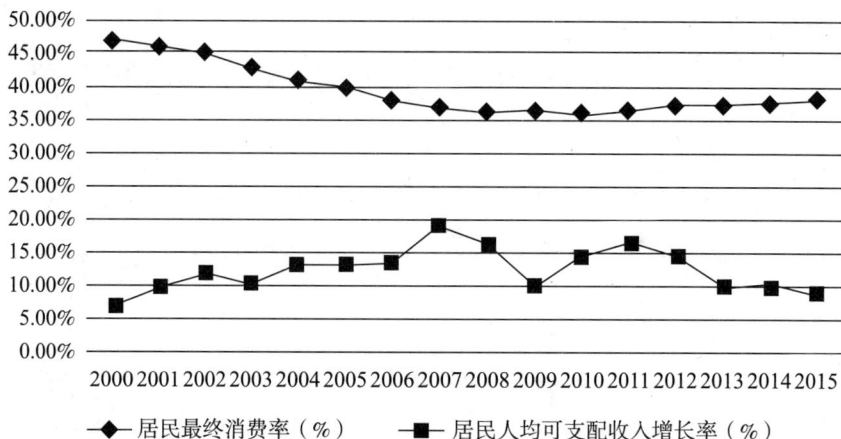

图4-3　2000—2015年中国居民最终消费率与居民人均可支配收入增长率

资料来源：国家统计局网站。

中国的居民消费率分别为48%和35.9%。近三十年来，包括中国在内的低收入国家居民消费率呈下降趋势，而高收入国家的居民消费率却不断上升。中国居民消费率1978年为49.5%，2011年下降到35.9%[1]。美国与英国居民消费率1978年分别为61.4%和58.5%，到2011年显著上升到69%和64.6%[2]。为什么中国经济发展取得重大成就的同时，居民消费率不断下降，储蓄率不断上升？统计部门与学术研究结果均表明：中国人不断增加储蓄的一个重大原因是买房负担太高。由此可见，高房价对中国居民造成巨大负担，对中国居民的消费形成挤出效应。

第二节　关键概念界定与理论基础

一、挤出效应的概念界定

挤出效应，最开始是指政府的开支变化对私人消费的影响，具体而言就是政府支出的增加引起私人消费及投资减少。现在泛指在一个相对平衡

---

[1]　本书作者测算的结果为36.32%。

[2]　易行健、杨碧云：《世界各国（地区）居民消费率决定因素的经验检验》，《世界经济》2015年第1期，第3—24页。

的市场上，由于各种外部及内部原因的影响，如商品价格上涨、预期未来收益的变化等，将本计划用于某种商品的资金转到其他商品。

二、房地产消费的挤出效应的理论分析

在消费品市场，挤出效应可用资源的稀缺性进行解释。

假设在图4-4中，横轴代表消费者购买的房地产商品，纵轴代表消费者购买的非房地产商品。在初始的价格水平，消费者预算约束线为 X_1Y_1，与无差异曲线 U_1 相切。假设收入不变，由于房价上涨，预算约束线变为 X_2Y_1，与无差异曲线 U_2 相切。可以看出，在新的切点，两种商品的需求量都会下降。

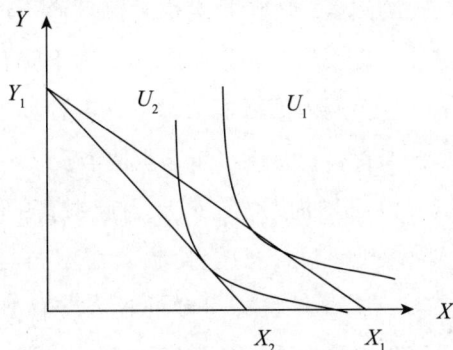

图4-4　房地产价格上涨对其他商品的挤出效应（收入不变）

在图4-4的基础上，假设消费者收入增加，预算线变为图4-5中介于 X_1Y_1 和 X_2Y_1 之间的虚线，在与同样虚线的无差异曲线相切的切点，两种商品的需求量依然比最初的切点下降，再一次说明房价上涨对其他消费品的挤出效应。如果要使房地产价格上涨的时候，消费者对两种商品的消费量不低于初始水平，则收入增加幅度必须足够大。

由于中国传统文化的影响，房地产消费的挤出效应非常明显：第一，安居才能乐业，所以买房是人生头等大事，为买房全家人节衣缩食、省吃俭用，压低其他消费。房价上涨进一步加剧购房压力，限购限贷又造成未来买房越来越不容易的恐慌，进一步挤压当期其他消费品的消费。第二，中国人传统消费观是有钱才消费，"无债一身轻"。第三，中国预防性养老

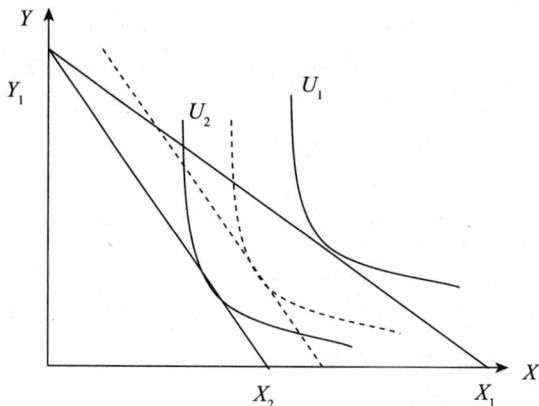

图 4-5　房地产价格上涨对其他商品的挤出效应（收入增加）

文化也是一个不可小视的因素。中国社会保障制度尚不健全，居民认为未来充满较大的不确定性，货币超发导致未来购买力下降预期，在房价的涨幅远远超过收入涨幅，且短期内不可能大幅下跌的预期下，不少居民进行投资型或储蓄型购房，攒首付付月供，压缩其他消费。

但是，房价上涨并没有增加财富，只会引起财富的重新分配。因此，高房价不会使一个国家变得富裕，只会使收入在不同居民中进行重新分配。从新房的买卖来看，主要是将买房者的收入转移到开发商、贷款银行、地方政府手里，因为房价上涨导致与房屋交易有关的一切费用和成本均在上涨。如果是存量房屋，即二手房交易，其市场价值上升，将会导致年轻人的收入重新分配到老年人手里、消费性购房者的收入重新分配到投资性购房者手里、后买房者的收入重新分配到先买房者手里。当然，还包括将购房者部分收入转移到二手房中介①、地方政府、贷款银行②手里。总的来看，是将财富从收入相对较低的群体手里转移到收入相对较高的群体

---

① 截至目前，国家尚无法律法明文规定房地产中介服务的收费标准。按照行业惯例来看，买卖双方分别向中介结构缴纳的服务费不低于成交价的 1%。由于现实生活中卖方的中介费也多由买方承担，因此二手房交易中，购房者一般至少支付成交价的 2% 作为佣金。按照北京市二手房交易情况来看，一套成交价 1000 万元的房屋，仅中介服务费，购房者最低需要缴纳 20 万元。

② 房价高涨，会使得购房者（不管是新房还是存量住房）支付更高的交易费用和银行利息。房地产交易费用的计算依据是房屋的评估价格，贷款利息则依赖于贷款额和贷款期限，房价上涨会提高房屋的评估价格，也会增加购房者的贷款额，延长贷款期限。此外，在房价上涨的时候，国家出台调控政策，如提高贷款利率与交易的税费比例，这些增加的成本最终转嫁到购房者身上。

手里。由于收入相对较高的人群边际消费倾向低于收入相对较低的人群，前者从增加的财富中增加的消费小于后者从减少的收入中减少的消费，从而对消费产生总的负面影响。

第三节　高房价对不同人群的消费的挤出效应

一、高房价对消费性购房者的消费的挤出效应

消费性购房者，即刚需购房者，指的是为满足自身居住需求而买房的人，因此包括首次购房者和为改善居住条件的二次购房者。他们购房行为具有一个共同的目标，即满足日常生活居住需求，不具备投资及其他商业目的。但首次购房者和二次购房者之间也存在明显差别。

首次购房者的购房需求最为紧迫，因为衣食住行是人类最基本的需求，能拥有一套可以遮风避雨的住房就是最基本的刚性需求。因此，首次购房者的需求也是没有弹性的需求，即房价的上涨并不对他们的购房需求产生多大抑制作用，反而让他们产生房价持续上涨的预期，加快购房的步伐。为此，他们不得不降低其他方面的消费，节衣缩食来买房。为解决最基本的居住问题，首次购房者通常降低购房门槛，即便楼盘位置偏远、建筑品质低劣、配套设施也不齐全首次购房者也会选择购买。为减少首付款和贷款压力，首次购房者一般选择建筑面积 90 平方米以下的住房，价格则视所在城市的收入水平及房地产市场行情而定。

首次购房者大多为就业时间不长，经济实力有限且准备成家立业的年轻人，总体来看主要有三种来源：第一，随着城镇化进程的加快，大量农村剩余劳动力涌进城市（见图 4-6），其中一部分人群会产生在城市购房的需求①。第二，1999 年开始的扩招大大增加了高校毕业生的数量（见图 4-7），每年几百万的毕业生中大部分会留在城市就业，带来强劲的购房需求②。第三，城镇家庭子女结婚成家对住房产生购买需求。

---

① 根据国家统计局网站的数据，1999 年中国城镇人口为 43748 万人，2015 年为 77116 万人，16 年间城镇新增人口 33368 万人。如此规模的新增人口，必然对房地产市场产生强劲需求。

② 1999 年开始扩招政策，但当年入学的学生 2003 年才会毕业。

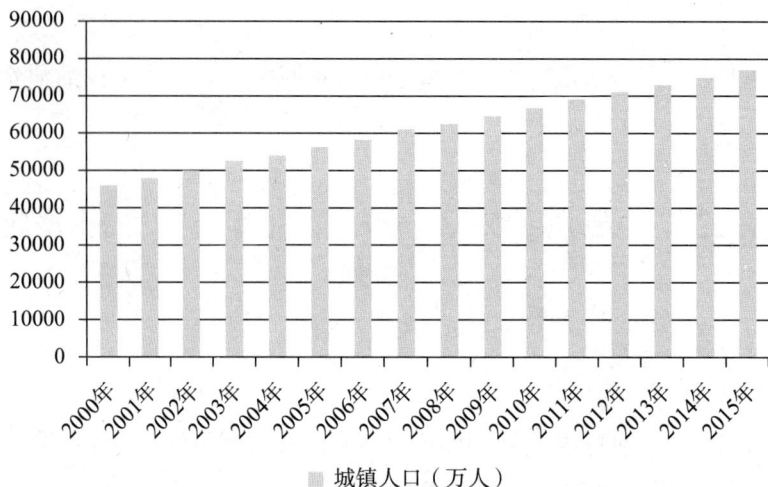

图 4-6　2000—2015 年中国城镇新增人口（万人）

资料来源：国家统计局网站，见 http://www.stats.gov.cn。

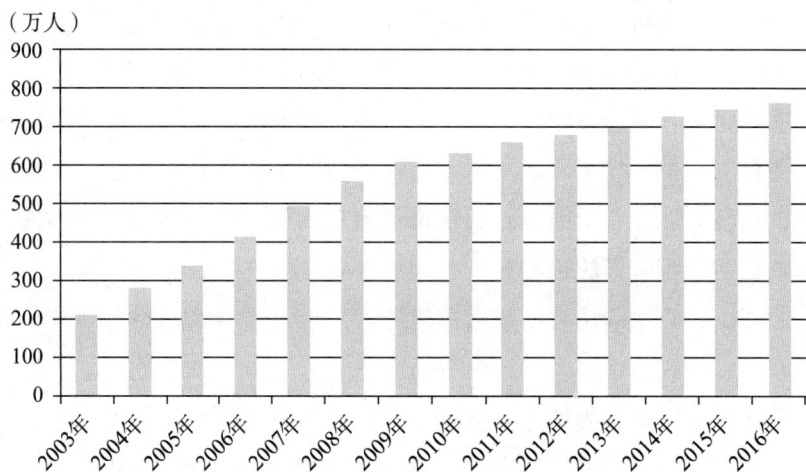

图 4-7　2003—2016 年中国大学生毕业人数

资料来源：中国教育在线官网，见 http://www.eol.cn/。

　　与刚需购房者不同的是，改善型购房者更注重居住质量。根据居住需求的不同性质，改善型购房者又分两种情况：第一类人群对目前的居住条件有很多不满意的地方，例如居住面积较小、居住环境不理想、周边配套设施不完善、交通不便利、居住品质较低等。这类购房者的需求弹性较大，当房价上涨，导致小房换大房、非品牌房换品牌房、郊区房换市区房、非学区房换学区房等行为会带来更高成本时，他们的观望情绪会更浓，在一定程度上抑制他们的购房欲望。但是，如果这类人群对现有住房极不满意，或因为家庭成员的增加、孩子年龄的增加，产生比较强烈的换房意愿，则愿意放弃较大部分的其他消费，尽早满足住房改善需求。如果这类人群的收入水平并未实现与房地产价格同等幅度的增加，则改善型购房对他们的其他消费的挤出效应就会非常显著。

第二类改善型人群收入丰厚，平时生活品质较高，在新的更高品质的楼盘出现之前，对现有住房没觉得多不满意。但新的高品质楼盘出现之后，为追求更高的生活质量而去购房。这类人群的年龄主要集中在30—50岁，其中30—40岁年龄阶段的高收入群体在事业上一般小有成就，财富也有一定积累，开始对生活品质有所要求，现有住房不能满足他们的居住需求。希望能提高住房品质及改善周边配套设施，体现自己小有成就的社会地位。而40—50岁年龄阶段的高收入人群一般事业有成，拥有至少两套以上的房产。当出现一个高品质的楼盘，更能够满足他们的需求时，他们会毫不犹豫选择购买。对这类人群而言，购房更多的目的是体现他们的社会地位和身份，购房对他们而言完全不是经济负担。因此购房行为不会对他们的消费产生多少挤出效应。但这类购房者只占刚需购房者的少数。

在上述几类消费型购房者中，首次购房者需求最迫切，收入水平最低，购房行为对他们的消费的挤出效应最明显。改善型购房者中因不满意当前居住条件而换房的人群处于中等偏下收入水平，换房愿望受房地产价格的影响较大。改善型购房者中因财务状况良好而购房的人群处于高收入水平，换房愿望受楼盘品质品牌的影响，购房行为对他们的消费的挤出效应最小。从2015年的数据来看，北京市人均可支配收入为48457元，商品房均价为22633元/平方米。根据2015年《中国城乡建设统计公报》的数据，2015年城镇人均住宅建筑面积为34.61平方米。因此，一对双职工购买一套适合三口之家居住的房屋，需要支付的房价为2349984元。按照他们当年的家庭收入96914元，为购买这套房屋，他们需要不吃不喝24年才能买得起（见表4-3），由此可见购房对消费的挤出影响。

表 4-3　2015 年中国部分主要城市居民人均可支配收入和商品房均价

城市	北京	上海	深圳	广州
居民人均可支配收入（元/年）	48457.99	49867.17	44633	42768.15
商品房均价（元/平方米）	22633	20949	33942	14612
为购买一套三口之家居住的房屋，一对双职工不吃不喝连续工作的时间（年）	24.25	21.81	39.48	17.74
城市	杭州	成都	重庆	武汉
居民人均可支配收入（元/年）	42642	28850	20110.11	32478
商品房均价（元/平方米）	14422	6875	5486	8556
为购买一套三口之家居住的房屋，一对双职工不吃不喝连续工作的时间（年）	18.47	13.01	14.90	14.39

　　注：为购买一套三口之家居住的房屋，一对双职工不吃不喝连续工作的时间（年）等于该年商品房均价乘以 3 乘以 36.41 除以该年居民人均可支配收入除以 2。

　　资料来源：国家统计局网站，见 http://www.stats.gov.cn。

二、高房价通过投资型购房者对消费的负面影响

　　如前所述，房地产商品具有消费属性和投资属性，因此房地产市场存在一种不同于其他商品市场的特殊规律。对一般商品而言，价格与需求呈反相关关系，与供给呈正相关关系：需求的增加引起价格上涨，而价格上涨，一方面会使需求降低，另一方面又会引发供给的增加。需求减少和供给增加的双重作用使价格回落，形成新的供需平衡。但在房地产市场，一旦房地产商品的投资属性超过消费属性成为主要属性之后，供求规律呈现特殊性。在房产市场，由于土地资源的稀缺性、资金需求巨大、政策约束繁多等多种因素，开发和建设周期长，供给对价格的反应有一定的滞后性，短期内难以快速增加。在房产价格持续上涨，房产投资回报预期增强的情况下，一方面是更多产业资本进入房地产行业，推高了拿地价格，导致各地"地王"的涌现；另一方面是刚需购房者担心购房成本太高，为减轻经济负担加快购房速度，而投资投机购房者为获取未来的超额回报也加大了资金投入力度。相关各方大量的资金涌入房产市场，而供给却不能及

时跟上，供需矛盾加剧，从而房价继续上涨，又带动更多的资金源源不断地涌入，成为推动房价的持续动力。

托宾效应可以用来解释这一现象。托宾效应又称为托宾 Q 理论，是美国经济学家托宾于 1969 年提出的。这是一个描述股票价格波动对投资行为产生影响的理论，对房地产市场同样适用。托宾提出，股票市值与企业重置成本的比值是一个判断投资盈亏的重要指标，当企业股票的市值大于重置成本时，通过股权融资的方式可以为企业带来更多的资金，因为发行成本小于重置资产的成本，从而获得投资收益。反过来，当股票市值小于重置成本时，发行成本将高于重置资产的成本，导致投资损失。因此，按照托宾效应，当房价上涨的时候，房屋市场价值上升，给人会继续增值的预期，对房地产的投资也会持续增加；同时，对于上市房地产企业而言，房价上涨，持有其股票的股东也实现了财富增值，这也会加大股东们的投资，最终使得社会总产出上升。

投资性购房者一般分为两种类型：投资保值型和投资获利型（投机性购房者）。

投资获利型购房者，即所谓的炒房者，能够迅速推高房价，造成楼市虚假繁荣。这类购房者的资金或为自有，或为借贷，或为民间筹集而得。他们在房地产市场表现活跃，尤其在房价快速上涨时期，通过短期内对商品房的大量购买及频繁换手获得暴利。这类购房者利用银行杠杆，成倍放大自有资本的规模，出入房地产市场往往十分迅速，示范效应显著，引发其他资金纷纷跟风，造成房产市场的心理恐慌。因此，这类投资者不仅愿意牺牲消费成全投资，而且还会通过"羊群效应"挤出其他消费者的消费活动。

投资保值型购房者主要是想通过购买房产达到资产保值增值的人群。按照成熟的、完善的金融市场的标准，市场参与者遵守规则，且每一个优秀的、发展中的企业可以通过完善和改造融资为企业长久发展增添新的活力，市场价格基本合理，长期投资者能够得到合适稳定的回报，目前中国金融市场远远没有达到这些标准，对投资者缺乏足够吸引力。从另一方面来看，住房市场化改革以来，中国广义货币 M2 供给增速较快。根据国家统计局网站提供的数据，2016 年 12 月末，广义货币（M2）余额 155.01

万亿元，比上年年末增长 11.3%，是 2016 年中国 GDP74. 4127 亿元的 2 倍。货币供给过多导致人们的通货膨胀预期。在优质投资资源逐步枯竭的预期增强时，通货膨胀焦虑使民间资本流向各个中心城市的房产。投资者并不以短期暴利为目的，而看重长期稳定的租金回报，及为下一代在大城市的生活和就业提供便利和保障。投资保值型购房者持续的购房热情，对消费造成挤出效应。

根据中国家庭金融调查（CHFS）提供的数据，截至 2013 年 8 月底，中国城镇家庭住房拥有率已高达 87.0%，其中 18.6% 的城镇家庭拥有两套及以上住房。根据中国家庭金融调查 2014 年最新季度数据，截至 2014 年 3 月，城镇地区住房拥有率已上升至 89.2%，城镇家庭拥有多套房比例上升至 21.0%。2011 年中国城镇地区住房整体空置率为 20.6%，2013 年这一比例上升至 22.4%，上涨 1.8 个百分点①。人房分离造成的空置住房比例，2011 年为 4.8%，2013 年为 5.1%，上升 0.3 个百分点。拥有多套住房的家庭空置房屋的比例明显增加，从 2011 年的 15.8% 上升到 2013 年的 17.3%。据此估算，中国城镇地区空置住房为 4898 万套，比 2011 年增加 842 万套②。按照每套房屋 90 平方米计算，2013 年城镇地区空置住房面积为 440820 万平方米。按当年商品房平均价格 6237 元/平方米估算③，这些空置住房价格为 27.49 亿元。可见投资型购房对资金的占用以及对消费的挤出。

投资型购房的副作用不容小视，第一，易激化供求矛盾、弱化调控效果。第二，投资保值型房产数量大、空置率高，造成社会资源的巨大浪费和社会贫富差距扩大。第三，加剧借贷纠纷，转嫁金融风险。投资获利型资本所动用的资金，只有一部分是个人积累的财富，更多则来自于民间借贷和银行贷款。在政府对房地产市场的持续调控下，这些资金的安全性和保值受到较大的影响，从而导致各类民间借贷纠纷不断，甚至出现暴力讨

---

① 此处所指的空置房屋指的是仅拥有一套住房家庭因外出务工等原因而空置的自有住房（简称为"人房分离"），以及多套房家庭持有的，既未自己居住，也未出租的住房。因这些住房并未用来满足居住需求，将其视作为投资需要而购买的房屋。

② 以上数据来自于西南财经大学中国家庭金融调查与研究中心：《城镇住房空置率及住房市场发展趋势 2014（简要版）》，中国社会科学网，2014 年 6 月 17 日，见 http://www.cssn.cn/gd/gd.rwxn/gd_ zxjl_ 1695/2014061/t20140617_ 1214204.shtml。

③ 数据来源于国家统计局网站，见 http://www.stats.gov.cn。

债等刑事犯罪现象。不少个人在高利率的诱惑下，将自己获得的抵押贷款或消费贷款以远远高于银行贷款利率的方式借给急需资金的购房者，这种民间借贷行为间接增加了整个社会信贷资金的风险，影响经济的稳定发展，最终对消费产生较大的负面作用。

三、高房价对拆迁型购房者的影响

旧城改造、市容整顿、环境保护、经济建设等造成的拆迁，会持续产生新的住宅需求。随着房地产市场的繁荣发展，多地政府对拆迁家庭采取产权置换加货币收入的补偿办法。部分拆迁家庭并不满足于安置房的居住条件，拆迁之后势必产生强烈的高品质住房的需求。据统计，每年数以亿计的拆迁补偿安置资金，有部分进入存量房市场或商品房市场，直接拉动高品质住宅消费的增长。

安置房具有一定的优势：第一，安置房通常都是现房，而且早期的安置房地理位置一般较为优越。第二，安置房的配套设施比较完善。第三，安置房户型比较适中，也比较能满足住户的刚性需求。第四，政府统一建设的安置房质量不会太差。第五，过去有很多安置房是不完全产权房，但随着住房市场化的深入，安置房中完全产权房的比例越来越高。第六，安置房的物业管理费用比较低，居住成本较低。

但是安置房也有诸多不足，如拆迁安置房"国土证""产权证"办理比较滞后，拆迁安置房后续管理模式与商品住宅小区契约式物业管理模式不同，安置房社区脏乱差就成为比较普遍的现象，尽管费用较低，依然有相当部分人群不愿缴纳管理费。安置房居住人群整体收入和文化水平较低，生活环境和人文环境较差，所以部分拆迁家庭在拿到补偿资金后，产生强烈的另外选购商品房的愿望。

房地产市场繁荣带动拆迁补偿资金上涨。由于数据获取困难，本书仅以 2005 年杭州市相关数据为例来说明情况。根据杭州市房管局新闻通报会有关负责人的讲话，2005 杭州市区住宅预售平均价格为 6167.4 元/平方米[①]，

---

① 《2005 年杭州市区房价 6167.4 元/平方米》，2006 年 1 月 7 日，见 http://news.sohu.com/20060107/n241318009.shtml。

低于表4-4中第一、二等级住宅房屋货币补偿基准价，高于后面等级的住宅房屋货币补偿基准价。因此，多数拆迁家庭获得的补偿资金，都不足以购买同等面积的市区商品房，如果他们要在市区购房，则需要使用储蓄，因此对消费的负面影响是非常严重的。

表4-4 杭州市2005年度上半年城市房屋拆迁住宅房屋货币补偿基准价

单位：元/每平方米建筑面积

地段等级	地段范围	住宅房屋货币补偿基准价
一	市区一级土地及西湖名胜风景区一级土地	7200
二	市区二级土地及西湖名胜风景区二级土地	6500
三	市区三级土地	5700
四	市区四级土地及西湖名胜风景区三级土地	4900
五	市区五级土地及西湖名胜风景区四级土地	4500
六	市区六级土地及西湖名胜风景区五级土地	4100
七	市区七级土地	3600
八	市区八级土地	3000
九	市区九级土地	2700
十	市区十级土地	2400
十一	市区十一级土地	2000
十二	市区十二级土地	1700

资料来源：杭州市房管局、物价局：《杭州市区2005年下半年度城市房屋拆迁住宅房屋货币补偿基准价》。

四、高房价对租房者消费的挤出效应

在全国各个城市，都存在租房者。如前所述，住房市场化改革以来，中国房地产租赁市场的主要需求者有：进入劳动力市场尚未买房的大中专学生、异地工作尚未买房的人员、为接近孩子学校或自身上班场所而租房的人员。房价上涨带动租金上扬，租房者不得不减少其他消费品的支出。

表 4-5　2016 年上半年部分主要城市平均租金

城市	平均租金 （元/平方米）/月	城镇居民人均可 支配收入（元/年）	年人均租金占人均 可支配收入的 比例（%）
北京	71.24	57275	54.63%
上海	66.34	57692	50.50%
深圳	66.25	48695	59.75%
广州	44.47	50994	38.30%
杭州	41.39	52185	34.83%
厦门	38.38	46254	36.44%
南京	33.23	49997	29.19%
哈尔滨	32.65	33190	43.21%
福州	32.37	37833	37.58%
天津	30.9	37136	36.54%
大连	30.61	38220	35.18%
郑州	28.85	33214	38.15%
武汉	27.94	39135	31.36%
兰州	27.53	29661	40.76%
济南	25.69	43052	26.21%
海口	24.88	30775	35.51%
南宁	24.41	30728	34.89%
成都	24.33	35902	29.76%
昆明	24.56	36739	29.36%
长沙	23.61	43294	23.95%
贵阳	23.06	29502	34.33%
重庆	23.03	29610	34.16%
西安	22.89	35630	28.22%
南昌	22.7	34619	28.80%
西宁	22.4	27539	35.72%
长春	22.05	31069	31.17%
太原	21.82	29632	32.34%
沈阳	21.74	39737	24.03%
合肥	21.52	34852	27.12%

城市	平均租金 （元/平方米）/月	城镇居民人均可 支配收入（元/年）	年人均租金占人均 可支配收入的 比例（%）
乌鲁木齐	21.24	34200	27.28%
呼和浩特	19.05	40220	20.80%
石家庄	18.11	30459	26.11%

注：年人均租金=当地每月平均租金乘以12乘以2016年国家统计局发布的城镇人均住宅建筑面积36.6平方米。

资料来源：中国房价行情平台；《中国42城市房价租金排行榜》，见《中国42城市租金排行榜：哪些城市租房压力更大》，《第一财经日报》2016年6月13日。

五、房价波动对房地产上市企业投资者的挤出效应

房价是一把双刃剑，对房地产上市企业投资者而言，有人因为市值上扬而获得丰厚回报，就有人遭受损失。从下面两个表格可以看出，由于国家实行房地产去库存政策，并采取多种限购限贷措施，2015—2016年，中国房地产行业上市企业按市值前10强平均市值下滑163.48亿元，前10强企业累计市值下滑共计1634.8亿元。这些企业都是房地产行业的知名企业，吸引众多投资者，他们的市值下滑，必然导致大部分投资者财富缩水，对消费产生负面效应。

表4-6　2015年中国房地产行业上市企业按市值前10强情况

序号	企业名称	市值（亿元）	平均市值（亿元）
1	万科	2630.94	
2	绿地控股	1987.06	
3	招商蛇口	1544.01	
4	保利地产	1144.36	
5	华夏幸福	812.78	1108.52
6	城投控股	691.91	
7	华侨城	647.15	
8	金地集团	620.95	
9	泛海控股	571.94	
10	新湖中宝	434.05	

资料来源：中国房地产业协会，见 http://www.fangchan.com。

表 4-7　2016 年中国房地产行业上市企业按市值前 10 强情况

序号	企业名称	市值（亿元）	平均市值（亿元）
1	万科	2268.55	
2	招商蛇口	1295.48	
3	保利地产	1082.62	
4	绿地控股	1059.85	
5	陆家嘴	743.97	945.04
6	华夏幸福	706.23	
7	城投控股	657.41	
8	金地集团	583.31	
9	华侨城	570.29	
10	泛海控股	482.73	

资料来源：中国房地产业协会，见 http://www.fangchan.com。

第五章 房地产市场繁荣对投资的带动效应

第一节 房地产繁荣对私人投资的直接带动效应

一、房地产繁荣对上游产业投资的直接带动效应

上游产业也称为后向关联产业，一般处在整个产业链的开始端，主要通过需求联系与其他产业部门发生关联①，主要提供原材料或基础性的服务。上游产业一般能决定其他行业的发展速度，它具有基础性、原料性、联系性强的特点。根据微笑曲线理论②，上游产业一般是属于竞争程度相对缓和、利润比较乐观的行业，原因是上游往往掌握着某种核心资源，或拥有核心技术，有着较高的进入壁垒③。但是凡事都有例外，并不是所有的行业都存在微笑曲线，有些产业的上游也会出现受制于下游需求的情况④。

房地产上游产业也称作房地产后向关联产业⑤，包括为房地产行业提

① 向为民、伯彦村：《我国房地产业后向、前向和环向产业关联度研究及政策建议》，《重庆理工大学学报（社会科学）》2014 年第 5 期，第 58 页。

② 微笑曲线理论是宏碁集团创办人施振荣先生在 1992 年为"再造宏碁"提出的理论。微笑曲线顾名思义就是像微笑嘴型的一条两端朝上的曲线。该理论表示，在产业链中，附加值更多体现在横坐标两端的设计和销售上，而处于中间环节的制造附加值最低。

③ 美国经济学家，1982 年诺贝尔经济学奖得主乔治·斯蒂格勒将进入壁垒定义为"一种准备进入一个产业的厂商必须承担的而已存在于此产业内的厂商无需承担的生产成本"。英国学者多纳德·海和德理克·莫瑞斯将退出壁垒解释为已存在于一个行业的企业在退出该行业时所必须承担的成本或必须放弃的利润。

④ 如电子产品行业，以其上游半导体芯片行业为例，因为存在很高的技术和资金壁垒，所以竞争厂商并不多，然而会受到下游需求扩张或收缩，业绩浮动很大。

⑤ 刘寅：《我国房地产上下游产业与房地产市场供求研究——基于 2002—2012 年投入产出表的实证分析》，《现代管理科学》2016 年第 9 期，第 91—93 页。

供水泥、钢筋等的建材材料供应商，提供建筑劳务的建筑公司、装修公司等，涉及建材、钢铁、工程机械等产业。现在，随着时间的推移，房地产已经发展成为国民经济的支柱产业。2016年，房地产业增加值占GDP的5.6%[①]。房地产业具有关联度高、拉动性强的特征，国内学者唐莉、张永娟对房地产产业链关联性的分析研究表明，房地产产业链上各产业发展具有长期的联动性，房地产产业对上游产业的影响尤其显著，上游产业的价格与房地产的价格呈正相关性。[②] 由于房地产涉及的上游产业数量居多，本书从中选取建材产业和钢铁产业这两个代表性上游产业进行直接带动效应分析。

（一）对建材产业投资的直接带动效应

建材，其涵盖范围很广，通常指土木工程和建筑工程中所用材料。学者程鸿仪在其主编的《建材市场与建材企业》一书中指出，现代建材产品与传统的建材含义有所不同，不仅在建筑房屋、道路、桥梁等基建工程上广泛应用，而且在农业、车船制造业、电子工程业、军事工程业、高新技术产业和化工冶金业中起着重要作用。一般地说，从建筑材料产业[③]（有时也称建筑材料工业）的角度，将其统称为"建筑材料产品"，简称为"建材（产品）"[④]。建材产品可分为：建筑材料及制品、非金属矿及制品、无机非金属新材料三大类[⑤]。建材产业在中国的经济发展中起着不可磨灭的作用，为各个行业、工程提供原材料，在国民经济中占有重要的地位。

随着中国建筑技术水平的提升和人民节能环保意识的不断增强，建筑材料类型不断丰富，建材产业的发展也在不断发生变化。目前，中国建材产业已经发展成为规模大、种类多、品种基本配套，面向国际国内市场，

---

① 《2016年房地产增加值占GDP 6.5%仍是支柱产业》，中国新闻网，2017年1月20日，见http://www.chinanews.com/house/2017/01-20/8130708.shtml。

② 唐莉、张永娟：《房地产产业链关联性的分析研究》，《世界经济文汇》2006年第3期，第19—27页。

③ 产业，从广义上看，是指国民经济生产中的各个行业；从狭义上说，由于工业在产业发展中占据特殊地位，所以产业有时也指工业部门。一般地说，产业指具有某种同类属性的经济活动的集合或系统。

④ 程鸿仪：《建材市场与建材企业》，武汉工业大学出版社1992年版，第5—6页。

⑤ 孙智君：《产业经济学》，武汉大学出版社2010年版，第6页。

具有一定国际竞争力的重要原材料产业。住房市场化改革以来，建材产业高速发展，2013 年，建材产业产量持续增长，营收增速加快，结构平稳调整，质量效益改善，建材产业完成主营业务收入 6.3 万亿元，同比增长 16.3%，增速提高 2.9%，规模以上建材产业增加值占全国的 6.9%，所占比例提高 0.3%[1]；2014 年建材产业一些产能严重过剩的产品（如水泥、平板玻璃）增速降低，规模以上建材企业完成主营业务收入 7 万亿元，同比增长 10.1%，增速同比降低 6.9%；经济效益继续增加，规模以上建材企业实现利润总额 4770.2 亿元，同比增长 4.8%[2]；2015 年，习近平总书记根据供给侧结构性改革提出"三去一降一补"，即"去产能、去库存、去杠杆、降成本和补短板"，中国建材产业一些产品产能严重过剩，在 2015 年产量出现负增长，建材产业主营业务收入大幅下降，规模以上建材企业主营业务收入 7.3 万亿元，同比增长 3.3%，增速同比降低 6.8%，且经济效益出现下滑，规模以上建材企业实现利润 4492 亿元，同比下降 6.9%[3]。人民网在 2015 年所发表的科学试验测定称，100 平方米的住房需要密度为 2.6 的混凝土 47 立方米（重为 122.2 吨），据《21世纪经济报道》测算显示，建筑 100 平方米房屋需要墙砖约 16 立方米。本书归纳了 2001—2015 年中国房地产开发对混混凝土与墙砖的带动情况。

表 5-1　2001—2015 年中国房地产开发对混凝土与墙砖的带动情况

年份	房屋施工面积 （万平方米）	混凝土（万立方米）	墙砖（万立方米）
2001 年	188328.7	88514.489	30132.592
2002 年	215608.7	101336.089	34497.392
2003 年	259377	121907.19	41500.32
2004 年	291939	137211.33	46710.24

---

① 工信部，《2013 年建材工业经济运行情况》，2015 年 2 月 20 日，见 http://www.miit.gov.cn。
② 工信部，《2014 年建材工业经济运行情况》，2015 年 2 月 2 日，见 http://www.miit.gov.cn。
③ 《2017—2022 年中国建材行业市场深度调查及未来前景预测报告》，2016 年 12 月 30 日，见 http://www.chyxx.com。

年份	房屋施工面积 （万平方米）	混凝土（万立方米）	墙砖（万立方米）
2005 年	352744.67	165789.9949	56439.1472
2006 年	410154.41	192772.5727	65624.7056
2007 年	482005.52	226542.5944	77120.8832
2008 年	530518.63	249343.7561	84882.9808
2009 年	588593.91	276639.1377	94175.0256
2010 年	708023.51	332771.0497	113283.7616
2011 年	851828.12	400359.2164	136292.4992
2012 年	986427.45	463620.9015	157828.392
2013 年	1129967.69	531084.8143	180794.8304
2014 年	1249826.35	587418.3845	199972.216
2015 年	1239717.64	582667.2908	198354.8224

资料来源：根据中国统计年鉴的数据计算所得。

　　然后再根据数据的可获取性，本书选取水泥和平板玻璃作为上游建材产业的代表产品，因销售额这类指标在国家统计年鉴中难以寻找，故采用其产量和产量的增速来测度房地产繁荣对建材产业的带动作用。

　　水泥和平板玻璃属于重要的建材产品，早在 1960 年，水利电力部供应司编著的书籍《水泥》对水泥做出了这样的解释：水泥是一种粉状物，与水化合后成为可塑性物质，并能逐渐凝结硬化变成像石头一样坚硬的物体，所以水泥是一种水硬性的胶凝材料[①]。现在普遍认为水泥是一种粉状水硬性无机胶凝材料，广泛应用于工程建筑、房屋建筑和装修等。平板玻璃是指未经其他加工的平板状玻璃制品，其化学成分一般属于钠钙硅酸盐玻璃，具有透光、透视、隔音、隔热、耐磨、耐气候变化等性能[②]。根据相关数据分析可得，住房市场化改革以来，由于房地产业的快速发展，水泥的产量呈逐年递增的状态，从 2001 年的 6.61 亿吨一直增长到 2014 年的

---

① 水利电力部供应司：《水泥》，水利电力出版社 1960 年版，第 2 页。
② 吴思晨：《我国平板玻璃行业产能过剩问题研究》，硕士学位论文，东北财经大学应用经济学，2012 年，第 1 页。

24.92 亿吨，并且在 2001—2011 年间，除去 2002 年（9.68%）和 2008 年（4.63%），其增长率均在 10% 以上。在 2015 年，由于供给侧结构性改革，国家实行"三去一降一补"，水泥的产量在当年相较于上一年有所回落，出现了负增长，下降至 23.6 亿吨。而平板玻璃的产量情况与水泥很相似，从 2001 年到 2015 年就一直呈现上升的趋势，由最初的 20363.51 万重量箱增至 2015 年的 73863 万重量箱，增速在 2007 年达到最高，为 22.84%，在 2015 年同样出现了负增长，增速为 -8.60%。与水泥相同，中国的平板玻璃产能严重过剩，故在国家 2015 年提出"去产能"时，平板玻璃的产量较 2014 年有所下降。从 2001 年开始，截至 2015 年房地产的开发投资额就一直呈现上升的趋势，虽然在 2015 年增长率下降严重，但没有出现负增长，房地产的投资增速在 2011 年达到最高，为 33.16%，同年，水泥的增速超过 10%，而平板玻璃增速下降，但在第二年的增速超过 20%。从水泥、平板玻璃产量的上升趋势与房地产开发投资金额的走势来看，水泥、平板玻璃产量的增速与房地产投资开发的增速呈现相似性，当房地产在 2007 年和 2011 年增速上升时，水泥和平板玻璃的增速也有所上升，2008 年金融危机和 2015 年国家提出"三去一降一补"时，房地产投资减少，增速出现下降时，水泥和平板玻璃的产量同样出现下降趋势，说明房地产投资的增长对上游建材产业产生了一定的直接带动作用。

表 5-2　2001—2015 年水泥产量、平板玻璃产量与房地产开发情况表

年份	水泥产量（亿吨）	水泥产量增速	平板玻璃产量（万重量箱）	平板玻璃产量增速	房地产开发（亿元）	房地产开发投资增速
2001 年	6.61	10.72%	20363.51	14.48%	6344.11	27.33%
2002 年	7.25	9.68%	22800.00	11.96%	7790.92	22.81%
2003 年	8.62	18.90%	25200.00	10.53%	10153.8	30.33%
2004 年	9.70	12.53%	30058.04	19.28%	13158.25	29.59%
2005 年	10.69	10.21%	36573.57	21.68%	15913	20.94%
2006 年	12.37	15.72%	40499.32	10.73%	19422.9	22.06%
2007 年	13.61	10.02%	49748.01	22.84%	25288.8	30.20%
2008 年	14.24	4.63%	55184.63	10.93%	31203.2	23.39%

年份	水泥产量（亿吨）	水泥产量增速	平板玻璃产量（万重量箱）	平板玻璃产量增速	房地产开发（亿元）	房地产开发投资增速
2009 年	16.44	15.45%	56073.29	1.61%	36241.8	16.15%
2010 年	18.82	14.48%	57708.26	2.92%	48259.4	33.16%
2011 年	20.99	11.53%	73788.84	27.87%	61796.9	28.05%
2012 年	22.10	5.29%	76000.00	3.00%	71803.8	16.19%
2013 年	24.20	9.50%	79933.64	5.18%	86013.4	19.79%
2014 年	24.92	2.98%	80812.91	1.10%	95035.6	10.49%
2015 年	23.59	-5.34%	73863.00	-8.60%	95979	0.99%

资料来源：中国统计年鉴（2001—2015 年）。

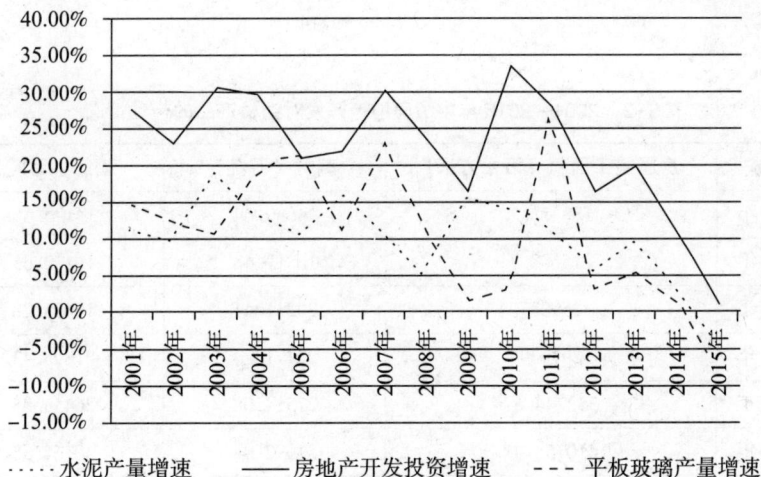

····· 水泥产量增速　　——— 房地产开发投资增速　　- - - 平板玻璃产量增速

图 5-1　水泥产量增速、平板玻璃增速与房地产开发投资增速比较图

资料来源：中国统计年鉴（2001—2015 年）。

（二）对钢铁产业投资的直接带动效应

一般地说，钢铁也属于建材中的一种，但考虑到钢铁的产量、影响力等因素，本书将钢铁产业剥离出建材产业单独进行分析，以考察房地产对钢铁产业投资的直接带动效应。钢铁产业是中国的基础性产业，对经济增长有巨大推动作用，在国民经济中处于极其重要的地位。中国钢铁产业以满足国内需求为目的，随着中国经济的快速发展而发展壮大，强有力地支撑了国家建设。粗钢和钢铁是钢铁产业的主要产品，粗有指东西质地粗糙的意思①，粗钢指铁水经过加工、添加合金、碳等元素浇注成型后的成品。铁是一种金属元素，质地硬，在潮湿空气中易生锈，是炼钢的主要原材料，可以制成各种器械和用具②。钢铁则是一种铁与其他元素组成的合金，是重要的工业材料和金属材料。而钢铁等材料经过一系列加工后形成的具有一定形状、尺寸和性能的材料称之为钢材。

兰格钢铁研究中心主任王国清指出，钢铁需求与房地产投资直接相关，中国房地产用钢需求占全部钢铁需求总量的30%左右③。本书选取2001—2015年粗钢、钢铁产量及增速与中国房屋施工面积的大小及增速进行对比，并根据《21世纪经济报道》和人民网在2015年所发表的科学试验相关数据整理2001—2015年中国房地产开发对钢材产品的带动情况。④

表5-3　2001—2015年中国房地产开发对钢材产品的带动情况

年份	房屋施工面积（万平方米）	钢材（万吨）	钢筋（万吨）
2001年	188328.7	14689.64	14124.65
2002年	215608.7	16817.48	16170.65
2003年	259377	20231.41	19453.28
2004年	291939	22771.24	21895.43
2005年	352744.67	27514.08	26455.85
2006年	410154.41	31992.04	30761.58
2007年	482005.52	37596.43	36150.41
2008年	530518.63	41380.45	39788.90
2009年	588593.91	45910.32	44144.54
2010年	708023.51	55225.83	53101.76

---

① 汉语大词典编纂处编：《汉语大词典定补》，上海辞书出版社2010年版，第1047页。
② 王继洪等：《现代汉语实用词典》，上海远东出版社2001年版，第814页。
③ 《我国房地产用钢需求占全部钢铁需求总量的30%左右》，《搜狐财经》2016年3月15日，见 http://m.sohu.com/a/63544230.115559。
④ 每建100平方米的住房消耗钢材约78千克，消耗钢筋约75千克。

年份	房屋施工面积（万平方米）	钢材（万吨）	钢筋（万吨）
2011 年	851828.12	66442.59	63887.11
2012 年	986427.45	14689.64	14124.65
2013 年	1129967.69	16817.48	16170.65
2014 年	1249826.35	76941.34	73982.06
2015 年	1239717.64	88137.48	84747.58

资料来源：根据中国统计年鉴的数据计算所得。

中国的房屋施工面积在前几年同样出现良好的增长趋势，由 2001 年的 188328.7 平方米增至 2014 年的 1249826.35 万平方米，相似地，在 2015 年出现负增长，为 1239717.64 平方米。中国粗钢在 2001 年生产 15163 万吨，一直到 2007 年，年增长率均在 10% 以上，在 2008 年超过 50000 万吨，达到 50306 万吨，2013 年超过 80000 万吨，2014 年是统计的 15 年中产量最多的一年，为 80382.5 万吨，随后在 2015 年出现负增长，产量为 80382.5 万吨。而钢材的产量一直略高于粗钢，并且与粗钢的产量增长趋势很相似，2001 年为 16068 万吨，2007 年就超过了 50000 万吨，为 56561 万吨，在 2013 年时，达到 108200.5 万吨，2014 年增幅较小，2015 年出现负增长，为 112349.6 万吨。

由相关图表可知，中国的粗钢、钢材产量增速与中国房地产施工面积增速发展趋势几乎一致，在 2001—2007 年增速都在 10% 以上，其增速最大值均出现在 2004 年，粗钢产量增速达到 27.24%，钢材增速 32.64%，房地产施工面积增速最大值为 20.83%。然而，三者的增速均在 2008 年大幅下跌。2008 年，政府宏观调控下，房地产、钢材、水泥、铝合金和汽车产业投资增速回落，2009—2013 年增速慢慢上升，2014 年和 2015 年又下降，中国在 2015 年就房地产问题提出"去库存、稳市场"的改革任务，故 2015 年中国房屋的施工面积是 1239717.64 万平方米，低于 2014 年的 1249826.35 万平方米，粗钢和钢材的产量增长率同年也有下降。由此可见，房地产产业繁荣对钢材产业的确有着直接的带动作用。

表5-4 2001—2015年中国粗钢、钢材的产量和房屋施工面积

年份	粗钢 （万吨）	粗钢产 量增速	钢材 （万吨）	钢材产 量增速	房屋施工面积 （万平方米）	房屋施工 面积增速
2001 年	15163	18.00%	16068	22.23%	188328.7	17.60%
2002 年	18237	20.27%	19252	19.82%	215608.7	14.49%
2003 年	22234	21.92%	24108	25.22%	259377	20.30%
2004 年	28291	27.24%	31976	32.64%	291939	12.55%
2005 年	35324	24.86%	37771	18.12%	352744.67	20.83%
2006 年	41915	18.66%	46893	24.15%	410154.41	16.28%
2007 年	48929	16.73%	56561	20.62%	482005.52	17.52%
2008 年	50306	2.81%	60460	6.89%	530518.63	10.06%
2009 年	57218	13.74%	69405	14.79%	588593.91	10.95%
2010 年	63723	11.37%	80277	15.66%	708023.51	20.29%
2011 年	68528	7.54%	88620	10.39%	851828.12	20.31%
2012 年	72388	5.63%	95578	7.85%	986427.45	15.80%
2013 年	81313.9	12.33%	108200.5	13.21%	1129967.69	14.55%
2014 年	82230.6	1.13%	112513.1	3.99%	1249826.35	10.61%
2015 年	80382.5	-2.25%	112349.6	-0.15%	1239717.64	-0.81%

资料来源：中国统计年鉴。

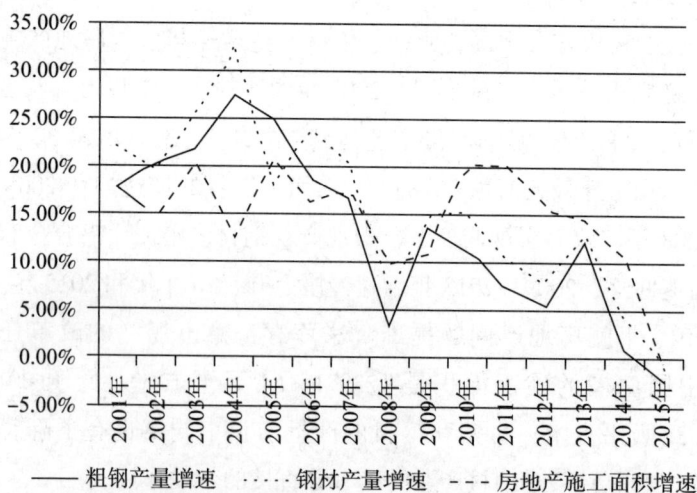

图5-2 粗钢、钢材产量增速和房屋施工面积增速比较图

资料来源：中国统计年鉴。

二、房地产繁荣对下游产业投资的直接带动效应

下游，与上游相对应，指处于低处的，靠近河流出口的一段[1]，下游产业又叫前向关联产业。陈宝红认为前向联系是通过供给与其他产业部门发生的关联[2]，张治强指出在中国国民经济的体系中，下游产业一般是指提供消费品的行业[3]。本书认为，下游产业指位于产业链的末端，对原材料、零部件和某些产品进行加工，制造成品和从事生产、服务的行业。房地产的下游产业主要包括家装、家具、家电和物业管理等，主要是为房地产提供服务以及最终的配套设施。本书选取家装产业、家具产业、家电产业和房地产运营维护产业作为房地产下游产业的代表，对以上四种产业进行带动效应分析。

（一）对家装产业投资的直接带动效应

家装产业主要指给房屋提供室内设计、装修等服务，使之不论在外观和舒适度等各方面都优于之前的一种行业。本书主要通过装饰材料的相关指标与房屋的销售情况对比来考察房地产对家装行业的直接带动效应。

中国商品房、别墅、高档公寓的销售面积，由 2008 年的 62145.6 万平方米升至 2015 年的 115899.69 万平方米，在 2014 年有过轻微的回落。2008 年金融危机以后，装饰材料批发市场的成交额虽然在 2010 年有所波动，但总的来说一直处于上升的态势，在 2015 年市场成交额达到了 1879.55 亿元，大约是 2008 年 816.37 亿元的 2.3 倍多。

表 5-5　2008—2015 年部分装饰材料与房屋销售面积对比情况

年份	装饰材料市场成交额（亿元）	装饰材料批发市场成交额（亿元）	装饰材料零售市场成交额（亿元）	装饰材料市场数量（个）	商品房、别墅、高档公寓销售面积（万平方米）
2008	816.37	500.72	315.65	153	62145.6
2009	1057.71	618.31	439.4	168	90810.94

① 王继洪等：《现代汉语实用词典》，上海远东出版社 2001 年版，第 880 页。
② 陈宝红：《房地产业关联度及波及效应分析——以北京市为例》，硕士学位论文，东北财经大学统计学，2007 年，第 10 页。
③ 张治强：《中国上游产业和下游产业上市公司的经营绩效及利润分配的差异研究》，硕士学位论文，重庆大学产业经济学，2005 年，第 16 页。

年份	装饰材料 市场成交额 （亿元）	装饰材料批 发市场成 交额（亿元）	装饰材料零售 市场成交额 （亿元）	装饰材料 市场数量 （个）	商品房、别墅、高档 公寓销售面积 （万平方米）
2010	1047.99	493.05	554.94	195	97595.7
2011	1362.64	718.64	644	229	100258.34
2012	1623.47	857.6	765.87	248	101943.51
2013	1761.7	920.66	841.04	252	119354.72
2014	1833.68	992.81	840.88	247	108235.14
2015	1879.55	1075.07	804.47	249	115899.69

资料来源：国家统计局网站。

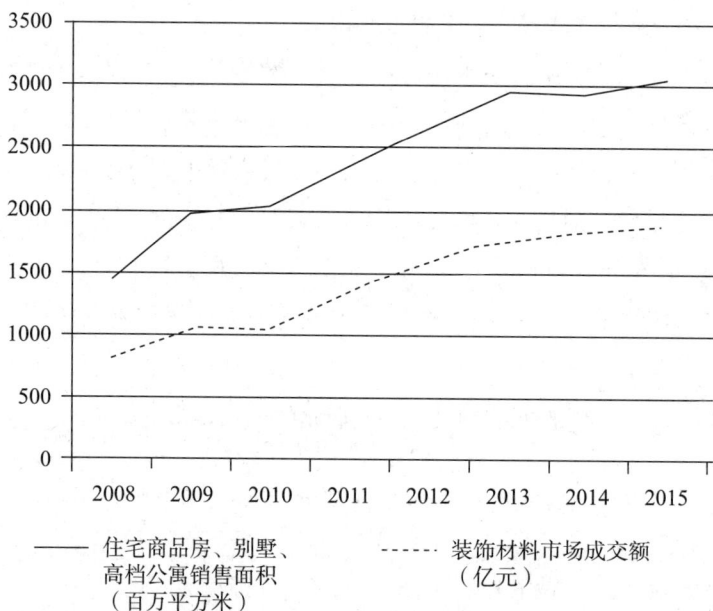

图 5-3　2008—2015 年装饰材料与房屋交易情况走势图

资料来源：国家统计局网站。

（二）对家具产业投资的直接带动效应

家具，即为家庭使用的人类正常生活中不可缺少的器具，多指衣橱、桌子、床、沙发等大件物品，按照不同的标准，家具可分为不同的种类。中国家具产业自改革开放以来，经过近四十年的发展，已从偏向传统的手工业发展成为以机械化生产为主、规模较大的产业，并逐渐迈向现代家具产业①。2011 年，中国家具制造业规模以上②企业的总产值是 4992.3 亿元，到 2014 年时，增长至 7187.35 亿元③。本书选取 2002 年至 2015 年中国家具的产量和增速，包括木制家具和金属家具的产量和增速，与商品房的销售面积进行对比，分析房地产繁荣对家具产业的带动作用。

中国的家具产量从 2002 年的 13300 万件增长至 2014 年的 77785.69 万件，2015 年比 2014 年稍有下降，为 76961.32 万件。其中金属家具的产量一直多于木制家具，2002 年，金属家具和木制家具分别为 6117.52 万件和 5495.21 万件，2004 年，金属家具突破 10000 万件的产量，达到 15249.24 万件，而木制家具则在次年即 2005 年突破 10000 万件，为 11328.08 万件。金属家具和木制家具从 2002 年至 2010 年都呈现增长趋势，从 2011 年产量开始降低。金属家具 2015 年的产量是 37591.48 万件，大于 2014 年的 37535 万件，而木制家具 2015 年的产量为 25315.33 万件，小于 2014 年 26345.01 万件。中国商品房销售面积从 2002 年的 26808.29 万平方米一直增长至 2007 年的 77354.72 万平方米，2008 年受金融危机的影响，销售面积降低至 65969.83 万平方米，随后逐步上升，至 2013 年时，达到 130550.59 万平方米，2014 年和 2015 年稍有下降，分别为 120648.54 万平方米和 128494.97 万平方米。

表 5-6　2002—2015 年中国家具产量及商品房销售面积

年份	产量（万件）	木制家具	金属家具	商品房销售面积（万平方米）
2002	13300	5495.21	6117.52	26808.29
2003	17100	6577.12	8920.9	33717.63
2004	25816.55	8350.7	15249.24	38231.64
2005	33990.18	11328.08	17248.35	55486.22
2006	41628.59	15064.59	22976.57	61857.07

---

① 吴智慧：《中国家具产业的现状和发展趋势》，《家具》2013 年第 5 期。
② 指年产值在 2000 万元以上的企业。
③ 数据来源：国家统计局网站。

年份	产量（万件）	木制家具	金属家具	商品房销售面积（万平方米）
2007	48480.56	17466.98	25668.51	77354.72
2008	51867.19	18946.99	26443.83	65969.83
2009	60814.36	20501.06	33366.47	94755
2010	77032.83	26072.71	42381.19	104764.65
2011	69895.62	24774.64	36484.33	109366.75
2012	65444.34	23897.04	31352.99	111303.65
2013	65161.78	23646.35	32271.09	130550.59
2014	77785.69	26345.01	37535	120648.54
2015	76961.32	25315.33	37591.48	128494.97

资料来源：国家统计局网站。

根据相关数据计算所得，在 2003—2008 年期间，中国家具产量增速都在 10% 以上，2004 年时，家具产量增速达到最高点，为 50.97%，其中，木制家具的增速 26.97%，金属家具增速为 70.94%；2008 年金融危机导致多数行业产量下降，房地产行业也受到牵连，家具产量的增速总体与商品房销售面积的增速一致。

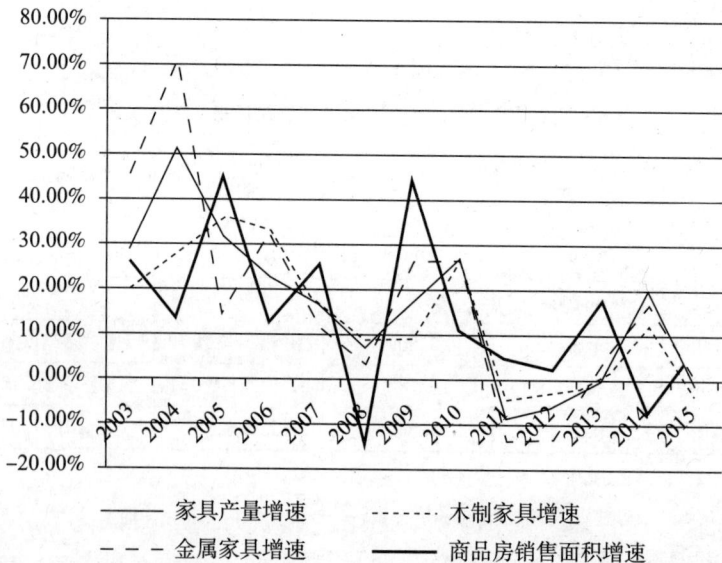

图 5-4 2003—2015 年家具总产量和木质家具、金属家具、商品房销售面积增速图

（三）对家电产业投资的直接带动效应

家用电器（简称家电）主要指服务于家庭和类似于家庭的场所中使用的各种电器。家用电器的作用旨在帮助人们更快、更轻松地解决琐碎费时的家务，为人们创造一个更舒适轻松的工作生活环境，是现代家庭生活必不可少的物品。家电产品是住宅内部配置的重要内容，房地产繁荣能直接从源泉上拉动家电产品的供给。由于家电产品的品种极多，本书选取家用洗衣机、家用电冰箱、房间空气调节器和彩色电视机作为家电产品代表分析。在数据指标的选取上，家电产业的投资数据较难获取，故本书选取四种家电产品的产量来分析房地产的繁荣是否对家电产品具有直接的带动效应。

由相关数据可知，从 2011 年开始，截至 2015 年，商品房的销售面积大致有两次起伏，第一次是从最初的 22411.9 万平方米增长到 2007 年的 77354.72 万平方米，到 2008 年因为金融危机的影响跌落回 65969.83 万平方米。第二次是从 2013 年的 130550.59 万平方米开始，到 2014 年跌落回 120648.54 万平方米，然后到 2015 年又增至 128494.97 万平方米。四种电器的年产量数与商品房的销售面积大致呈现一个正相关关系。2008 年商品房的销售面积下降时，由于洗衣机和冰箱与房屋的面积大小无显性相关，属于房屋配置的刚性需求，故没有下降，但与房屋面积和数量有直接关联的房间空气调节器与电视机都呈现下降趋势。当 2013 年商品房销售面积下降时，电冰箱和洗衣机的产量在 2014 年都有下降。由此可以看出，房地产繁荣与否会直接影响到家电产业的发展状况。

表 5-7　2001—2015 年典型家用电器的产量情况

年份	家用洗衣机产量（万台）	家用电冰箱产量（万台）	房间空气调节器产量（万台）	彩色电视机产量（万台）	商品房销售面积（万平方米）
2001	1341.61	1351.26	2333.64	4093.7	22411.9
2002	1595.76	1598.87	3135.11	5155	26808.29
2003	1964.46	2242.56	4820.86	6541.4	33717.63
2004	2533.41	3007.59	6390.33	7431.83	38231.64
2005	3035.52	2987.06	6764.57	8283.22	55486.22

年份	家用洗衣机产量（万台）	家用电冰箱产量（万台）	房间空气调节器产量（万台）	彩色电视机产量（万台）	商品房销售面积（万平方米）
2006	3560.5	3530.89	6849.42	8375.4	61857.07
2007	4005.1	4397.13	8014.28	8478.01	77354.72
2008	4447	4799.95	8147.37	9187.14	65969.83
2009	4973.63	5930.47	8078.25	9898.79	94755
2010	6247.73	7295.72	10887.47	11830.03	104764.65
2011	6715.94	8699.2	13912.5	12231.34	109366.75
2012	6791.12	8427	12398.72	12823.52	111303.65
2013	7300.53	9255.74	13069.3	12745.21	130550.59
2014	7114.4	8796.09	14463.27	14128.9	120648.54
2015	7274.5	7992.75	14200.35	14475.73	128494.97

资料来源：国家统计局网站。

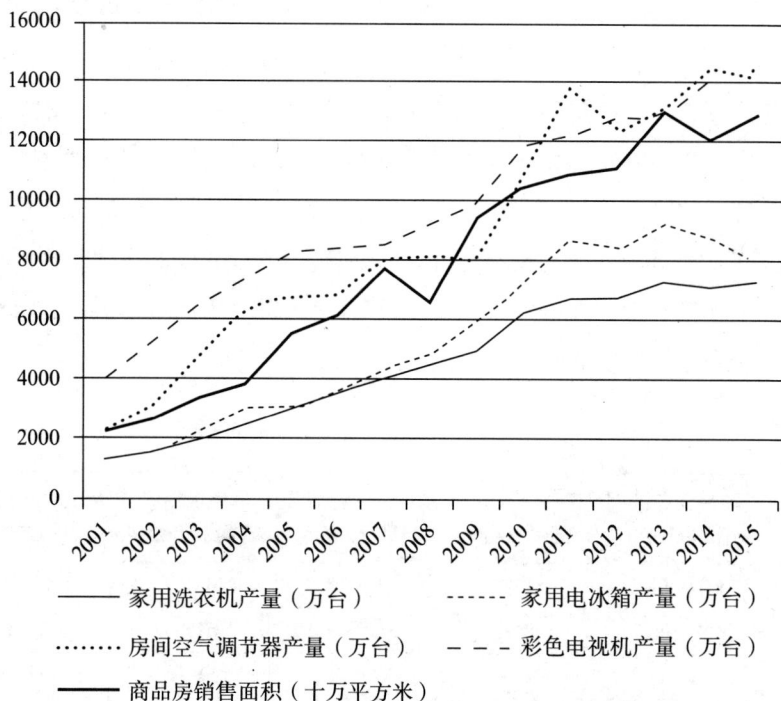

图 5-5　2001—2015 年典型家用电器的产量情况折线图

资料来源：根据国家统计局网站相关数据计算而得。

（四）对物业管理业投资的直接带动效应

"物业"一词译自英语 property 或 estate，由香港传入中国沿海和内地城市，含义很多，有财产、资产、地产、房地产、产业等的意思，现一般指投入使用的各类房屋及与之相配套的设备和设施等①。对此学者也有其他观点。李斌指出"物业"一词在中国古代就存在，并不是外来语，只是当今物业管理中的"物业"一词由英语翻译而来②。本书不过多探究物业管理的渊源，采用 2016 年国务院公布的《物业管理条例》第二条对物业管理的定义：物业管理，是指业主通过选择或聘用某个物业服务企业，由业主和该企业根据物业服务合同，对房屋及其配套的设施设备和相关场地进行维修、养护、管理，对物业管理区域提供相关的环境卫生服务和维护相关秩序的活动。

根据 2008 年经济普查数据，当年中国物业管理从业人数约为 250.12 万人，到 2012 年年底时，增长至 612.3 万人，截至 2014 年，达到了 711.2 万人③。目前中国的物业管理行业企业多、规模大，本书选取具有代表性的中国物业服务百强企业（后均简称百强企业）的相关数据进行分析，探究房地产繁荣对物业管理业的带动效应。

据表 5-8 相关数据可知，中国物业服务百强企业营业收入均值由 2008 年的 10785.8 万元增长至 2014 年的 35725.2 万元，6 年时间增长了约 3.3 倍，而物业服务费又是其营业收入的主要部分，2008 年物业服务费收入均值为 8852.67 万元，占营业收入的 82.08%，2009 年占比是 6 年里最高的，达到 88.19%，随后出现下降趋势，2014 年占比为 63.39%。物业服务费的净利润增长迅速，由 2008 年的 294.7 万元上升到 2014 年的 1097.9 万元，表明中国物业行业这 6 年期间发展迅猛。

---

① 张晓辉：《我国物业管理业问题与对策研究》，硕士学位论文，山东科技大学管理科学与工程业，2005 年，第 1 页。
② 李斌：《物业管理：理论与实务》，复旦大学出版社 2012 年版，第 1 页。
③ 中国物业管理协会：《中国物业管理》第 10 期，2015 年 10 月 26 日。

表5-8　2008—2014年物业服务业百强企业营业收入及增长率

年份	营业收入均值（万元）	物业服务费收入均值（万元）	物业服务费收入增长率	物业服务净利润（万元）	物业服务净利润增长率
2008	10785.80	8852.67	28.84%	294.70	——
2009	13585.33	11981.21	35.34%	482.72	63.80%
2010	19860.90	15048.40	25.60%	650.70	34.80%
2011	23352.80	16909.50	12.37%	763.27	17.30%
2012	25734.80	17835.40	5.48%	894.60	17.21%
2013	29387.60	19954.18	11.88%	927.28	3.65%
2014	35725.20	22647.70	13.50%	1097.90	18.40%

资料来源：中国指数研究院。

在2009—2014年间，全国房地产投资、物业服务费收入和物业服务净利润增长率均有波动，前期发展过于迅猛，且百强企业除了物业服务费这一收入以外还发展了多种经营收入，故物业服务净利润的增速在2009—2014年期间几乎呈下降趋势，由2009年的63.8%下降到2014年的18.4%，房地产投资增速在2010年上升至33.16%，随后又下降，相应的

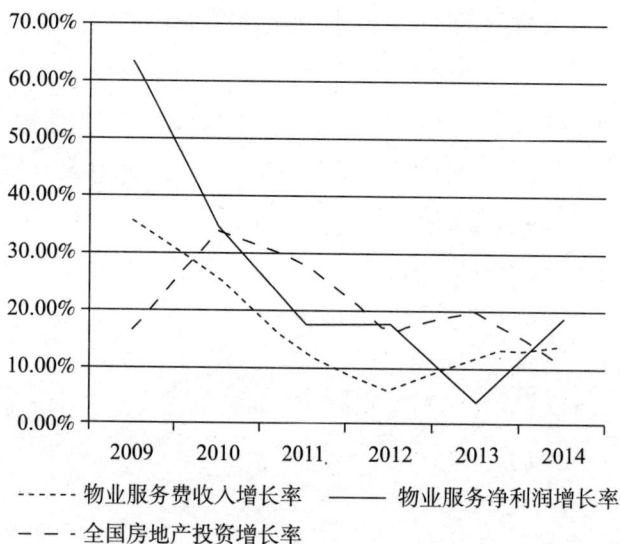

图5-6　2009—2014年百强企业物业服务费均值、净利润与全国房地产投资增长率
　　资料来源：根据国家统计局、中国指数研究院相关数据计算所得。

百强企业物业服务费收入增速也是持续下降，后与房地产投资增速趋势相同，在 2013 年稍许上升为 11.88%，同年房地产投资增速为 19.79%，说明房地产繁荣对物业管理业的发展有一定的促进作用。

三、房地产繁荣对环向关联产业投资的直接带动效应

环向关联产业属于产业关联理论①的重要内容。陈宝红曾把环向关联描述为在实际经济活动中发生的产业关联，他们并不是单纯的前向或后向关联，而是在产业与产业的关系之间连成一个环状，有点类似于食物链的一种形式，他把这种环状的产业关联称之为环向关联产业。② 中国地产大亨王健林在一次经济会议中曾谈到房地产的环向关联产业，指那些既向房地产业提供原材料等生产要素，同时又将本产业作为一种生产要素服务于其他产业的产业。简单地说，环向关联产业就是房地产业对该产业可以起到需求的拉动和供给的推动双向作用力的产业。③ 笔者比较赞同王健林先生的看法。由于房地产业的带动作用较强，带动产业多，本书选取金融保险业、批发零售业和住宿餐饮业三个具代表性的环向关联产业分析房地产繁荣对其投资的直接带动效应。

（一）房地产繁荣对金融业的直接带动效应

金融业是指经营金融商品的特殊行业，它主要包括银行业、保险业、信托业、证券业和租赁业几大行业，但关系最为紧密的还是银行业，因此本书此处所论述的金融业主要指银行业。在研究房地产对金融业的直接带动影响中，王国军和刘水杏曾借用投入、产出模型计算带动系数，发现房地产业每增加 1 单位的产值，对相关产业的带动系数为 1.416，而在所有相关产业中，对金融业带动效应最为显著，其带动系数为 0.145。④ 同样地，李玉杰和王庆石在计算房地产的拉动效应系数时，也得到了类似的结

---

① 产业关联理论又称投入产出理论，主要用于研究产业之间的中间投入和中间产出之间的关系。

② 陈宝红：《房地产业关联度及波及效应分析——以北京市为例》，硕士学位论文，东北财经大学统计学，2007 年，第 10—11 页。

③ 王健林：《谈房地产市场对相关产业的影响》，《经济生活——2012 商会经济研讨会论文集（上）》，2012 年 11 月 28 日。

④ 王国军、刘水杏：《房地产业对相关产业的带动效应研究》，《经济研究》2004 年第 8 期。

果。在计算过程中，他们分别选取了 1997 年、2002 年和 2007 年三年的数据指标得出房地产对主要关联产业的带动效应，结果都显示房地产业对金融保险业有很强的带动效应，分别占总效应排名的第一、第一与第二，一直处于优势地位。① 向为民和伯彦村②在研究房地产环向关联产业关联度时也得出了同样的结果，如表 5-9 所示。房地产业对金融业的带动优势处于明显的地位，位列环向关联度的榜首，其环向关联度为 0.0596。其中后向关联度在房地产主要关联产业中排名第一，前向关联度排名第二。在后向关联产业中金融业之所以能位列第一主要是因为房地产业具有投资量大，周期性强的特点。大量的开发资金不可能一步到位，需银行业提供资金融通。这样就造成了房地产业越繁荣，银行投放在房地产中的贷款资金量就越大的现象，从而带动了金融业的发展。而在前向关联中金融业能位列第二是因为房屋的销售金额一般比较大，大多数的买主在购房时采用的方式都是通过银行贷款进行分期付款，所以在这一环节上房地产业再一次带动了金融的发展。通过这一后一前两次带动作用，金融业就当之无愧地成为了房地产业环向关联度最高的产业。

表 5-9 房地产对主要关联产业的带动效应

后向关联产业			前向关联产业			环向关联度
位次	产业类型	关联度	位次	产业类型	关联度	
1	金融业	0.0248	2	金融业	0.0348	0.0596
2	租赁和商业服务业	0.0218	7	租赁和商业服务业	0.0104	0.0323
3	住宿和餐饮业	0.0109	4	住宿和餐饮业	0.0137	0.024
9	居民服务和其他服务业	0.0062	3	居民服务和其他服务业	0.0171	0.0234
4	化学工业	0.083	8	化学工业	0.0114	0.0198

资料来源：向为民、伯彦村：《我国房地产业后向、前向和环向产业关联度研究及政策建议》，《重庆理工大学学报（社会科学版）》2014 年第 5 期。

---

① 李玉杰、王庆石：《房地产业对相关产业带动效应的国际比较研究》，《世界经济与政治论坛》2010 年第 6 期。

② 向为民、伯彦村：《我国房地产业后向、前向和环向产业关联度研究及政策建议》，《重庆理工大学学报（社会科学）》2014 年第 28 卷第 5 期。

根据学者李玉杰和王庆石[1]的研究，中国房地产业对金融保险业、批发和零售业、建筑业等产业总带动效应也是比较强的。1997 年至 2007 年，房地产业对主要产业的总带动效应有下降趋势。1997 年，中国房地产业的产值每增加一个单位，就可以使所有产业的产值增加 1.4165 个单位，其中带动最大的产业是金融保险业，产值增加了 0.14541 个单位；2002 年，中国房地产业的产值每增加一个单位，可以使所有产业的产值增加 1.23925 个单位，其中带动最大的产业仍然是金融保险业，产值增加了 0.14484 个单位；2007 年，中国房地产业的产值每增加一个单位，可以使所有产业的产值增加 1.17006 个单位，其中带动最大的产业变成化学工业，产值增加了 0.09365 个单位，而金融保险业有所下降，产值只增加了 0.07871 个单位。

表 5-10　中国房地产业对主要产业的总带动效应

年份	1997		2002		2007	
排名	产业	总效应	产业	总效应	产业	总效应
1	金融保险业	0.14541	金融保险业	0.14484	化学工业	0.09365
2	商业	0.14470	公共管理和社会组织	0.10983	金融保险业	0.07871
3	建筑业	0.09368	批发和零售贸易业	0.09017	批发和零售贸易业	0.07185
4	非金属矿物制品业	0.09286	建筑业	0.07571	金属冶炼及压延加工通信设备、	0.06358
5	化学工业	0.08959	化学工业	0.06225	计算机及其他电子设备制造业	0.05951
6	社会服务业	0.08673	租赁和商务服务业	0.05903	建筑业	0.05265
7	金属冶炼及压延加工业	0.05448	金属冶炼及压延加工业	0.05323	租赁和商务服务业	0.04783

　　① 李玉杰、王庆石：《房地产业对相关产业带动效应的国际比较研究》，《世界经济与政治论坛》2010 年第 6 期，第 84 页。

续表

年份	1997		2002		2007	
8	机械工业	0.04892	通信设备、计算机及其他电子设备制造业	0.04973	通用、专用设备制造业	0.04514
9	农业	0.04848	交通运输及仓储业	0.04819	电力、热力的生产和供应业	0.04281
10	电气机械及器材制造业	0.04461	通用、专用设备制造业	0.04216	电气机械及器材制造业	0.04110
	对40个产业总效应	1.41615	对40个产业总效应	1.23925	对40个产业总效应	1.17006

资料来源：李玉杰、王庆石：《房地产业对相关产业带动效应的国际比较研究》，《世界经济与政治论坛》2010年第6期，第85页。

本书引用国家统计局最近几年的统计数据，重点考察房地产业对金融业的带动作用。表5-11表明，金融业提供给房地产业、租赁和商务服务业的中间使用呈现上升趋势，由2002年的4985406.1万元增长至2012年的67498057.16万元，增长了十三倍多。再看房地产业等中间使用占总的金融业中间使用的比例，也呈增长趋势。伴随着房地产业的繁荣，其占比从开始的一位数一路飙升，直至2012年的28.33%，2007年由于受到全球金融危机的影响该比例有所下降。

表5-11 房地产业等中间使用①与总金融业中间使用情况表

年份	金融业的中间使用（万元）	金融业提供给房地产业、租赁和商务服务业的中间使用（万元）	房地产业等中间使用占总的金融业中间使用之比
2002	71168198.65	4985406.1	7.01%
2005	39472396.99	6642948.4	16.83%
2007	60497405.44	8382974.29	13.86%
2010	113059491.6	22778299.33	20.15%

---

① 中间使用是投入产出分析使用术语，指生产单位在生产过程中消耗或转换的物质产品和服务，或者说是其他部门产出在本部门的使用。

年份	金融业的中间 使用（万元）	金融业提供给房地产业、租赁和 商务服务业的中间使用（万元）	房地产业等中间使用占总 的金融业中间使用之比
2012	238262754.6	67498057.16	28.33%

资料来源：国家统计局网站。

（二）对住宿和餐饮业的直接带动效应

住宿和餐饮业是典型人群依赖产业，人群聚集得越多，发展速度越快，本书将根据 2006—2015 年住宿和餐饮业相关增速及房地产开发投资增速分析房地产对住宿餐饮的直接带动效应。

由表 5-12 相关数据可知，从 2006 年开始至 2015 年，房地产开发投资在逐年增加，而这十年间住宿和餐饮业固定资产投资（不含农户）也在逐年递增，住宿和餐饮业固定资产投资的增加导致营业额和增加值的递增，说明房地产的繁荣确实对住宿和餐饮行业有一定的直接带动效应。再由相关分析可知，住宿和餐饮业增加值增速、住宿和餐饮业固定资产投资（不含农户）增速以及住宿和餐饮业营业额增速虽然在这十年间有高有低，但其与房地产开发投资增速的起伏基本上是一致的。

表 5-12　2006—2015 年住宿和餐饮业相关增速及房地产开发投资增速情况表

年份	住宿和餐饮业 增加值（亿元）	住宿和餐饮业固定资产 投资（不含农户） （亿元）	住宿和餐饮业 营业额（亿元）	房地产开发 投资（亿元）
2006	4792.6	938.72	3125.5	19422.9
2007	5548.1	1329.89	3711.5	25288.8
2008	6616.1	1735.04	4824.43	31203.2
2009	6957	2328.61	4947.06	36241.8
2010	7712	2980.16	5992.99	48259.4
2011	8565.4	3918.81	7070.94	61796.9
2012	9536.9	5107.58	7954.28	71803.8
2013	10228.3	6012.41	8061.32	86013.4
2014	11158.5	6188.74	8150.6	95035.6
2015	12153.7	6504.23	8512.23	95979

资料来源：根据国家统计局相关数据计算而得。

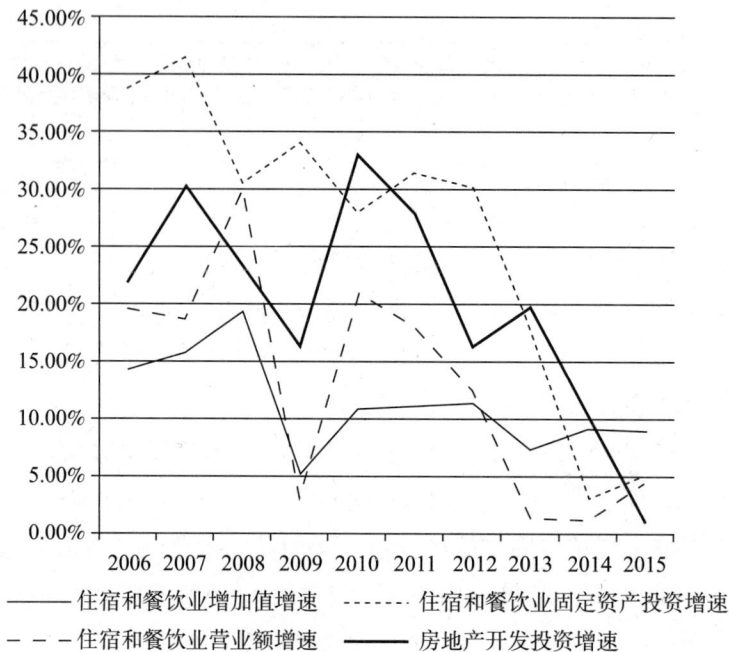

图5-7　2006—2015年住宿和餐饮业相关增速及房地产开发投资增速折线图

资料来源：根据国家统计局相关数据计算所得。

第二节　房地产市场繁荣对政府投资的带动效应

长期以来，人们存在一种惯性的思维模式，认为房价的飞速上涨，主要原因是地方政府为了获得更大的自身利益，与房地产企业"合谋"所致。甚至有人认为，中国的土地财税模式"绑架"了地方政府，并且成为中国经济发展的巨大阻碍。这种观点的不足之处在于对政府投资的职能认识不到位。

一、政府投资的概念与职能

为更好地理解政府投资的概念，首先必须明确投资的概念。在《资本论》第三卷中，马克思认为"投资，即货币转化为生产资本"。随着商品经济的逐渐发展，投资的概念随着资本涵盖范围的拓宽而不断扩展，例如加入了人力资本、技术、公共资本等要素，逐渐形成较为成熟的完整概念，"投资既是资本的形成……不仅包括企业投资，还包括政府投资、家庭投资和非营利组织投资。投资不仅包含有形资本，还包括无形资本和人力资本的获得"[1]。上述定义基本包含了西方学界对投资的认识，在国内也具有代表性，但与国内一些学者的定义也有一些差别，例如有的学者更加强调增值性和盈利性，"国家、企业或者个人，通过垫支货币或是物资以此来获得价值增值或者盈利性固定资产的经济活动"[2]。有的学者强调社会效益性，"投资是经济主体将现期的一定收入通过一些方式转化为资本以期获取预期的不确定的经济利益"[3]。由于对投资的含义理解不同，对政府投资概念的理解也有不同。

本书认为政府投资是以政府为投资主体，利用财政资金投资或者由代表政府的国企进行投资，形成产权属于国家的国有资产。从政府投资的定义上看，政府投资与公共投资很相似，因此人们有时会将政府投资与公共投资等同而视，但从严格意义上来讲，政府投资与公共投资两者之间是有区别的，因为公共投资指对公共产品或公共服务领域的投资，这种投资可能是政府直接投资，也有可能是政府将公共产品或公共服务委托给私营企业，由其完成投资，因此公共投资与政府投资之间既有交叉也有不同。

从投资范围来看，在中国计划经济时代，政府是主要的投资主体，它不仅投资于公共产品或公共服务，还投资于非公共产品。在计划经济转变为社会主义市场经济后，政府投资的范围发生了一些结构上的调整，虽主要在公共领域，即包括公益性项目和基础设施项目[4]，但是并没有完全退出非公共产品领域，对一些关乎国民经济命脉的重要行业仍有投资。总的来看，政府投资具有以下职能：

一是均衡社会投资，发挥宏观调控作用。当经济下行、社会投资低迷时，政府增加投资可扩大社会需求，带动经济发展。当经济过度扩张、通货膨胀严重时，政府减少投资可缓解经济过热。

---

① 约翰·伊特韦尔、米尔·盖特、彼得·纽曼·新帕尔格雷夫：《经济学大辞典》第二卷，经济科学出版社 1996 年版，第 1053 页。
② 徐文通：《投资大词典》，中国人民大学出版社 1992 年出版，第 1 页。
③ 杨大楷：《中级投资学》，上海财经大学出版社 2004 年出版，第 3 页。
④ 政府允许实力较强的私营企业或企业集团对有盈利能力的公益性和基础性项目进行投资。

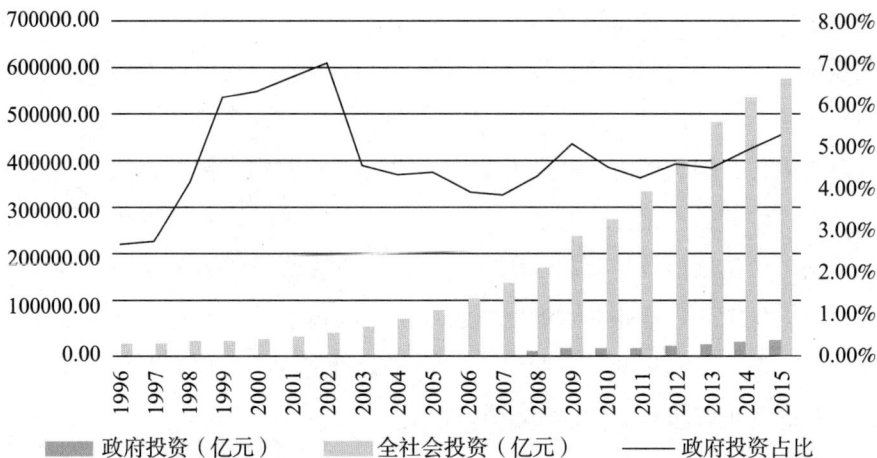

图5-8　1996—2015年政府投资与全社会投资变化趋势图

资料来源：国家统计局网站。

二是调节投资结构、引导社会投资方向。国家在经济发展的不同时期需要结合实际制定不同的产业政策，确定产业发展的先后次序。政府要对国民经济薄弱环节，对社会效益大而经济效益不显著的产业予以重点扶持，调整投资比例关系，促进投资结构优化。在社会主义市场经济建设过程中，政府不再是唯一的投资主体，政府投资可以起先导和示范作用，引导社会投资更多地投入国家鼓励发展的产业和领域。

三是为社会投资创造良好的投资环境。公共设施、社会基础设施及软环境关系着百姓生活的方方面面，影响地区投资环境，但相当部分无法实现商品化经营或商品化程度很低，无法实现投入产出的良性循环，需要政府投资来完成。

四是支持区域内国家重点项目建设。政府集中力量投资于基础项目和支柱产业项目，从资金、劳动力供给、移民搬迁等方面为重点项目建设提供保障，同时通过各项政策和经济手段，推动资产的重组，提高经济运行效率。

二、政府投资的乘数效应

从西方经济学理论史来看，乘数概念最早由英国经济学家卡恩在1931年出版的《国内投资与失业的关系》一书中提出。该理论可以简要描述为当净投资增加时，总就业增量与初始就业增量成倍数关系。投资乘数指一笔初始投资会产生一系列连锁反应，最终使整个社会经济总量成倍增加，这一概念最早出现在凯恩斯于1936年出版的《就业、利息和货币通论》。

（一）投资乘数的计算

在凯恩斯乘数理论中，用支出法表示的国内生产总值（GDP），等于国内消费、企业投资（Ic）与政府投资（Ig）三个部分之和，其中C表示国内消费，I表示国内投资，所以有：

$$GDP = 国内消费 + 国内投资 = C + I = C + Ic + Ig \qquad (5-1)$$

根据凯恩斯的静态投资乘数理论[①]，乘数效应与消费具有密切联系：消费是投资乘数效应发挥作用的前提条件，决定乘数效应大小的关键因素是边际消费倾向。边际消费倾向表示收入每增加一个单位，带来的消费增加量。用MPC表示边际消费倾向，ΔC表示消费的增加量，ΔY表示国民收入的增加量，则$MPC = \dfrac{\Delta C}{\Delta Y}$。消费函数是关于可支配收入（$Yd$）的函数，用$Y$表示国民收入，$Tt$表示总税收，$T$表示税率，暂不考虑转移支付：

$$Yd = Y - Tt = Y \times (1 - T) \qquad (5-2)$$

C表示为国内消费，C_0表示自主消费，则消费函数可以表示为：

$$C = C_0 + MPC \cdot (1 - T) \cdot Y \qquad (5-3)$$

在均衡条件下，国民收入Y等于国内生产总值GDP，将5-3式代入5-1式中，整理可得：

$$Y = C_0 + MPC \cdot (1 - T) \cdot Y + Ic + Ig \qquad (5-4)$$

在企业投资、税率和边际消费倾向均不发生变化的条件下，仅由政府投资的改变而使国民收入发生改变，并达到新的均衡，则5-4式可以改写为：

$$\Delta Y = MPC \cdot (1 - T) \cdot \Delta Y + \Delta Ig \qquad (5-5)$$

由5-5式子解出ΔY，可得：

$$\Delta Y = \frac{1}{1 - MPC(1 - T)} \cdot (\Delta Ig) \qquad (5-6)$$

---

① 该理论也是构成国民收入决定的重要部分。

即可得政府投资乘数为：

$$Kg = \frac{1}{1 - MPC(1 - T)} \qquad (5-7)$$

总边际消费倾向如何影响投资乘数呢？消费函数（C）是关于可支配收入（Yd）的函数，斜率为边际消费倾向（MPC），斜率越大，边际消费倾向越大，每增加一单位的可支配收入中用于消费的比例越多。纵坐标表示利率 R，横坐标表示产出 Y，IS 曲线表示商品市场均衡，LM 曲线表示金融市场均衡，两曲线交点的含义为商品市场和金融市场同时达到均衡。在初期政府投资增加 ΔIg 时，首先增加当期消费，进而促进产出增加 ΔY_1，因此曲线 E_1 右移到 E_2 位置，但是过程并没有结束：当期的消费增加，可以使下期的投资增加，下期的投资增加又可以使就业量增加，就业量增加又可以使收入增加，如此循环下去，最终曲线从 E_2 右移到 E_3 位置，总产出又增加 ΔY_i，这就是政府的投资乘数效应。

在开放经济系统中，包括了家庭、企业、政府和进出口四个部门。用支出法表示国内生产总值（GDP），等于国内消费、企业投资（Ic）与政府投资（Ig）、出口（X）与进口（M）之和，可以表示为：

$$GDP = C + Ic + Ig + X - M \qquad (5-8)$$

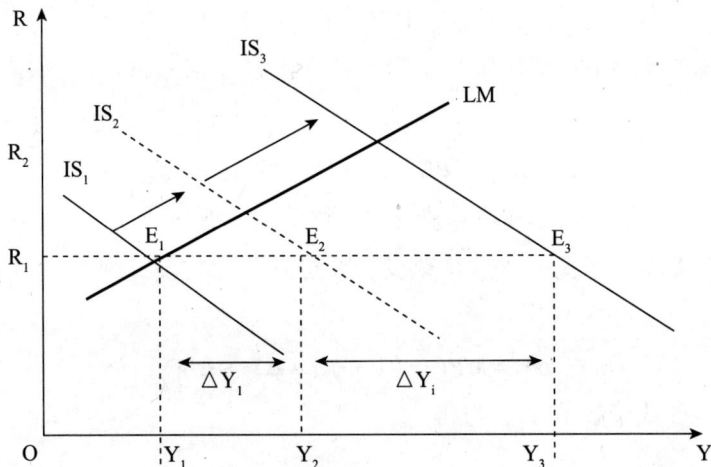

图 5-9　政府投资乘数效应过程图①

① 张姗姗：《中国政府支出政策效果的实证研究》，硕士学位论文，西南财经大学经济系，2009 年，第 44 页。

由于本国居民将一部分可支配收入用于购买国外商品，必然会减少对本国商品的需求，形成对本国商品的替代，降低国内消费，减少了下期投资，使投资乘数变小，因此当其他条件一定时，边际进口倾向越高，投资乘数越小。边际进口倾向（MPI）表示国内居民每增加一单位的收入用于购买国外产品的比例。不考虑价格因素的影响，进口是关于本国居民收入的函数，M_0 表示自发进口，用公式可以表示为：

$$M = M_0 + MPI \cdot Y \qquad (5-9)$$

在均衡条件下，国民收入 Y 等于国内生产总值 GDP，将上式 5-3 与 5-9 同时代入 5-10 中，可得：

$$Y = C_0 + MPC \cdot (1 - T) \cdot Y + Ic + Ig + X - (M_0 + MPI \cdot Y) \qquad (5-10)$$

在企业投资、税率、边际消费倾向和边际进口倾向均不发生变化的条件下，仅由政府投资的改变而使国民收入发生改变，并达到新的均衡，则 5-10 式子可以改写为：

$$\Delta Y = MPC * (1 - T) * \Delta Y + \Delta Ig - MPI \cdot \Delta Y \qquad (5-11)$$

由 5-12 式子解出 ΔY，可得：

$$\Delta Y = \frac{1}{1 - MPC(1 - T) + MPI} \cdot \Delta Ig \qquad (5-12)$$

即可得开放经济中政府投资乘数为：

$$Kg = \frac{1}{1 - MPC(1 - T) + MPI} \qquad (5-13)$$

从 5-7 和 5-13 两个式子中，可以看出凯恩斯政府投资乘数在开放经济中的作用要小于在封闭经济中的作用。

需要注意的是：乘数效应包括正负两种情况，当政府投资扩大、税收减少时，可以加倍增加国民收入，从而产生正效应，即产生宏观经济的扩张效应；当政府投资减少、税收增加时，会使国民收入加倍收缩，从而产生负效应，即产生宏观经济的紧缩效应，因此在制定宏观政策时，要慎重考虑政府投资变动的影响。政府投资政策在总需求和总供给调节方面起着非常重要的作用。政府在对基础设施、教育科研等方面进行投资时，促使经济资源发生变化。其次，由于总供给曲线是渐渐向右移动①，因此政府投资的乘数效应要发挥作用，需要经历较长的时间。

（二）中国政府投资乘数效应的估算

根据上述政府投资乘数的理论基础，选取 1998—2015 年的数据，估算中国封闭经济系统中②政府投资乘数值。在表 5-13 中，第五列数据到第九列数据是出以下公式计算所得：国内生产总值增加额＝该年国内生产总值－上年国内生产总值，消费总额增加额＝该年消费总额－上年消费总额，平均税率

$$T = \frac{税收总额}{该年\ GDP\ 总额},\quad 边际消费倾向\ MPC = \frac{该年消费总额增加额}{该年国内生产总值增加额},\quad 政府投$$

资乘数值 $= \frac{1}{1 - MPC\ （1 - T）}$。该表反映出：1999—2015 年间，政府投资乘数值呈缓慢上升的趋势，在一定的小范围内波动，这 17 年间政府投资乘数平均值仅为 1.59，即理论上来说政府增加投资 1 亿元，国民收入增加 1.59 亿元。

表 5-13　1998 年—2015 年间封闭经济系统中中国政府投资乘数估算值

年份	国内生产总值（亿元）	消费总额（亿元）	税收总额（亿元）	国内生产总值增加额	消费总额增加额	平均税率	边际消费倾向值	政府投资乘数值
1998 年	85195.50	33378.10	9262.80					
1999 年	90564.40	35647.90	10682.58	5368.90	2269.80	0.12	0.42	1.59
2000 年	100280.10	39105.70	12581.51	9715.70	3457.80	0.13	0.36	1.45
2001 年	110863.10	43055.40	15301.38	10583.00	3949.70	0.14	0.37	1.47
2002 年	121717.40	48135.90	17636.45	10854.30	5080.50	0.14	0.47	1.67
2003 年	137422.00	52516.30	20017.31	15704.60	4380.40	0.15	0.28	1.31
2004 年	161840.20	59501.00	24165.68	24418.20	6984.70	0.15	0.29	1.32
2005 年	187318.90	68352.60	28778.54	25478.70	8851.60	0.15	0.35	1.42
2006 年	219438.50	79145.20	34804.35	32119.60	10792.60	0.16	0.34	1.39

---

① 因为当期政府投资增加，可以增加当期消费，即增加当期需求，但供给并不能及时调整，只能在下期增加，因此总供给是渐渐向右移动的。

② 根据本书中推导公式，只考虑边际消费倾向和税率两个因素。

年份	国内生产总值（亿元）	消费总额（亿元）	税收总额（亿元）	国内生产总值增加额	消费总额增加额	平均税率	边际消费倾向值	政府投资乘数值
2007 年	270232.30	93571.60	45621.97	50793.80	14426.40	0.17	0.28	1.31
2008 年	319515.50	114830.10	54223.79	49283.20	21258.50	0.17	0.43	1.56
2009 年	349081.40	133048.20	59521.59	29565.90	18218.10	0.17	0.62	2.05
2010 年	413030.30	158008.00	73210.79	63948.90	24959.80	0.18	0.39	1.47
2011 年	489300.60	187205.80	89738.89	76270.30	29197.80	0.18	0.38	1.45
2012 年	540367.40	214432.70	100614.28	51066.80	27226.90	0.19	0.53	1.77
2013 年	595244.40	242842.80	110530.70	54877.00	28410.10	0.19	0.52	1.73
2014 年	643974.00	271896.10	119175.31	48729.60	29053.30	0.19	0.60	1.95
2015 年	689052.10	300930.80	124922.20	45078.10	29034.70	0.18	0.64	2.12

资料来源：第二列到第四列数据来源于国家统计局网站，第五列到第九列数据是根据前四列数据计算而得。

其次估算开放经济系统中①中国政府投资乘数值。因为进口量受国家政策等外在因素的严重影响，因此在计算第十列数据时采用平均进口倾向 $= \dfrac{\text{该年进口总额}}{\text{该年 GDP 总额}}$。因为进口对于中国国内生产总值来说，是一项漏出项，会削减政府投资效应，因此估算出来的政府投资乘数值比封闭经济系统中的值要小一些，但总体上来说，政府投资乘数值还是呈缓慢上升的趋势，在一定的小范围内波动，但政府投资乘数平均值仅为 0.91，比封闭经济系统中政府投资乘数的值小 0.68。

总的来说，不管在封闭经济系统还是开放经济系统中，本书估算出来的政府投资乘数偏低。一方面原因是全国居民的消费不足，边际消费倾向总体上来说缓慢增加，但边际消费倾向的平均值仅达 0.43，说明居民将一半以上的收入用于储蓄，只将一半不到的收入用于消费。消费倾向偏低，有效需求不足，进而影响下一期的投资、就业和收入，因此估算出来的投资乘数值也较低。

---

① 根据本书中推导公式，考虑边际消费倾向、税率和边际进口倾向三个因素。

表5-14 1999—2015年间开放经济系统中国政府投资乘数估算值

年份	国内生产总值（亿元）	消费总额（亿元）	进口总额（亿元）	税收总额（亿元）	国内生产总值增加额	消费总额增加额	平均税率	边际消费倾向值	平均进口倾向	政府投资乘数值
1999年	90564.40	35647.90	29896.30	10682.58	5368.90	2269.80	0.12	0.42	0.33	1.04
2000年	100280.10	39105.70	39273.20	12581.51	9715.70	3457.80	0.13	0.36	0.39	0.93
2001年	110863.10	43055.40	42183.60	15301.38	10583.00	3949.70	0.14	0.37	0.38	0.94
2002年	121717.40	48135.90	51378.20	17636.45	10854.30	5080.50	0.14	0.47	0.42	0.98
2003年	137422.00	52516.30	70483.50	20017.31	15704.60	4380.40	0.15	0.28	0.51	0.78
2004年	161840.20	59501.00	95539.10	24165.68	24418.20	6984.70	0.15	0.29	0.59	0.74
2005年	187318.90	68352.60	116921.80	28778.54	25478.70	8851.60	0.15	0.35	0.62	0.75
2006年	219438.50	79145.20	140974.00	34804.35	32119.60	10792.60	0.16	0.34	0.64	0.74
2007年	270232.30	93571.60	166863.70	45621.97	50793.80	14426.40	0.17	0.28	0.62	0.72
2008年	319515.50	114830.10	179921.47	54223.79	49283.20	21258.50	0.17	0.43	0.56	0.83
2009年	349081.40	133048.20	150648.06	59521.59	29565.90	18218.10	0.17	0.62	0.43	1.09
2010年	413030.30	158008.00	201722.15	73210.79	63948.90	24959.80	0.18	0.39	0.49	0.86
2011年	489300.60	187205.80	236401.95	89738.89	76270.30	29197.80	0.18	0.38	0.48	0.85
2012年	540367.40	214432.70	244160.20	100614.28	51066.80	27226.90	0.19	0.53	0.45	0.98
2013年	595244.40	242842.80	258168.90	110530.70	54877.00	28410.10	0.19	0.52	0.43	0.99
2014年	643974.00	271896.10	264241.77	119175.31	48729.60	29053.30	0.19	0.60	0.41	1.08
2015年	689052.10	300930.80	245502.93	124922.20	45078.10	29034.70	0.18	0.64	0.36	1.21

资料来源：第一列到第五列数据来源于国家统计局网站，第六到第十一列数据是根据前五列列数据计算而得。

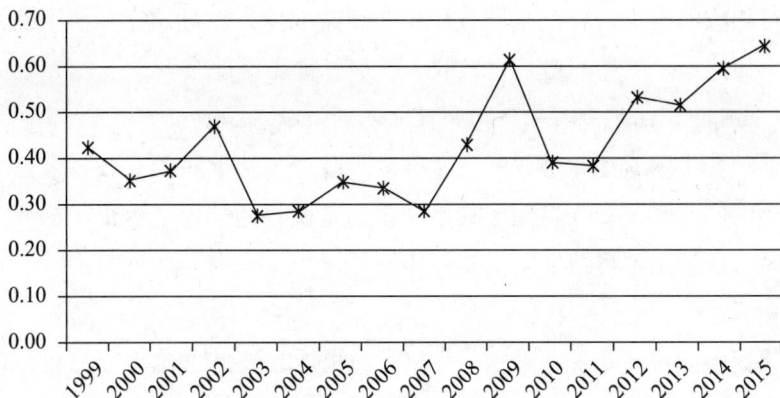

图 5-10　边际消费倾向变化图

资料来源：根据国家统计局网站数据计算所得。

另一方面原因是本书选取的模型和指标对估算结果也有一定影响。王金明、高铁梅考虑了消费、税率与进口三个因素，采用了可变参数模型计算政府投资乘数，选取 1994—2003 年的相关数据，计算出政府投资乘数在 1.34—1.64 之间波动[①]。张姗姗考虑了边际消费倾向、边际进口倾向与边际投资倾向三个因素，通过 IS—LM 模型测得政府投资乘数为 1.9[②]。谷安平考虑了边际消费倾向、边际税率、边际进口倾向、边际投资倾向与边际货币需求率五个因素，运用 VAR 模型计算金融危机前中国动态的政府投资乘数值，该文选取 1998 年第一个季度到 2007 年第三个季度的相关数据，得出第一期乘数值为 3.824，最后一期累计政府投资乘数为 4.441[③]。尽管采用不同方法估算出来的政府投资乘数确有差异，但总的来说政府投资能够达到使国民收入成倍增长的效应。而房地产市场繁荣会增强政府的投资能力，使国民收入成倍增加。

三、房地产市场繁荣增加政府投资能力

政府首先通过财政收入获取资金，再针对当前经济社会面临的实际问

---

① 王金明、高铁梅：《利用可变参数模型估算中国开放经济乘数》，《世界经济》2004 年第 7 期。

② 张姗姗：《中国政府支出政策效果的实证研究》，硕士学位论文，西南财经大学经济系，2009 年，第 46 页。

③ 谷安平：《金融危机后中国投资乘数影响因素及政府投资传导机制的数量研究》，博士学位论文，西南财经大学经济系，2010 年，第 77—88 页。

题进行相应的支出，以此来调节社会各利益群体，促进国家经济平衡协调发展。而房地产繁荣对政府财政收入增加有重要促进作用。

（一）中国土地财税收入对财政收入的贡献

伴随着中国城镇化进程的飞速推进，政府土地财税模式发挥着巨大作用，为中国的经济社会发展尤其是城镇的基础设施建设，提供了必要的资金保障，成为了不可或缺的重要一环。

1. 全国土地出让金收入

根据中国统计年鉴的数据，中国土地出让收入由 2003 年的 5421.31 亿元，增长到了 2012 年的 28042.28 亿元；地方财政收入由 2003 年的 9849.98 亿元增长到了 2012 年的 61078.29 亿元，增长了 3 倍。从具体数据来看，2003 年至 2012 年地方财政收入一直保持增长，仅在 2008 年和 2012 年由于土地收入下滑而出现下滑。究其原因，2008 年受到美国金融危机的影响，全球经济出现下滑，中国也未能幸免，整体经济不景气，房地产市场以及土地市场受到波及，总体需求减少，从而土地出让收入也相应下滑。但其后随着全球经济的复苏以及中国"四万亿经济刺激计划"的实施，土地市场出现回暖，并保持不断增长的强劲势头。伴随着国内的基础设施建设的快速推进，土地财政在其中不断发挥着垫脚石的作用，为中国经济发展提供了源源不断的财政来源。具体来看 2003—2012 年政府对土地财政依赖程度①，呈现出先抑后扬、稳中有升的趋势，土地出让收入在政府财政收入中的占地由 2003 年的 55%下降至 2008 年的 35%，降至该十年的最低点，随后又调头不断上升，2010 年达到历史最高点 67%，综合来看，土地依赖程度平均保持在 50%以上的较高水平。

我们不难解释上述趋势：一方面，中国目前仍处于社会主义建设的初级阶段，城镇化率急需进一步提升，继而产生了对城市建设用地的刚性需求，导致土地出让收入大幅度增长；另一方面，随着经济的发展，城市基础设施建设愈来愈完善，公共服务水平逐步提高，城市综合发展水平稳步提升，城市的规模效应逐步体现，带动城市土地价格上涨，导致土地出让收入大幅度增加。

---

① 土地财政依赖定义为土地出让收入与地方财政预算内收入的比值。

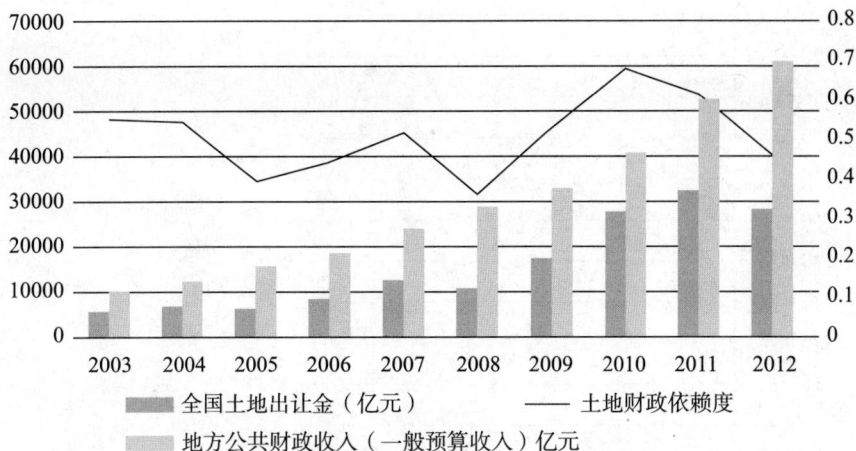

图 5-11 2003—2012 年土地财政依赖情况

资料来源：中国统计年鉴。

　　由于区域经济发展不平衡，土地出让收入也存在较大差异。根据地理位置和经济发展水平差异，从中国东部沿海经济较发达地区、中部经济发展中等地区和西部经济发展较落后地区选取代表省份，如东部经济较发达地区选取山东省作为代表、中部经济发展中等地区选取江西省作为代表、西部经济发展较为落后地区选取云南省作为代表。通过对各地区代表省份的数据进行比较，分析各地区土地出让收入变化规律。

　　土地出让收入与经济发展程度基本保持一致。经济较为发达的地区，其土地出让收入较高，其土地出让收入占财政收入的比例也较高。经济发展较慢的地区，其土地出让收入较低，其土地出让收入占财政收入的比例也较低。从时间序列看，无论是经济发达地区，还是经济欠发达地区，其土地出让收入波动趋势相对一致，呈现出中间低、两头高的态势，与房地产业发展趋势一致。

　　2. 全国土地税收[①]收入

　　土地税收是中国土地财税模式的另一个重要组成部分。与土地出让收入相比，土地税收征收范围广、类别多，存在于土地的购买、建设、交易等多

───────────

　　① 土地税收包含有：资源税、城市维护建设税、房产税、城镇土地使用税、土地增值税、耕地保护税、契税等税种。

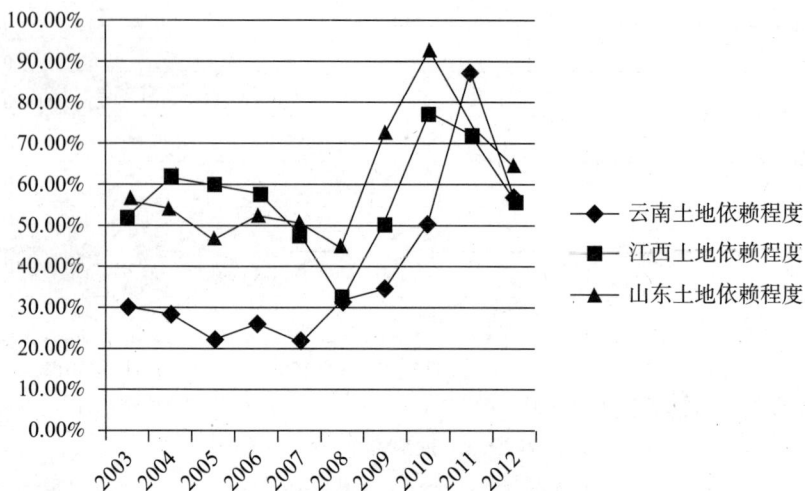

图 5-12　2003—2012 年代表省份土地依赖变化趋势图

资料来源：中国统计年鉴。

个环节。为更清晰地介绍中国的土地税收情况，本书立足于房地产开发企业土地交易流程，分析各个环节缴纳的税收，来说明中国土地税收的概况。

表 5-15　关于土地税收的税目统计①

购买土地环节所涉及的税种	建设环节涉及的税种	经营环节设计的税种
耕地占用税	城镇土地使用税	车船税
契税	印花税	个人所得税

---

① 耕地占用税：国家对占用耕地建房或者从事其他非农业建设的单位和个人，依据实际占用耕地面积，按照规定税额一次性征收的一种税。

契税：以所有权发生转移变动的不动产为征税对象，向产权承受人征收的一种财产税。

城镇土地使用税：以在中国境内的城市、县城、建制镇和工矿区范围内使用土地为征税对象，以实际占用土地面积为计税标准，按规定税额对拥有土地使用权的单位和个人征收的一种税。

资源税：以各种应税自然资源为课税对象，为了调整资源级差收入并体现国有资源有偿使用而征收的一种税。

城市维护建设税：以纳税人实际缴纳的产品税、增值税、营业税额为计税依据，分别与产品税、增值税、营业税同时缴纳。

土地增值税：对有偿转让国有土地使用权、地上建筑物及其附着物并取得增值收益的单位和个人征收的一种税。

房产税：以房屋为征税对象，按照房屋的计税余值或租金收入为计税依据，向产权所有人征收的一种财产税。

购买土地环节所涉及的税种	建设环节涉及的税种	经营环节设计的税种
印花税	建安税	增值税
	房地产税	资源税
		营业税
		城市维护建设税
		教育费附加
		地方教育附加
		土地增值税
		企业所得税
		房产税

资料来源：国家住房和城乡建设部、国家财政部。

房地产快速发展为土地税收增长奠定了坚实的基础。2009年至今，房地产开发投资与地税收入保持了高度稳定的线性关系，其比值一直保持在1：0.2左右。即1亿元房地产投资增加约2000万元地税收入。

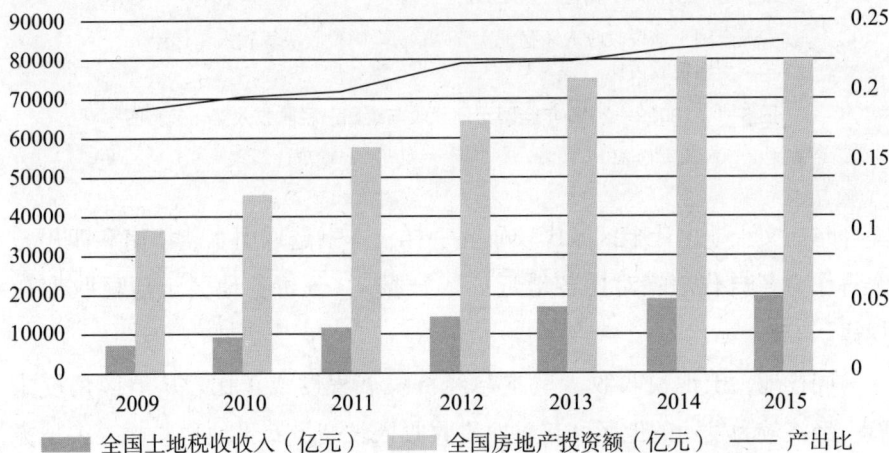

图5-13　2009—2015年房地产开发投资与地税收入比变化趋势图

资料来源：国家统计局。

从土地税收与总税收收入的关系来看，自2009年以来，中国土地税收占全国总税收收入的比重一直保持在15%左右的高位，房地产对税收的重要性可见一斑。2009年，全国税收收入为59521.59亿元，2016年增长到

130360.73 亿元，土地税收收入①从 2009 年的 6794.67 亿元增长到了 2016 年的 20002.16 亿元，保持着连续增长的势头。土地税收收入占总税收收入的比例则从 2009 年的 11.4%增长到了 2016 年的 15.3%，土地税收对总税收收入贡献率一直保持在了 15%左右的水平。同一时期，全国总税收年增长额与土地税收年增长额保持同样趋势。自 2010 年以来，除 2015 年外，土地税收增长额对总税收增长额的贡献率在 20%以上，一直保持在较高水平。

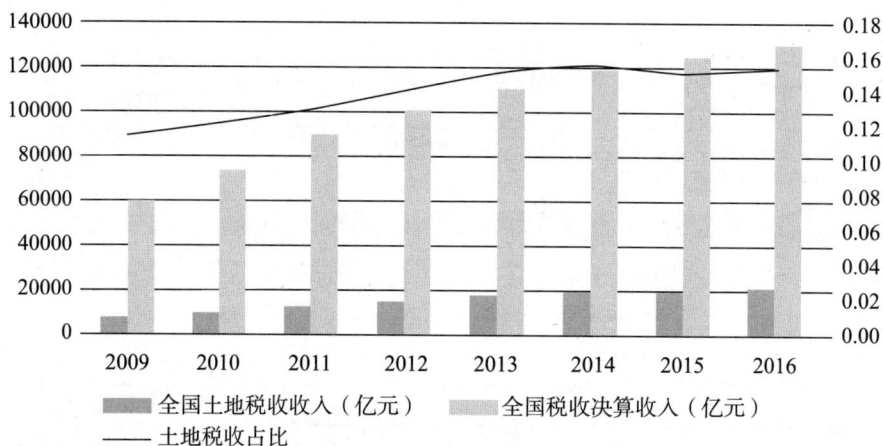

图 5-14　2009—2016 年全国土地税收与全国总税收收入变化趋势图

资料来源：国家财政部。

与前文土地出让金区域比较研究一样，本书选取山东、河南和四川三个省作为各自代表，对比各地近 5 年数据②，分析各地区土地税收变化规律。

同样地，土地税收收入基本与经济发展程度成正比。从地区角度来看，经济较为发达的地区，其土地税收收入较高，其土地税收收入占地方税收收入的比例也较高，经济发展较慢的地区，其土地税收收入较低，其土地税收收入占地方税收收入的比例也较低。从时间角度来看，无论是经

---

①　土地税收包含有：资源税、城市维护建设税、房产税、城镇土地使用税、土地增值税、耕地保护税、契税等税种。

②　由于 2011 年地方税收统计口径进行过调整，故只选取 2011 年后统计数据进行分析。

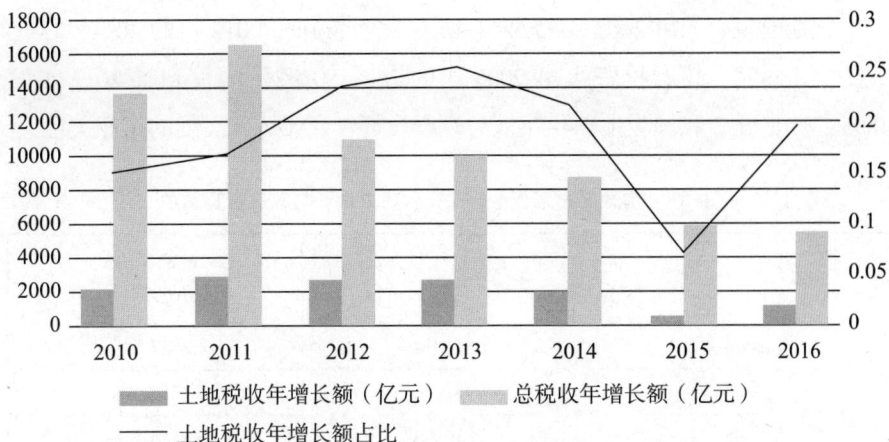

图 5-15　2010—2016 年土地税收年增长额占比变化趋势图

资料来源：国家统计局。

济发达地区，还是经济欠发达地区，其土地税收收入波动趋势相对一致，稳中有升，并一直保持在 30% 以上的较高水平。

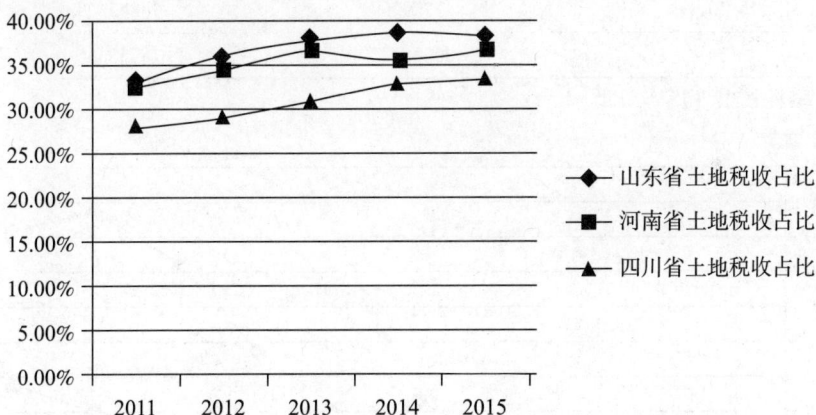

图 5-16　2011—2016 年代表地区土地税收占比变化趋势图

资料来源：山东省统计局、河南省统计局、四川省统计局网站。

（二）房地产市场繁荣对政府投资能力的贡献

房地产市场与土地财税模式具有共生共长关系，房地产市场繁荣促进土地财税增长，土地财税制度反过来推高房地产价格。通过财税收入增长，房地产市场繁荣提高政府投资能力。

土地财税收入由 2003 年的 6544.14 亿元增长到了 2012 年的 40946.97 亿元，与此同时，政府投资也由 2003 年的 2687.80 亿元增长到了 2012 年的 18958.66 亿元。我国土地财税收入与政府投资一直保持着高度的正相关性。

表 5-16 房地产市场繁荣带来财税收入增长与政府投资增加

年份	土地财税收入 （亿元）	政府投资 （亿元）
2003	6544.14	2687.80
2004	7951.46	3254.91
2005	7836.03	4154.29
2006	10440.07	4672.00
2007	16389.60	5857.06
2008	15167.33	7954.75
2009	23874.20	12685.73
2010	36299.02	13012.75
2011	43729.69	14843.29
2012	40946.97	18958.66

资料来源：国家统计局。

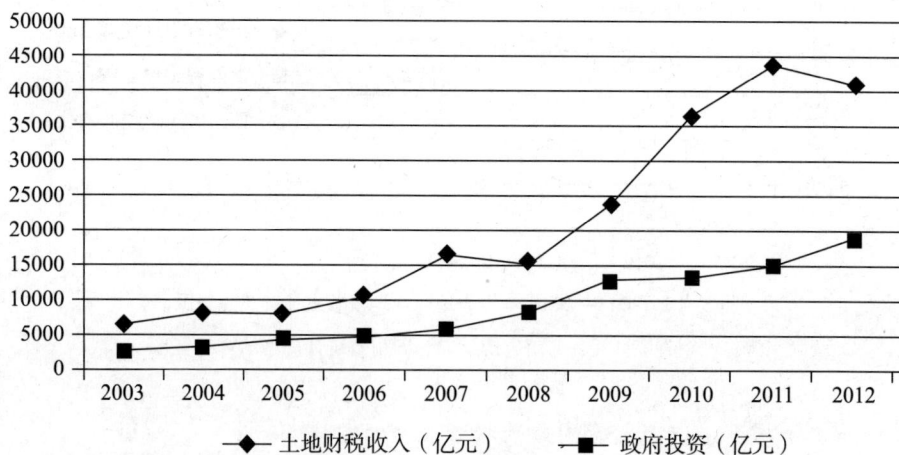

图 5-17 2003—2012 年全国土地财税收入与政府投资变化趋势图
资料来源：国家统计局。

中国正处在社会主义初级阶段，政府在经济活动中发挥着重要作用。第一，政府投资可以极大改善基础设施状况，提高人民生活水平和促进社会进步。基础设施建设投入量大，成本回收周期长，投入产出比并不均衡，靠私人资本来投资是不现实的。以目前中国大中城市建设的轨道交通为例，其票价只能勉强满足每日的运营成本，而轨道交通建设的前期投入十分巨大，但从城市发展的宏观层面来看，轨道交通所带来的整体规模效益又十分可观，如降低市民出行成本，提高经济运行效率，促进当地以及带动周边地区的经济发展，提升周边土地及土地附属物的价值等。这样的投资就只能由政府作为主体，才符合其公益性，教育、医疗等公共产品也是如此。公共产品（准公共产品）具有非排他性和非竞争性，其收益具有正外部性，私人资本因此不愿承担，只能由政府投资来提供资金①。第二，政府投资还发挥着宏观调控作用。当前受全球经济大环境影响，中国出口受挫，为促进和刺激经济发展，需要更多地依赖国内消费与投资。2008年中国经济受美国金融危机影响，出现下滑势头，中国政府紧急实施"四万亿投资"计划救市，成功将中国经济扭转到高速增长轨道。第三，政府利用土地财税收入进行投资，实际上是利用城市未来的升值做担保，为当前城市建设进行融资。这一模式在美国独立以后的很长一段时间一直被美国政府所使用，为美国城镇化、工业化建设立下了汗马功劳。

第三节　房地产市场繁荣对外商直接投资的带动效应

一、外商直接投资理论概述

外商直接投资的英文全称是 Foreign Direct Investment（简称 FDI），指一国的投资者（自然人或法人）跨国境投入资本或其他生产要素，以获取或控制相应的企业经营管理权为核心，以获得利润或稀缺生产要素为目的的投资活动。改革开放以来，外商直接投资为中国带来了大量稀缺的资

---

① 部分（准）公共产品也可由私人资本提供，但并不占多数，如收费公路、（私立）教育等。

本、国际上比较先进的技术和管理经验，极大地促进了中国经济发展。国内外学者对外商直接投资的研究已经取得一定成果，本节通过对相关理论和文献的梳理，结合我国的实际情况，说明中国房地产业对外商直接投资存在的吸引力。

国际上比较著名的外商直接投资理论主要包括垄断优势理论、产品生命周期理论、国际生产折中理论等。

（一）垄断优势理论

垄断优势理论作为最早研究外商直接投资的独立理论，由美国经济学家海默（Stephan Hymer）首次提出。海默认为美国企业到国外投资的原因在于其具有国际化经营的垄断优势①，后 C. P. 金德贝格对海默提出的垄断优势进行了补充和发展，认为跨国公司拥有的垄断优势来自产品市场和生产要素市场的不完全优势以及企业拥有的内外部规模经济。垄断优势理论研究不完全竞争和境外直接投资的内在关联，将境外直接投资与境外证券投资区别开来，指出国际间利率差异不能解释境外直接投资；说明知识密集型产业的境外直接投资与发达国家之间双向投资问题；把资本国际流动研究从流通领域转入生产领域，提出了研究对外直接投资的新思路，对后来的理论研究产生重要影响。垄断优势理论的局限在于缺乏普遍性，对拥有技术优势的企业对外投资、跨国公司在直接投资中的地理布局和区位选择、发展中国家的对外直接投资特别是发展中国家向经济发达国家的直接投资这些问题无法解释。②

（二）产品生命周期理论

产品生命周期理论由美国哈佛大学弗农（R. Vernon）教授首次提出，他提出产品生命周期具有三个阶段：产品创新阶段、产品成熟阶段、产品标准化阶段，不同阶段需要选择不同方式和生产区位。该理论解释了二战后美国向西欧国家进行直接投资的原因。但它是研究美国特定时期境外直接投资的产物，局限于具有创新性的制造业等行业，不适合解释其他情况的境外直接投资，例如国际分工条件下的境外直接投资行为，以及发展中

---

① 杨大楷：《国际投资学》（第四版），上海财经大学出版社 2011 年版，第 58 页。
② 杨大楷：《国际投资学》（第四版），上海财经大学出版社 2011 年版，第 59 页。

国家的对外直接投资行为。该理论最重要的一个前提"完全竞争市场"在现实生活中也难以满足。[①]

（三）国际生产折中理论

英国经济学家邓宁（John H. Dunning）1977年提出折中理论[②]来解释FDI，后于1981年对折中理论作了更为系统化、理论化的阐述。他提出进行对外直接投资需满足三大优势：所有权优势（Ownership-Specific Advantages）、内部化优势（Internalization Incentive Advantages）、区位优势（Location-Specific Advantages），因此国际生产折中理论也称三优势理论（OIL理论）。企业要依据优势情况制定对外经济活动的方式，当企业仅有所有权优势时，应以非股权安排的方式，当企业既有所有权优势，又有内部化优势时，采取国内生产然后出口的方式，同时具备三种优势时，则应以对外直接投资形式实现利益最大化。这三组变量的不同组合决定了一个企业国际经济活动的方式，如表5-17所示：

表5-17　企业跨国经营方式的选择

方式	所有权优势	内部化优势	区位优势
对外直接投资（投资式）	√	√	√
出口（贸易式）	√	√	×
无形资产转让（契约式）	√	×	×

注："√"代表具有或应用某种优势；"×"代表缺乏或丧失某种优势。

国际生产折衷理论的优点在于：综合性强、解释面广，被认为是至今为止最完备的跨国公司 FDI 理论，可以确定并解释企业关于直接投资、商品出口、非股权转让三种经济活动的选择行为。该理论的缺陷在于：决定 FDI 的变量之间存在重叠或冲突。该理论主要从微观视角展开分析，但是忽视了不同生产关系下境外直接投资性质与特征的差异，所以对一些发展中国家特别是社会主义国家的国有企业境外直接投资行为无法作出科学全面的解释，也无法解释发达国家之间的相互直接投资。该理论强调企业必

① 杨大楷：《国际投资学》（第四版），上海财经大学出版社 2011 年版，第 62 页。
② 杨大楷：《国际投资学》（第四版），上海财经大学出版社 2011 年版，第 64 页。

须同时具有三种优势才能进行对外直接投资，但是三种优势也具有某种替代性，在不同时具有三种优势的情况下，也可能进行对外投资。

以上几种理论可以为各国政府制定相关政策和各国企业经营决策提供参考。相对于发达国家而言，中国具有市场庞大、劳动力廉价、资源丰富等优势，虽然总体水平落后于发达国家，但在某些技术、管理经验方面还是有优势。中国的经济特点要求我们必须从产业结构的角度去深层次发掘中国在吸引利用国际直接投资方面的潜力优势以及应该采取的相关措施，上述三种理论中，国际生产折中理论将产业组织理论和国际贸易理论进行了融合，虽然也有缺陷，但更适合于中国的国情。

二、房地产繁荣吸引境外资本直接投资于房地产业

住房市场化改革以来，中国房地产业实际利用外商直接投资金额呈现波动上升趋势，1997年516901万美元，2014年达到最高点3462611万美元，增长率接近6倍。根据国际生产折中理论，境外资本投资于中国房地产业主要有以下优势：

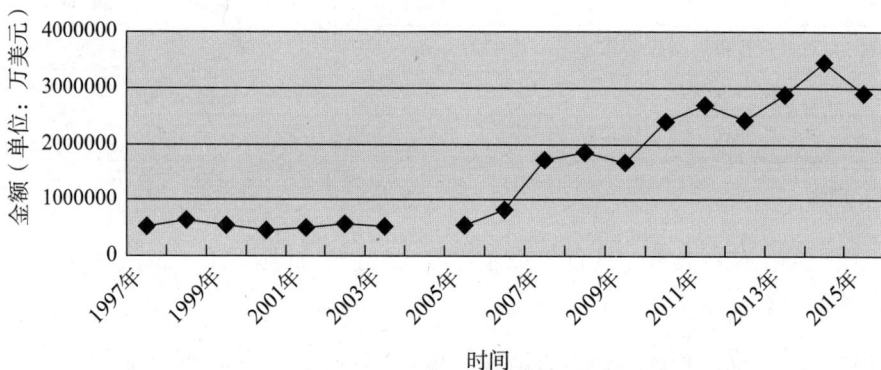

图 5-18　1997—2015 年间中国房地产业实际利用外商直接投资金额增长情况①
资料来源：国家统计局网站。

（一）境外房地产企业在中国的所有权优势
所有权优势的一个核心就是无形资产，即品牌优势，下文结合境外房

① 2005 年的数据缺失。

地产企业规模优势和无形资产优势即品牌优势进行分析。

境外房地产企业在中国具有一定的规模优势，主要体现在注册资本、投资总额和从业人数上。中国房地产业的外商数量从2000年起一直呈现波动上升的趋势，外商投资企业注册资本也从2000年的74303百万美元增加到2015年的378827.42百万美元，同比增长了510%，投资总额也不断增加，平均每年增速25%左右，外商投资房地产开发企业从业人数从2000年的30361人增加到2015年的62476人，增加了3万多人，不仅解决了众多人口的就业问题，也进一步促进了房地产行业的发展。

表5-18　2000—2015年境外房地产企业相关数据节选

时间	房地产业外商投资企业数（户）	房地产业外商投资企业投资总额（百万美元）	房地产业外商投资企业注册资本（百万美元）	房地产业外商投资企业外方注册资本（百万美元）	境外房地产企业平均从业人数（人）
2000 年	12732	151247	74303	—	30361
2001 年	11925	149094	72244	—	31071
2002 年	11850	148033	69384	—	34306
2003 年	12203	156168.69	74816.51	—	39035
2004 年	—	—	—	—	60491
2005 年	13265	185160	90560	—	58733
2006 年	14438	227100	113400	—	61084
2007 年	14741	271239.5	145979.41	—	77932
2008 年	18578	296320.53	172952.48	146958.85	85087
2009 年	17758	308968.1	183889.07	157555.05	75463
2010 年	18143	357000	217100	185300	76332
2011 年	17826	399850.86	246620.95	210476.07	68500
2012 年	—	—	—	—	70108
2013 年	17497	499055.24	312312.72	267812.44	72245
2014 年	17522	558723.06	350325.27	298062.85	68966
2015 年	17668	599740.78	378827.42	320498.15	62476

注："—"表示该项统计数据不足本表最小单位数、数据不详或无该项数据。

资料来源：国家统计局网站，见 http://www.stats.gov.cn。

　　中国房地产市场的外资公司大多具有实力雄厚的母公司，规模普遍高于中国房地产行业的平均水平，甚至高于国有房地产企业的平均水平（见表5-18和表5-19）。所有权优势可以降低单位成本提高利润，增强所有权优势可以增加市场份额，并比竞争对手发展更快。境外房地产企业一般从业多年，已经形成良好的口碑，具有丰富的从业经验，这些都是境外房地产企业的品牌优势。于丹等认为消费者购房选择的影响因素主要可以分为两个因素，其中一个与开发商信誉相关，并且开发商信誉是消费者购房的重要因素①。对于同一地段小区来说，开发商品牌越出名，消费者越愿意花更高的价格购买，并且出于对大品牌开发商的信任，大部分消费者会将品牌开发商楼盘列为购房首选②。根据2017年中国消费者对外资品牌的好感度调查报告，超半数受访者对外资品牌持正面印象，其中17.1%的受访者认为外资品牌很好，是优质产品和服务的代名词③。并且根据房地产行业2016年销售排名来看，外资房地产企业在前200名也占据了一席之地，并且多家企业都突破了百亿大关④。

表5-19　2000—2015年房地产行业相关数据节选

时间	房地产开发企业实收资本（亿元）	房地产开发企业资产总计（亿元）	房地产开发企业个数（户）	国有房地产开发企业个数（户）	国有房地产开发企业平均从业人数（人）
2000年	5302.91	25185.99	27303	6641	292252
2001年	6019.86	28566.81	29552	5862	257695
2002年	6750.91	33043.13	32618	5015	208722
2003年	8471.02	40486.49	37123	4558	179614
2004年	12545.8	61789.19	59242	4775	163495
2005年	13926.98	72193.64	56290	4145	140106
2006年	16172.37	88397.99	58710	3797	132259

---

　　① 于丹、董大海、刘瑞明、原永丹：《消费者购房需求及个人因素的影响研究》，《管理评论》2007年第9期。

　　② 中国贸易经济网，2016，见 http://m.cnfl.com.cn/。

　　③ 环球网，2017年3月15日，见 http://coap.huanqiu.com/。

　　④ 中商情报网，2016年12月31日，见 http://m.askci.com。

时间	房地产开发企业实收资本（亿元）	房地产开发企业资产总计（亿元）	房地产开发企业个数（户）	国有房地产开发企业个数（户）	国有房地产开发企业平均从业人数（人）
2007 年	19438	111078.2	62518	3617	121137
2008 年	27561.9	144833.55	87562	3941	127511
2009 年	28966.02	170184.24	80407	3835	123866
2010 年	36767.41	224467.14	85218	3685	155156
2011 年	46430.63	284359.44	88419	3427	135420
2012 年	54735.36	351858.65	89859	3354	123593
2013 年	59987.59	425243.89	91444	1739	66072
2014 年	76566.04	498749.92	94197	1476	61512
2015 年	86171.57	551968.06	93462	1329	57237

资料来源：国家统计局网站，见 http://www.stats.gov.cn。

下面以路劲地产集团、新世界中国地产有限公司、凯德置地（中国）投资有限公司三家外商投资房地产企业为例，与龙光地产控股有限公司、中粮地产（集团）股份有限公司等内资房地产企业进行对比，对外商投资房地产企业所具有的品牌优势进行分析。

路劲地产集团有限公司成立于 2003 年，是路劲基建有限公司房地产业务的旗舰公司，根据中国房地产业协会及中国房地产测评中心 2017 年的报告，路劲地产位列外资房地产开发企业第 1 名，中国房企 30 强。从行业排名来看，路劲地产不论在外资房地产开发企业行列还是在中国房地产开发企业行列，都是龙头企业，品牌优势非常明显。其母公司路劲基建有限公司成立于 1994 年，1996 年在香港上市，被《亚洲周刊》评为"国际华商500"之一，迄今有 20 年从业经验，在业内具有良好的口碑。集团目前持有的房地产组合投资主要位于长三角及渤海湾地区，土地储备约 700 万平方米，这一土地储备规模在国内来说也是数一数二的。① 龙光地产控股有

---

① 资料来源：路劲地产官方网站，2017 年 6 月 7 日，见 http://www.rkph.com.cn。

限公司与路劲地产集团排名接近①，龙光地产控股有限公司位列 2016 中国房地产开发企业 33 强，龙光地产成立于 1996 年，是中国综合实力最强的房地产企业之一。根据相关年报节选可以看出，路劲基建有限公司的资产总额非常雄厚，为路劲地产的发展打下良好的基石。路劲地产集团作为路劲基建的子公司，在房地产开发领域为母公司创造了大部分的业务收入，虽然 2016 年和 2015 年的收入相较于排名相近的龙光地产控股有限公司来说稍微落后一点，但是从每股盈利和每股股息的分配上可以看出路劲基建对于股东的态度以及待遇比龙光地产来说要好一些，所以股东不会轻易撤资，也会吸引更多的资本投入，更有利于企业未来的发展。

表 5-20　路径地产集团 2016 年报节选

时间	房地产发展业务收入（百万港元）	资产总额（百万港元）	房地产发展业务销售额（人民币百万元）	每股盈利（港元）	每股股息（港元）
2012 年	9344	37275	9563	1.1	0.46
2013 年	11456	43429	12280	1.36	0.58
2014 年	12730	42484	10411	1.37	0.58
2015 年	12510	40056	11649	1.11	0.48

资料来源：路劲基建有限公司 2016 年年报。

表 5-21　龙光地产控股有限公司 2016 年度财务报表节选

时间	收入（人民币百万元）	核心利润率（%）	每股盈利（港元）	每股股息（港元）
2015 年	14, 574	13.5%	0.63	0.14
2016 年	20539	15.1%	0.91	0.25

资料来源：龙光地产控股有限公司 2016 年年报。

新世界中国地产有限公司为香港上市公司新世界发展有限公司旗下内

① 中国房地产业协会与中国房地产测评中心联合发布的《2016 中国房地产开发企业 500 强测评研究报告》及《2016 中国房地产开发企业 500 强》，2016 年 3 月 22 日，见 http://www.fangchan.com。

地物业旗舰，是内地最具规模的房地产发展商之一，是最早进入中国内地房地产的香港公司之一，2017 获得非内地房地产企业卓越榜第四名，荣登 2016 中国绿房企 30 强，中国卓越物业大奖 2016 企业社会责任特殊荣誉。中粮地产（集团）股份有限公司是一家全国性、综合性的房地产开发上市企业，总部位于深圳市，控股股东中粮集团有限公司连续多年位列世界 500 强企业之列，是国务院核定的 16 家以房地产为主业的央企之一。两家公司在资产和排名较为接近，具有可比性。从表 5-22、表 5-23 可以看出，2016 年新世界中国地产总资产相较于中粮地产来说较低，但是营业收入却远远超过中粮地产，并且更愿意与股东共享公司收益。从表 5-24、表 5-25 展示的相关员工构成情况可以看出，新世界中国地产非常注重可持续发展。注重员工培训和发展，而中粮地产更加注重员工的专业构成情况，当然从年报中披露的信息可以看出，中粮地产也非常注重员工的培训和发展，所以，二者在培训方面差别不大。

表 5-22　新世界中国地产 2016 年报节选

财务状况摘要	2016 年
资产合计（万港元）	42038890.00
负债合计（万港元）	20791460.00
营业额（万港元）	2663940.00
基本每股收益（港元）	0.46
每股股息（港元）	0.13

资料来源：新世界中国地产有限公司 2016 年报。

表 5-23　中粮地产 2016 年报节选

财务状况摘要	2016 年
总资产（元）	61276950060.49
长期负债合计	18189400000.00
营业收入（元）	18025191494.99
净利润	720154000.00
基本每股收益（元/股）	0.4

资料来源：中粮地产（集团）股份有限公司 2016 年报。

表 5-24　新世界中国地产员工构成情况

	男性	女性	总数
员工总数	2782	2159	4941
接受企业人才发展部培训人数	627	653	1280
其他培训	2668	2273	4941

资料来源：新世界中国地产有限公司 2016 年报。

表 5-25　中粮地产员工情况节选

专业构成类别	专业构成人数（人）
销售人员	226
财务人员	158
行政人员	179
专职审计人员	23
其他管理人员	250
工程技术人员	486
物业人员	1409
其他人员	391
合计	3122

资料来源：中粮地产（集团）股份有限公司 2016 年报。

（二）房地产业外商投资企业在中国的内部化优势

内部化优势是指企业为避免外部市场不完全性对企业经营的不利影响，将企业优势保持在企业内部。李莹、林功成认为"85 后"已经成为住房消费的主力军，他们通过对腾讯大粤网与中山大学合作开展的广东省"85 后网民"的问卷调查进行研究，发现消费者进行购房决策时考虑的房屋属性中，"85 后"消费者最重视的房屋属性是地理位置和交通[1]。但是，由于土地的稀缺性，土地获得越来越难，繁华的地域每一个开发商都想占有，使得市场竞争更为激烈。因此具有一定资金规模的房地产开发企业都会储备土地，以备应变政策的变化，特别是外商投资房地产企业，由于已

---

[1]　李莹、林功成：《"85 后"消费者的购房意向及其影响因素研究——以广东省为例》，《广告大观：理论版》2015 年第 2 期。

经具备庞大的资金规模和土地储备，反而比许多国企等大型内资企业更具有优势。由此不难看出土地资源对于房地产开发商的重要性和必要性。

中国的房地产业市场发展潜力巨大，外资企业选择中国房地产市场所获得的收入和利润将比选择其他市场来得更快更多。中国由于其独特的土地供给特性，也会更加吸引外商直接投资。

（三）房地产业外商投资企业在中国的区位优势

企业所有权优势和内部化优势解释了企业为何具有竞争优势及企业运作的形式，但并未解决关于企业选址的问题，邓宁指出区位优势也同样会影响所有权优势，比如：企业选址会影响相关资源的使用，具有一定的排他性；如税收、政府对股利汇出的限制等无法避免的成本；从生产国到销售国所耗运输成本。邓宁列举了影响区位优势的具体因素：生产要素的成本及质量，东道国市场的地理分布状况、基础设施、政府干预范围与程度，国内外市场的差异程度以及由于历史、文化差异而形成的心理距离等。

表 5-26　房地产行业 2000—2015 年经营情况

时间	房地产开发企业主营业务收入（亿元）	房地产开发企业土地转让收入（亿元）	房地产开发企业商品房销售收入（亿元）	房地产开发企业房屋出租收入（亿元）	房地产开发企业其他收入（亿元）	房地产开发企业主营业务税金及附加（亿元）	房地产开发企业营业利润（亿元）
2000 年	4515.71	129.61	3896.82	95.32	393.96	214.57	73.28
2001 年	5471.66	188.99	4729.42	117.35	435.9	273.45	125.47
2002 年	7077.85	225.13	6145.8	144.57	562.34	370.15	252.91
2003 年	9137.27	279.72	8153.69	164.33	539.53	493.72	430.37
2004 年	13314.46	410.09	11752.2	305.58	846.59	413.04	857.97
2005 年	14769.35	341.43	13316.77	290.29	820.86	845.25	1109.19
2006 年	18046.76	300.65	16621.36	316.79	807.96	1127.12	1669.89
2007 年	23397.13	427.92	21604.21	386.81	978.19	1660.3	2436.61
2008 年	26696.84	466.85	24394.12	521.47	1314.4	1829.2	3432.23
2009 年	34606.23	498.05	32507.83	544.27	1056.08	2585.49	4728.58

续表

时间	房地产开发企业主营业务收入（亿元）	房地产开发企业土地转让收入（亿元）	房地产开发企业商品房销售收入（亿元）	房地产开发企业房屋出租收入（亿元）	房地产开发企业其他收入（亿元）	房地产开发企业主营业务税金及附加（亿元）	房地产开发企业营业利润（亿元）
2010 年	42996.48	519.19	40585.33	742.92	1149.04	3464.66	6111.48
2011 年	44491.28	664.66	41697.91	904.28	1224.43	3832.98	5798.58
2012 年	51028.41	819.39	47463.49	1151.55	1593.98	4610.87	6001.33
2013 年	70706.67	671.42	66697.99	1364.01	1973.98	6204.18	9562.67
2014 年	66463.8	571.95	62535.06	1464.1	1892.69	5968.43	6143.13
2015 年	70174.34	600.54	65861.3	1600.42	2112.08	6202.38	6165.54

资料来源：国家统计局网站，见 http://www.stats.gov.cn。

从表 5-26 可以看出，从 2000 年开始，我国房地产行业的主营业务收入、土地转让收入、商品房销售收入、房屋出租收入、其他收入都在不断增加，高额收入和利润是中国房地产行业吸引境外资本的一大优势。

房地产行业属于劳动密集型行业，人工需求比较大。我国劳动力人口数量众多，人工成本较低也是吸引外商投资于我国房地产行业的一大区位优势，并且由于人口基数大，对于住房的需求也非常大，这也增加了中国房地产业对外资的吸引力。

同样，中国对于外资的税收优惠、鼓励支持政策都是吸引外资的重要因素。改革开放后，为吸引外国投资、促进国内就业及引进先进技术与管理经验，中国对外资公司实行各种形式的税收优惠政策。

2017 年国家出台了一系列房地产新政策，这些政策主要以限贷、限购、增加土地供给和规范市场秩序为主[①]。严令禁止开发企业违规宣传、严格限制预售证申领等政策十分严厉，这一方面说明房地产市场秩序亟待整顿，另一方面也说明政策具有很大灵活度，要在促进房地产业发展的同时抑制房价过快增长。增加土地供给这一政策不仅能够平稳房价，还能够拉动房地产开发投资和促进宏观经济的发展，且因为房地产开发投资占固

---

① 资料来源：中国产业信息网，2017，见 http://m.chyxx.com。

定资产投资比重大，还能够拉动上下游的钢筋、水泥、建材等行业，因此对当前中国经济稳增长非常关键。

综上，在中国进行房地产开发不仅可以减少人工成本，还可以获得税收优惠以及政策支持，同时中国传统文化中对"家"的重视也带来源源不断的市场需求，生产国即销售国，还可以节约相关成本，这一系列的区位优势吸引大量外商投资于我国的房地产业。

三、房地产繁荣吸引外商直接投资房地产关联产业

（一）房地产繁荣吸引外商投资建筑行业

众所周知，房地产业和建筑业是紧密联系的两大经济部门，房地产业的发展对建筑业起着推动作用。近年来我国房地产行业的繁荣带来外商对建筑行业的整体投资攀升。可以看出，我国建筑业的外资企业数量、总产值和利润、投资金额等总体上呈上升趋势[1]，与中国房地产业调控方向保持一致。

表 5-27　1997 年以来外商投资建筑业相关情况

时间	外商投资建筑业企业单位数（个）	外商投资建筑业企业从业人员（万人）	外商投资建筑业企业建筑业总产值（亿元）	外商投资建筑业企业利润总额（亿元）	外商投资建筑业企业房屋竣工面积（万平方米）	外商投资建筑业企业房屋建筑面积竣工率（%）
1997 年	454	9.6	70.49			
1998 年	337	5.1	62.52	1.87		
1999 年	341	6.1	64.43	1.43		
2000 年	319	4.4	67.49	1.31		
2001 年	274	4.3	73.06	2.34		
2002 年	279	4.5	91.38	2.69		
2003 年	287	6.04	129.39	2.92		
2004 年	386	8.1	202.46			

---

　　[1]　2012 年是个例外，因为生产成本上升，外资企业将资本从中国转向其他经济体，中国遭遇自全球金融危机最严重时期以来首次的 FDI 下降。

时间	外商投资建筑业企业单位数（个）	外商投资建筑业企业从业人员（万人）	外商投资建筑业企业建筑业总产值（亿元）	外商投资建筑业企业利润总额（亿元）	外商投资建筑业企业房屋竣工面积（万平方米）	外商投资建筑业企业房屋建筑面积竣工率（%）
2005 年	388	10.8	249.03	11.7	618.23	47.2
2006 年	370	8.1	274.87	22.73	941.52	59
2007 年	365	11.43	396.32	27.86	956.39	47.9
2008 年	363	9.21	387.14	22.1	683.5	41.4
2009 年	351	10.24	415.17	22.53	676.08	26.6
2010 年	331	9.8	439.68	26.74	821.84	38.6
2011 年	303	9.87	658.17	29.88	1040.68	51.7
2012 年	295	10.28	476.99	26.56	821.21	48.5
2013 年	272	10.14	607.72		765.05	45.7
2014 年	261	8.63	643.2	39.47	656.55	40.5
2015 年	249	9.22	606.24	33.11	555.07	31.7

资料来源：国家统计局网站，见 http://www.stats.gov.cn。

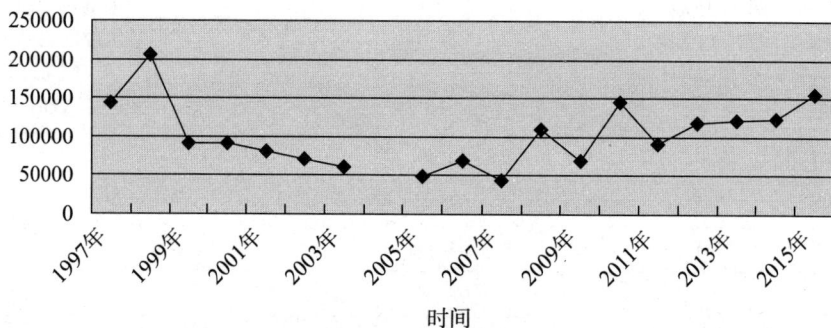

图 5-19　1997 年以来建筑业实际利用外商直接投资的金额

资料来源：国家统计局网站。

第六章 中国房地产市场繁荣对
实体投资的负面影响

第一节 房地产非理性繁荣对其他
产业投资的负面影响

一、房地产非理性繁荣对非房地产投资形成挤出效应

从广义的角度来看，在一个资源稀缺的经济体，增加对任何产品的支出必然会减少对其他产品的支出，即任何消费或投资都具有挤出效应。房地产市场的投资活动不仅直接减少对其他实体产业的投资，而且通过增加运营成本对其他产业投资产生间接的挤出效果[1]。

根据学者王重润、崔寅生[2]的研究，由于房价上涨，房地产开发投资收益远远高于实体投资收益，房地产业的平均利润率可以达到30%，社会平均利润率大概为8%。巨大的收益落差导致大量社会资金涌入房地产行业。国家发展改革委宏观经济研究院经济形势分析课题组的研究发现，自2003年以来，每年有超过房地产投资额30%的社会资金流入房地产市场[3]。到2010年底，这一比例达到51.14%[4]。2000—2015年，名义房地产投资年均增长速度达到22.1%，其中2010年和2011年分别达到33.16%和

---

[1] 这与房地产发展带动上下游及环向关联产业发展并不矛盾。

[2] 王重润、崔寅生：《中国房地产投资挤出效应及其对经济增长的影响》，《现代财经》（《天津财经大学学报》）2012年第9期，第41页。

[3] 国家发展改革委宏观经济研究院经济形势分析课题组：《宏观调控：重点调整过剩流动性的流向》，《中国证券报》2007年4月26日。

[4] 王重润、崔寅生：《中国房地产投资挤出效应及其对经济增长的影响》，《现代财经》（《天津财经大学学报》）2012年第9期，第42页。

28.05%；"十五"和"十一五"时期，房地产投资占全社会总投资的比重为 18.1% 和 17.4%[1]。尽管房地产投资在 2014 年和 2015 年由于国家实施供给侧结构性改革有所回落，但房价在 2016 年却出现爆发式增长，房地产行业收获巨大的利润。

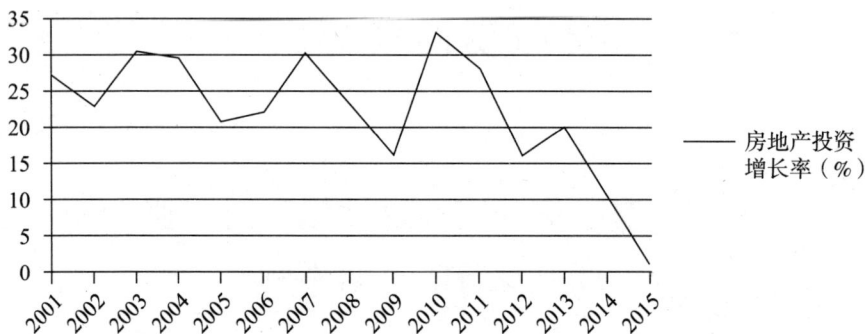

图 6-1　2001—2015 年中国房地产投资增长率

资料来源：根据国家统计局网站发布的数据计算所得。

房地产投资与其他社会投资之间总存在着此消彼长的关系。投资于房地产业的资本多了，投资于非房地产业的资本就相对少了。

从另一个角度来看，房地产非理性繁荣提高实体经济的运营成本，降低了利润率，会抑制实体经济的投资活动。土地是一切经济活动的基础，房地产价格节节攀升，致使生产出来的商品和提供的服务价格也会上涨，降低产品的市场竞争力。香港特区和部分沿海城市的经历足以为我们提供经验教训。20 世纪六七十年代的香港，房价比较低，其产品与服务就很有竞争力，使香港成为国际闻名的购物天堂。随着香港房地产价格的不断上涨，香港的竞争力减弱，不要说内地人，很多香港人都到内地来购物。香港的制造业纷纷向大陆转移。香港地产商几乎控制所有公共领域，煤气公司、电力公司、水务公司等，几乎都在这些地产商的控制之下。地产绑架香港社会，香港经济轻易不敢调整。

中国东部发达地区经济长期高速发展，土地、劳动力、水、电等资源

---

① 数据来源于国家统计局网站，http://www.stats.gov.cn。

九龙住宅价格走势

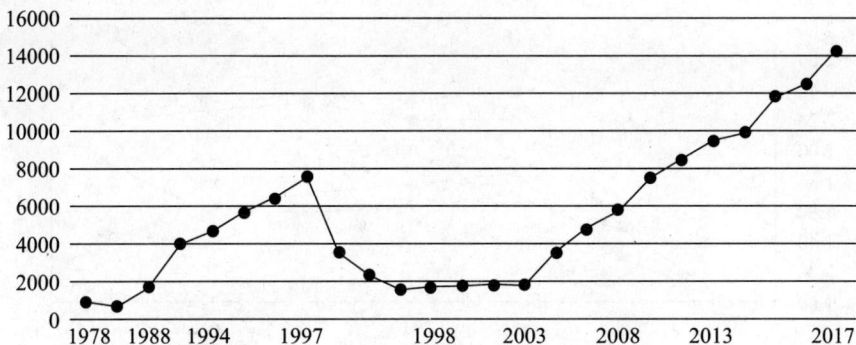

图 6-3　1978 年以来香港九龙住宅价格走势

资料来源:《香港这 30 年的楼市如何》，2017 年 7 月 3 日，见 http://www.sohu.com/a/
154141401_ 553178。

供应出现紧张局面，成本大幅度上升，不得不进行工业或产业转移。据统
计，2009—2013 年间，全国土地价格平均值为 4690 元/平方米，东部地区
土地价格平均值为 6903 元/平方米，高出全国均值 47.18%。2013 年年底，
北上广深四个一线城市的平均地价水平为 16069 元/平方米，同比上涨
16%。同一时期，全国 35 个重点城市综合地价水平仅同比增长 8.9%[1]。
地价上涨成为中国要素价格持续上升的重要来源，降低城市对实体投资的
吸引力。

　　房价上涨还通过增加人工成本抬高实体投资运营成本，对实体投资
产生挤出效应。房价上涨意味着每个劳动力每月需要支付更多的月供或
房租，增加其生活成本。对此他们有两个选择，一是要求更高的工资，
二是转移到生活成本更低的城市。前者直接增加企业的用工成本，后者
导致人才流失。不管是哪一种情况，都会增加企业的运营成本，降低收
益率。

　　房地产繁荣除影响自有资本的直接投资，还通过融资渠道对非房地
产投资形成挤出效应。企业的融资行为分间接融资和直接融资两种渠道，
间接融资指的是资金提供者把暂时闲置的资金提供给银行、信托、保险

————————

　　[1]　冯波等:《我国城市间土地价格差异的影响因素研究——基于 35 个大中城市面板数据的实
证分析》,《价格理论与实践》2014 年第 6 期，第 54 页。

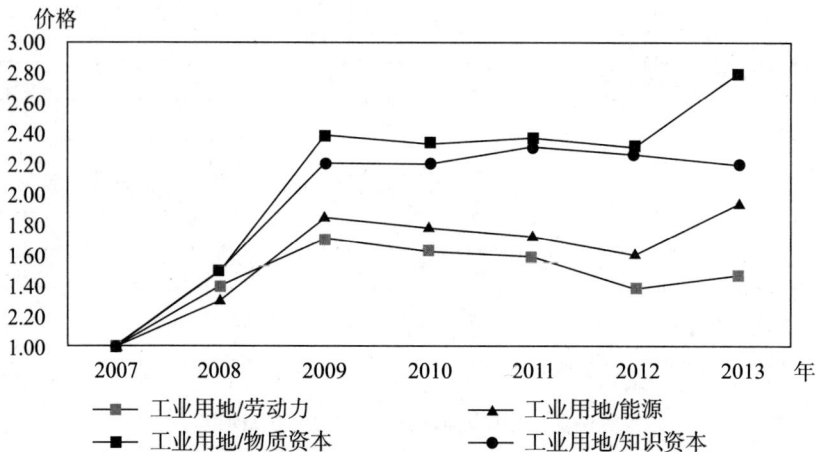

图6-4 工业用地相对价格走势（2007—2013年）

资料来源：赵爱栋等：《土地价格市场化对中国工业部门要素投入与技术选择的影响》，《财经研究》2016年第8期，第85—96页。

等金融机构，然后再由这些金融机构以贷款、贴息、购买资金需求单位有价证券等形式，把资金提供给这些资金需求单位使用，实现资金融通。如前文所述，由于地方政府对房地产业的鼓励与支持，房地产企业很容易从金融机构获得间接融资。直接融资是间接融资的对称，表示没有金融中介机构介入的资金融通方式。在这种融资方式下，资金提供者通过直接与资金需求方协商，或在金融市场购买资金需求方发行的有价证券，将盈余资金提供给资金需求方使用。直接融资与间接融资相比，投融资双方有较多的选择自由，且因为减少中间环节，投资者收益较高，筹资者成本降低。中国直接金融市场起步较晚，与发达国家相比还有很大差距。投资渠道不畅使居民储蓄很难转化为直接产业投资，只好进入股票市场和房地产市场。当房地产市场繁荣而股票市场进入熊市时，大量资金逃离股票市场转战房地产市场，影响股市筹资功能，对非房地产投资产生挤出效应。

二、房地产非理性繁荣对技术进步投资的负面影响

技术进步指的是劳动和资本以外的其他所有要素带来的产出增加，通常用全要素生产率（TFP）测度。技术进步可促进资源的合理配置、提高

生产要素的利用效率、提升劳动者的素质，从而促进经济增长①。技术进步能够降低生产成本和产品或服务的价格，能够带来更高品质的产品，改进或增加消费者的福利，从而成为评价企业市场绩效的一项重要指标。

对发展中国家而言，技术进步主要有两条途径：一是技术引进，二是自主创新。自主创新主要来产业结构优化升级需求和国家政策的外部推动。产业结构优化升级主要表现在两个方向：从传统劳动密集型产业向资本密集型产业和技术密集型产业转型升级、从劳动密集的价值环节向资本和技术密集的价值环节提升。产业结构内生地决定技术进步，技术进步反过来又推动产业升级。由于需求的诱导作用，某一产业可能会加速发展，掀起一轮技术创新的浪潮，推动技术进步。因此，结构升级会激发企业的创新活动，促进技术进步。

但是，创新活动只是技术进步的一个前提，并不是充分条件。创新活动充满了风险和不确定性，与现实经济生活中房地产业的高收益率相比，缺乏吸引力主要体现在以下三个方面：第一，从资本逐利的本性来看，房地产业的收益率是很高且确定的，技术创新活动的收益率却是不确定的，企业自然愿意将资本投入房地产业而不是技术创新活动。第二，房地产业作为国民经济的支柱性产业，受地方政府或公开或默示支持，技术创新活动或者说产业结构升级虽也受到扶持，但主要迫于中央政府或上级政府的政策要求，因为支持房地产业能够给地方政府带来比产业升级更大的更直接的利益和好处。第三，房地产投资活动的收益可以为企业或个人全部获得，技术创新活动带来的技术进步一般惠及全社会，具有正外部性。企业担心技术泄密，或出于搭便车思想，会弱化技术投资意愿。

假设一个经济主体在创新创业与房地产投资之间进行选择，他需要比较二者的风险与收益。选择创新创业，他需要取得主管部门的经营许可，还需要争取资本融资，在工商与税务等政府部门办理多项文件②。他对政

---

① 研究表明，技术进步对发达国家经济增长的贡献在 20 世纪 60—80 年代达到 50%—87%。见王银屏：《中国技术进步的路径和影响因素分析》，《中国经贸导刊》2012 年第 10Z 期，第 89 页。

② 根据中央政府门户网站（www.gov.cn）2015 年 2 月 6 日的报道，2015 年 1 月 5 日，李克强总理考察广东自贸区南沙片区时，当地负责人曾向总理展示一张长达 4 米、全流程耗时约 800 天的投资项目审批流程图，这已经是广东通过简政放权改革，缩短审批时间后的情况。改革前全国各地行政审批程序的繁琐程度令许多有志创业人士望而生畏。

府提供的公共服务通常需求高而弹性低，创建企业面临极大负担。作为新建企业，其尚未建立政治影响渠道，不属于政府部门的关系户。作为"局外人"，提供一种（创新）产品可能会与在位企业发生利益冲突，受到在位企业的威胁或挤压。在位企业可能已和政府或其职能部门建立利益联盟，联合打压创新者。创新创业活动通常属于长期投资项目，资本回报比较缓慢，风险较高。即便成功，也面临技术外泄风险，一旦失败，成本完全由个体独自承担。而投资房地产产品，在当前就可以获得稳定的、较高的收益。两相比较，房地产投资成为优先选择。

房地产业收益率低于技术创新活动的收益率，必然产生如下结果：技术创新活动相对于房地产投资活动缺乏吸引力，政府和企业缺乏提高劳动生产率、促进产业结构转型升级的热情，技术进步受到阻碍，企业家精神受到抑制，全社会长期产出降低。

根据近几年全国科技经费投入统计公报，全国研究与试验发展（R&D）经费投入强度与当年国内生产总值之比略超过 2%，制造业研发经费投入强度均不到 1%。

表 6-1　近几年中国研发经费投入状况（%）

年份	全国研究与试验发展（R&D）经费投入强度	制造业研发经费投入强度
2010	1.76	／
2011	1.84	0.78
2012	1.98	0.85
2013	2.08	0.88
2014	2.05	0.91
2015	2.07	0.97

资料来源：各年全国科技经费投入统计公报。

尽管全国研发经费和投向制造业的研发经费均在缓慢、稳定增加，但回报率都不理想。在通过政府下订单的行业，例如高铁、电信设备、风电等行业科研投入效益较为显著，但在其他需要科研创新的行业，如医药、汽车行业等，中国企业依然习惯制造低附加值的产品，即便是通过与国外企业组建合资公司也并未明显改善中国本土企业的创新能力，技术进步非常缓慢。房地产业并不是导致中国企业忽略长期技术投资的重要因素，但确实对中国企业追求短期高额利润的商业文化起到了推波助澜的作用。

第二节　高房价导致部分国有企业投资错位

一、中国国有企业的定位及其资源优势

（一）社会主义市场经济建设过程中，国有企业的定位

国有企业是中国国民经济的重要组成部分，掌控国民经济的命脉，对国民经济的发展起主导作用。在当前中国的社会经济中，国有企业既是国家干预经济的工具和手段，也是参与经济的一种方式。它既不同于市场经济中的一般企业，也不同于计划经济中的国有企业，前者按照市场规律独立运行，后者则是政府的延伸和附属。2013 年 11 月 12 日，中国共产党第十八届三中全会通过《中共中央关于全面深化改革若干重大问题的决定》，《决定》指出："必须毫不动摇巩固和发展公有制经济，坚持公有制主体地位，发挥国有经济主导作用，不断增强国有经济活力、控制力、影响力。""国有资本投资运营要服务于国家战略目标，更多投向关系国家安全、国民经济命脉的重要行业和关键领域，重点提供公共服务、发展重要前瞻性战略性产业、保护生态环境、支持科技进步、保障国家安全。"2015 年 8 月 24 日发布的《中共中央、国务院关于深化国有企业改革的指导意见》也明确指出："国有企业属于全民所有，是推进国家现代化、保障人民共同利益的重要力量，是我们党和国家事业发展的重要物质基础和政治基础。"可见，在社会主义市场经济建设过程中，国有企业是中国社会主义制度的根本保证，国有企业的存在是为了国民经济的安全，为了提高中国的国际竞争能力，为了带动整个社会更快更好地发展。

在改革开放至今的近四十年中，经过多轮改革，国有企业的数量已经大幅减少，所涉及的行业也有所集中。如今，国有企业大多集中在关系国计民生的重要行业，例如资源、能源、交通、通讯、金融、高新技术行业等。这样的变化符合社会主义市场经济建设对国有企业的要求。但是，在近些年中国房价飞速上涨的过程中，许多国有企业，甚至是中央企业，纷

纷进入房地产行业，凭借自身的资源优势，争抢"地王"①，在房价上涨的过程中推波助澜。国有企业这种"不务正业"的现象，破坏了国有企业应有的形象。

（二）国有企业土地、资金和信息获取能力优势

中国许多大型国有企业，是中国政府为特定的战略目标而设立，而且集中在资本密集型产业。但长期以来中国都是资本稀缺、劳动力丰富的国家，这些国有企业在其所处的产业不具有比较优势，在竞争性的市场中缺乏自生能力，需要政府扶持才能生存。政府对国有企业的扶持形成了国有企业在房地产行业中的优势。

中国国有企业在房地产行业具有的优势主要体现在以下方面：

第一，融资优势，国有房地产开发企业的融资渠道有：第一，内部融资中的资本金，即该部分资金从公司本身或者集团公司通过直接投资的形式获得，是国有房地产企业稳定可靠的资金来源。如表6-2所示，房地产上市公司的国有控股资本主要来源于地方国资委和地方政府，虽然也有国务院国资委或其他部委的，但是相对较少。在57家上市房地产公司中，由国资委控股的有7家，占了12.28%；国务院其他部委控股的有2家，占了3.51%；由地方国资委、国资办或国有资产控股公司控制的企业有43家，占了75.44%；地方政府、管委会或其他控股的企业有5家，占了8.77%。这不仅使得国有房地产开发企业能够获得稳定的资金来源，还有利于它们获得大量的资金支持，提高其在房地产行业中的竞争优势。第二，间接融资中的银行信贷资金。国有企业比民营企业可以获得更多的信贷支持，原因有三：一是政府对国有企业的隐性担保，使得银行金融机构普遍认为贷款给有国家及政府背景的国有企业更"安全"；二是民营企业大多数为中小企业，难以形成放贷款"规模经济"效果；三是自国有银行实行商业化改革以来，强化了对信贷利润和风险的控制，因而比过去更偏好赢利状况较好的垄断性国有企业。根据央行2017年上半年的金融统计报告，与

①　2013年国家土地资源部将"地王"定义为：成交单价超越2007年以来所在城市的历史最高值。民间则通常将房地产开发土地招标活动中以天量资金拍得地块的单位称为"地王"。"地王"通常分为"总价地王"和"楼面单价地王"。随着我国房地产业的快速发展，地价不断上涨，各地的"地王"也层出不穷。

2016 年相比，人民币贷款增加了 7.97 万亿元，其中大部分贷给国有企业。根据盛洪教授所做的报告《国有企业的性质、表现、改革》，国有及国有控股工业企业平均实际利息率为 1.6%，其他企业加权平均的实际利率（视为市场利率）则约为 4.68%[①]。第三，非银行金融机构融资。融资租赁和工程垫资是房地产开发过程中最常见的非金融机构融资来源，一般情况下开发商在寻找承建商时都会提出工程垫资的条件和要求，承建商和材料供应商便成为了开发商筹资的来源。国有企业在这方面也具有民营企业没有的优势。

表 6-2　沪深两市国有房地产上市公司国有股东持股比例

证券简称	大股东持股比例（%）	实际控制人/大股东
宁波富达	76.95	宁波市国资委
九鼎投资	73.37	江西省国资委
招商蛇口	66.1	国资委
深深房 A	63.55	深圳市国资委
渝开发	63.19	重庆市国资委
合肥城建	57.9	合肥市国有资产控股有限公司
天地源	56.52	西安市人民政府
陆家嘴	56.42	上海市国资委和浦东新区国资办
深物业 A	54.33	深圳市国资委
中房地产	53.32	国资委
鲁商置业	53.02	山东省国资委
凤凰股份	52.12	江苏省人民政府
天保基建	51.45	天津港保税区国资委
信达地产	50.81	财政部
黑牡丹	49.92	常州国家高新区管委会
浦东金桥	49.37	上海市国资委和浦东新区国资委
大港股份	48.97	镇江市国资委

---

① 盛洪：《盛洪：国有企业的性质、表现、改革》，《中国民营科技与经济》2012 年第 Z2 期，第 38 页。

证券简称	大股东持股比例（%）	实际控制人/大股东
上实发展	48.6	上海市国资委
ST 松江	47.92	天津市国资委
大龙地产	47.7	北京市顺义区国资委
城投控股	46.46	上海市国资委
华远地产	46.4	北京市西城区国资委
首开股份	45.97	北京市国资委
中粮地产	45.67	国资委
电子城	45.49	北京市国资委
京能置业	45.26	北京市国资委
市北高新	44.85	上海市闸北区国资委
西藏城投	43.62	上海市闸北区国资委
格力地产	41.13	珠海市国资委
苏州高新	40.57	苏州市高新区管委会
北京城建	40.39	北京市国资委
保利地产	38.05	国资委
中华企业	36.8	上海市国资委
上海临港	36.03	上海临港经济发展集团资产管理有限公司
云南城投	34.87	云南省国资委
南京高科	34.74	南京市国资委
北辰实业	34.48	北京市国资委
栖霞建设	34.37	南京栖霞国有资产经营公司
沙河股份	34.02	深圳市国资委
京投发展	34	北京国资委
中国武夷	32.32	福建省国资委
珠江实业	31.1	广州市国资委
金融街	29.99	北京市西城区国资委
珠江控股	28.95	北京市国资委
万业企业	28.16	上海浦东科技投资有限公司

证券简称	大股东持股比例（%）	实际控制人/大股东
华鑫股份	27.49	上海市国资委
天房发展	26.74	天津市国资委
海南高速	25.22	海南省交通投资控股有限公司
华发股份	24.19	珠海市国资委
南国置业	22.43	国资委
中航地产	22.35	国资委
中体产业	22.07	国家体育总局
深振业 A	21.93	深圳市国资委
长春经开	21.88	长春市国资委
津滨发展	20.92	天津市国资委
广宇发展	20.82	国资委

数据来源：根据大智慧365相关数据整理所得（数据来源于上市公司披露的十大流通股东表，持股比例为机构持有流通 A 股数量/流通 A 股）。

第二，土地获取优势，土地是房地产开发过程中最重要的资源，这种资源的支配权在政府手中。关于土地出让方式，《城市房地产管理法》第13条规定："土地使用权出让，可以采取拍卖、招标或者双方协议的方式。"在2002年7月7日国土资源部发布的《招标拍卖挂牌出让国有建设土地使用权规定》中又明确了挂牌出让的土地出让方式。所谓挂牌出让土地使用权，是指出让人发布挂牌公告，并在公告中规定拟出让的土地使用权的交易条件，接受交易条件的竞拍者可以报价申请并更新挂牌价格，在截止日期前报价最高者将获得土地使用权。国有房地产开发企业依靠充足的资金优势，很容易拿到土地使用权。从土地租金来看，国企的土地用途无论是工业用途还是商业用途，其租金均按照工业用地计算，成本大大降低。例如，按工业用地价格3%的比例计算工业土地租金，2001—2009年国有及国有控股工业企业共应缴纳地租39312亿元，占国有及国有控股工业企业名义利润总额的67.2%。若按照商业用地计算租金，仅2008年一年，国企就应交纳12104亿元地租。

第三，获取信息的能力。由于国企与政府有着千丝万缕的联系，使企业能更快更多地获得相关信息，在激烈的竞争中获得先发优势。

除以上几个优势外，国有企业还有其他优势。第一是补贴，每年国家财政都会有一部分用于弥补国企的亏损，比如 1994—2006 年，国家财政用于国企亏损的补贴达到 3653 亿元。2007—2009 年，国有及国有控股工业企业获得财政补贴约为 1943 亿元。2012—2015 年上半年，中石油就获得 342.24 亿元的政府补贴。第二，从税负方面来看，国企承担的税负水平远低于民企，2007—2009 年，992 家国企所得税的平均税负为 10%，民企的平均税负达到 24%，民企的税负远远重于国企。第三是产业政策扶持。政府制定的一系列产业政策如战略性产业、基础产业和支柱产业规划，限制私人资本进入，人为造成垄断，使国有经济在能源、交通、电信、金融、教育以及医疗等关键行业享有垄断权力，再加上上述优势，国企极易获得高额的垄断利润。中国石油、中国移动、工商银行等均为国有大型企业，2008 年税后利润 3000 多亿，却只向国家上缴 200 多亿元红利①，国有企业上缴红利比例只有 15%，大量高额利润留存下来使国有企业在房地产行业具有明显的资本优势。

二、国有房地产开发企业投资现状

(一) 国有房地产开发企业数量与规模

从企业数量来看，近十几年来，国有房地产开发企业的数量逐渐下降。2000 年，中国房地产开发企业共有 27303 个，其中国有房地产开发企业达到 6641 个，占 24.32%。2015 年，中国房地产开发企业增加到了 93426 个，国有房地产开发企业却下降到了 1329 个，仅占了 1.42%。从 2000 年到 2015 年，房地产开发企业增长了 3.42 倍，国有房地产开发企业却减少了 80%②。

---

① 朱珍：《国企分红制度：现行模式探讨与宪政框架重构》，《金融与经济》2010 年第 5 期，第 33 页。
② 《财政补贴亏损国企不除 僵尸企业不死》，《中国经营报》2016 年 3 月 1 日，见 http://3g.163.com/money/areicle。

表 6-3 国有房地产开发企业数量变化

年份	房地产开发企业个数	国有房地产开发企业个数	国有房地产开发企业占比（%）
2000	27303	6641	24.32%
2001	29552	5862	19.84%
2002	32618	5015	15.37%
2003	37123	4558	12.28%
2004	59242	4775	8.06%
2005	56290	4145	7.36%
2006	58710	3797	6.47%
2007	62518	3617	5.79%
2008	87562	3941	4.50%
2009	80407	3835	4.77%
2010	85218	3685	4.32%
2011	88419	3427	3.88%
2012	89859	3354	3.73%
2013	91444	1739	1.90%
2014	94197	1476	1.57%
2015	93426	1329	1.42%

资料来源：中华人民共和国国家统计局网站。

　　尽管国有房地产企业的数量在减少，但从投资额来看，总体上，房地产业国有控股固定资产的投资有所上升。虽然 2005 年到 2008 年，房地产业国有控股固定资产的投资占房地产业固定资产投资的比例稍有回落，但在 2009 年经济面临较大下行压力的时期，这一比例竟开始回升。到了 2015 年，整个市场的房地产业固定资产投资增加到了 126706.2 亿元，其中房地产业国有控股固定资产的投资为 30734.8 亿元，占了 24.26%。随着国有房地产开发企业的投资份额逐年增长，对民营房地产企业的挤出作用也越来越大。

表6-4　房地产业国有控股固定资产投资占比①

年份	房地产业固定资产投资（不含农户）（亿元）	房地产业国有控股固定资产投资（不含农户）（亿元）	房地产业国有控股固定资产投资占比（%）
2005	17098.2	3122.0	18.26%
2006	21586.2	4069.8	18.85%
2007	28619.2	5003.1	17.48%
2008	35914.2	6275.3	17.47%
2009	43127.6	8743.8	20.27%
2010	57633.1	11709.2	20.32%
2011	75663.7	15430.0	20.39%
2012	92639.4	21522.9	23.23%
2013	111379.6	26051.2	23.39%
2014	123558.2	27981.1	22.65%
2015	126706.2	30734.8	24.26%

注：由于统计年鉴里找不到国有房地产开发企业的投资情况，所以用房地产业国有控股固定资产投资来代替。

资料来源：中华人民共和国国家统计局网站。

（二）中央企业投资房地产数量与规模

2010年国务院国资委发布"退房令"，要求78家不以房地产为主业的中央企业退出房地产业，并确认和公布了保利、华润、招商局等16家以房地产作为主业的中央企业。在2011年，国资委又新增了鲁能集团、中航工业、神华集团、中煤集团和新兴集团等5家企业从事房地产业的资格。虽然从事房地产业的中央企业的数量只有21家，但是单个企业的规模都很

---

① （1）国有控股包括：①在企业的全部实收资本中，国有经济成分的出资人拥有的实收资本（股本）所占企业全部实收资本（股本）的比例大于50%的国有绝对控股。②在企业的全部实收资本中，国有经济成分的出资人拥有的实收资本（股本）所占比例虽未大于50%，但相对大于其他任何一方经济成分的出资人所占比例的国有相对控股；或者虽不大于其他经济成分，但根据协议规定拥有企业实际控制权的国有协议控股。③投资双方各占50%，且未明确由谁绝对控股的企业，若其中一方为国有经济成分的，一律按国有控股处理。（2）①2011年前，固定资产投资（不含农户）是指城镇和农村各种登记注册类型的企业、事业、行政单位及城镇个体户进行的计划总投资50万元及50万元以上的建设项目投资和房地产开发投资。②2011年起，固定资产投资（不含农户）的统计起点由计划总投资50万元及以上提高到500万元及以上。

大，在中国指数研究院公布的"2017年中国房地产企业规模性前10强"中，保利地产、中国海外发展有限公司（中国铁路工程总公司控股子公司）和华润三家央企分别排在第四、第五和第九（见表6-5）。在中国指数研究院公布的"2017年中国房地产企业综合性前十名"中，保利地产、中国海外发展有限公司（中国铁路工程总公司控股子公司）和华润三家央企同样分别排在第四、第五和第九。2016年全国销售额排名前100的房地产企业中，有15家中央企业下属的房地产企业上榜，平均销售额达到了650亿元，远超过前100名的平均销售额530亿元①。可见，中央企业在房地产行业中有非常强大的竞争力，势必会在与民营房地产企业竞争的过程中占有优势，挤占民营房地产企业的生存空间。

表6-5　中国房地产企业综合性、规模性前10强②（黑体为国有企业）

排名	公司名称	公司名称
1	恒大集团	恒大集团
2	万科企业股份有限公司	万科企业股份有限公司
3	碧桂园控股集团有限公司	碧桂园控股集团有限公司
4	**保利房地产（集团）股份有限公司**	**保利房地产（集团）股份有限公司**
5	**中国海外发展有限公司**	**中国海外发展有限公司**
6	**绿地控股集团股份有限公司**	**绿地控股集团股份有限公司**
7	绿城中国控股有限公司	绿城中国控股有限公司
8	华夏幸福基业股份有限公司	华夏幸福基业股份有限公司
9	**华润置地有限公司**	**华润置地有限公司**
10	融创中国控股有限公司	龙湖地产有限公司

资料来源：中国指数研究院《2017中国房地产百强企业TOP10研究》。

三、国有企业投资房地产的影响

（一）国有企业"地王"现象推高房价

2016年被媒体称为"地王最多的一年"，各种关于"地王"的报道在

---

① 根据中国指数研究院《2016年中国房地产销售额百亿企业专题研究》数据计算所得。
② 综合性排名反映企业规模、盈利能力、成长型和融资能力等组成的企业综合实力；规模性排名反映企业的总资产和净资产规模大小。

新闻媒体上屡见不鲜，"地王"也成了人们茶余饭后的议论话题。"地王"现象之所以能够引起广泛的关注，主要在于房地产开发过程中土地是最根本的要素，土地的价格上涨不仅会直接推高该地块上的房屋价格，也会推高周边房屋价格。特别地，在竞得"地王"的企业中大部分是大型国有企业或者中央企业，由于国有企业和中央企业在中国的特殊地位和作用，人们就更加关注"地工"现象。

其实，在中国"地王"现象不是一件新鲜事，2009 年层出不穷的"地王"就已经让人瞠目结舌。2008 年，由美国次贷危机引起的世界金融危机爆发，受此影响，中国经济增长率出现加速下降的情况，特别在 2008 年第四季度，中国 GDP 增速由上一季度的 9% 跌至 6.8%①。在经济危机中，中国部分行业出现下滑的趋势，相反中国的土地市场却异常活跃，大量资金流入土地市场，推高土地价格。在土地价格上涨的过程中，国有企业，特别是中央企业凭借自身雄厚的资金实力，在土地市场翻云覆雨，拍得一个又一个"地王"。据统计 2009 年的住宅用地总成交额前十名中有 7 家国有企业，成交楼面价前十名中也有 7 家国有企业。

表 6-6　2009 年中国住宅用地总成交额前 10 名

排名	城市	成交总价（亿元）	购买方	是否为国企
1	广州	255	碧桂园、雅居乐、富力	
2	上海	72.45	绿地	是
3	珠海	70.18	华发	是
4	上海	70.06	中海	是
5	珠海	66.15	格力地产	
6	北京	50.5	大龙	是
7	北京	48.3	远洋	是
8	广州	43.41	雅居乐	
9	重庆	41	中海和九龙仓	中海是
10	北京	40.6	中化方兴（现金茂）	是

资料来源：中国指数研究院、中国房地产指数系统《2009 年中国 60 个城市土地市场交易情报》。

---

① 数据来源：中国国家统计局网站，见 http://www.stats.gov.cn。

表 6-7 2009 年中国住宅用地成交楼面价前 10 名

排名	城市	楼面价（元/平方米）	购买方	是否为国企
1	上海	33147	中建	是
2	厦门	30940	恒兴	
3	北京	29859	大龙	是
4	苏州	28057	绿城	
5	上海	27232	绿地	是
6	杭州	24295	西子	
7	北京	23506	保利	是
8	上海	23245	上海城建	是
9	上海	22461	绿地	是
10	上海	22409	中海	是

资料来源：中国指数研究院、中国房地产指数系统《2009 年中国 60 个城市土地市场交易情报》。

　　2010 年，国有企业投资房地产的热度依然丝毫没有减弱。在 3 月份的全国两会期间，两天时间内，国有中央企业就在北京拍出了三个"地王"。随后，3 月 18 日，国资委出台"退房令"，要求除中国铁路工程总公司、中国铁道建筑总公司等 16 家央企以外的 78 家涉足房地产的中央企业退出房地产业。2011 年国资委给鲁能集团、中航工业、神华集团、中煤集团和新兴集团等五家中央企业增发了"房地产许可证"。时至今日，仍有诸如中国船舶工业集团公司、中国核工业建设集团这样担负着重大责任的不以房地产业为主业的中央企业参与房地产业。另外，还有大量的国有企业也一直在房地产市场中活跃着。在 2015 年的"地王"竞拍中，仍然能看到许多国有企业。其中住宅用地总成交额前十名中有 8 家国有企业出现，成交楼面价前十名中也有 8 家国有企业出现。

表 6-8 2015 年中国住宅用地总成交额前 10 名

排名	城市	成交总价（亿元）	购买方	是否为国企
1	广州	88.98	盈胜投资、越秀地产	
2	上海	88.15	金融街	是

排名	城市	成交总价（亿元）	购买方	是否为国企
3	上海	87.95	华炜投资等	
4	北京	86.25	华润、首开股份、联新投资	华润、首开股份是
5	北京	85.95	天恒房地产、中粮地产、中瑞华凯	中粮地产是
6	北京	83.4	华侨城、招商局、华润	是
7	南京	83	华侨城	是
8	上海	72.99	信达、坤瓴投资	信达是
9	上海	70.52	奔汇投资、华顺置业	
10	北京	64.83	保利地产、首开股份	是

资料来源：中国指数研究院，中国房地产指数系统《2015年中国300城市土地交易情报》。

表6-9　2015年中国住宅用地成交楼面价前10名

排名	城市	楼面价（元/平方米）	购买方	是否为国企
1	深圳	79907	中维地产	
2	深圳	51331	中维地产	
3	上海	49236	爵瑟地产	
4	上海	49152	信达、坤瓴投资	信达是
5	北京	45120	保利地产、首开股份	是
6	上海	43790	融辉居业地产	
7	上海	42725	首创正恒、保利、山东黄金	保利、山东黄金是
8	上海	38062	华炜投资、超智资源	
9	上海	34871	奔汇投资、华顺置业	
10	北京	34841	华侨城、招商局、华润	是

资料来源：中国指数研究院，中国房地产指数系统《2015年中国300城市土地交易情报》。

考察2009年和2015年的"地王"，容易发现资金优势明显的国有企业相比民营企业更热衷于拍出"地王"。国有企业高价拿地之后，为了能够盈利必然提高其开发楼盘的房屋售价。一个楼盘的房价上涨不仅仅会带动周边新房和二手房价格的上涨，甚至会产生示范效应，带动整个区域的房价上涨。2015年"地王"集中产生于北京、上海、广州和深圳这四个一线城市，2016年的房价就反映了这一点。据中国指数研究院发布的《中国房地产市场2016总结&2017展望》，2016年北京、上海等十大城市新建住宅价格累计上涨21.86%，超过了百城住宅价格累计上涨幅度。国有企业利用自身的资金优势不断创造出新的"地王"，在地价、房价快速上涨的过程中起到了推动器的作用。

(二) 国有企业投资房地产导致主业滞后发展

国有企业对国有资产负有保值增值的责任，在投资的过程中难免就会倾向利润较高的行业。国有企业的实际控制人为了自身的利益最大化，也会偏好利润高的行业。如果国有企业在投资过程中过分侧重投资房地产业，其主业必然受到影响。

中粮集团有限公司前身是成立于1949年2月的华北对外贸易公司，下设华北粮食、华北油脂、华北蛋品、华北猪鬃、华北皮毛、华北土产等公司。建国以后，华北对外贸易公司改组成为全国性公司，办公地也从天津迁到北京。改革开放之前，当时的中粮集团主要从事小麦、玉米、大米、食糖等大宗农产品的进出口工作，为国家赚取外汇，调节国内粮食供求。改革开放以后，中粮集团由单一的外贸企业转型实业化企业，其业务范围也在逐步扩大。除了原本的粮油食品行业外，中粮集团开始涉足葡萄酒、金属包装、地产开发、金融服务等业务，但是其主要业务仍然在粮油食品行业。进入2000后，中粮集团开始在房地产领域发力，2004年底，中粮集团收购从事房地产行业的深圳市宝恒（集团）股份有限公司59.63%的股份，正式进入住宅地产行业。2006年4月，深圳市宝恒（集团）股份有限公司更名为中粮地产（集团）有限公司。2007年，中粮集团旗下的商业地产北京西单大悦城开业。从这以后，中粮集团旗下的中粮地产和大悦城开始了飞速发展。对比中粮集团旗下A股上市的三家公司的总资产，明显可以看出中粮地产的发展速度远快过中粮糖业和中粮生化。统计中粮集团旗下在A股和港股上市的11家公司的总资产，发现大悦城地产和中粮地产的规模远超其他公司。大悦城地产和中粮地产两家公司的总资产占到了中粮集团旗下 11 家上市公司总资产的 43.56%，占中粮集团总资产的 26.77%。房地产已经成为中粮集团最大的业务之一。

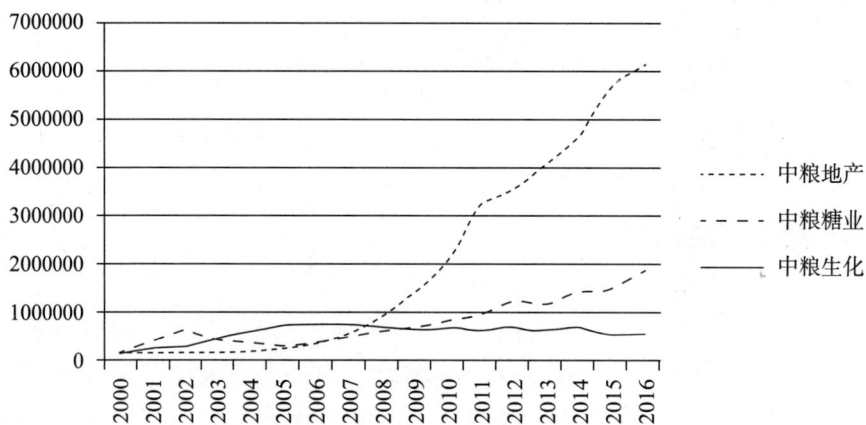

图 6-5　中粮地产、中粮糖业、中粮生化总资产情况①

资料来源：大智慧 365 软件相关数据整理所得。

表 6-10　中粮集团下属 11 家上市公司 2016 年总资产及占比②

（单位：亿元）

公司名称	总资产	占中粮集团总资产的比例
大悦城地产（港股）	825.5	15.36%
中国粮油控股（港股）	721.2	13.42%
中粮地产	612.8	11.40%
蒙牛乳业（港股）	491.2	9.14%
中粮糖业	190	3.54%
中国食品（港股）	161.2	3.00%
中粮包装（港股）	85.1	1.58%
中粮肉食（港股）	83.1	1.55%
中粮生化	54.3	1.01%

---

① 2000—2016 年，中粮地产总资产从 14 亿增长到 612.8 亿，中粮糖业总资产从 19 亿增长到 190 亿，中粮生化总资产从 13.5 亿增长到 54.3 亿。

② 中粮集团 2016 年总资产为 5373.6 亿元，见 http://www.cofco.com/cn/AboutCOFCO/。

公司名称	总资产	占中粮集团总资产的比例
福田实业（港股）	53.7	1.00%
公司名称	23.6	0.44%

资料来源：大智慧 365 软件相关数据整理所得。

在中粮集团旗下的房地产业公司突飞猛进的同时，中粮集团的主业却不是那么光鲜。与国际上的大型粮商比较，尽管中粮集团的资产、年营业收入能够名列前茅，但是其净利润率却很低。根据 2017 年度《财富》世界 500 强，中粮集团在上榜的 5 家国际大型粮商中，总资产排名第一，营业收入排名第二，但是利润及净利率却排名垫底，净利润率只有 0.3%。

表 6-11　2016 年《财富》世界 500 强上榜粮商盈利情况

公司名称	营业收入（亿美元）	利润（亿美元）	净利润率
ADM 公司	623.46	12.79	2.1%
中粮集团	612.65	2.05	0.3%
路易达孚	498.38	3.05	0.6%
邦吉公司	426.79	7.45	1.7%
丰益国际	414.02	9.72	2.3%

资料来源：《财富》杂志《2017 年财富世界 500 强排行榜》。

中粮集团旗下房地产业的发展对其他业务有怎样的影响，鉴于篇幅限制，本书未做明确的判断。但是中粮旗下两家房地产公司与其他公司的规模差距，以及中粮集团与其他国际大型粮商的差距却不得不让人产生中粮集团发展房地产业影响它发展主业的疑虑①。

（三）国有企业加剧房地产市场垄断程度，降低资源配置效率和社会福利

住房市场化改革以来，房地产产品供给方式比较单一，由房地产开发商独家垄断，缺少单位集资建房、私人合作建房等有效替代方式，开发

---

① 在国有企业和中央企业中，有很多类似中粮集团这样的大企业，它们在经营着传统业务的同时也涉足房地产业。如果它们的传统业务和房地产业务之间存在巨大的差距，可以认为这些国有企业的主营业务和社会功能存在一定扭曲。

在与消费者的博弈中明显处于优势地位。部分开发商蓄意扭曲信息，误导或欺骗消费者①，老百姓无所适从，无法及时把握市场动向。房地产产品因地理位置和空间因素而产生的差异性，导致不同房地产产品之间的不可复制性和异质性，形成其自然垄断性，也会削弱市场机制的作用②。这些因素决定了房地产市场存在一定程度的垄断性，国有企业投资房地产进一步加剧垄断程度。

房地产行业存在两大进入壁垒：土地与资金。2004年5月，中央政府提高房地产开发资本金比例，这意味着实力雄厚的企业具有资金优势。国家规定经营性土地出让必须采取"招标、拍卖、挂牌"方式，资金实力雄厚、具有信息优势的国有大型开发商更易获得土地。这些变化提高了房地产行业的进入壁垒，客观上增加了中小开发商的生存难度。尽管各地房地产市场开发商的数量较多，但具有品牌优势的大型国有企业的垄断地位在不断加强，造成以下危害：

第一，价格上涨，有效供给不足，社会福利减少。

如图6-6所示，横轴代表房地产市场商品房的数量，纵轴代表价格。假定房地产市场需求曲线为d，代表性开发商的长期平均成本（LAC）等于边际成本（MC）。根据西方经济学的经典理论，在自由竞争的情况下，房地产市场商品房的价格为Pc（由市场决定而不是开发商决定，因为自由竞争企业只是价格的接受者），均衡数量为Qc，开发商获得正常利润（为零），消费者获得全部社会剩余（为三角形ADPc表示的面积），此时实现帕累托最优③。现市场从自由竞争转向垄断，垄断厂商按照边际成本等于边际收益的原则，确定垄断价格为Pm，垄断数量为Qm，此时垄断厂商获得利润为BCPmPc，消费者剩余减少为CDPm，存在三角形ABC的无谓损失（deadweight loss）。近些年来，房地产开发商通过捂盘、分期开盘、给

---

① 因房地产商品的复杂性和专业性，大多数消费者缺乏对住房性质、质量、配套设施方面的综合知识，不能对商品房作出客观评价。中国商品房销售主要以期房为主，消费者更是难以把握所建房产的状况，加大了消费者与房地产开发商之间的信息不对称。

② 房地产产品的不可移动性，使其不能像普通消费品那样通过要素流动来调节余缺。

③ 帕累托最优指的是指资源分配的一种理想状态：假定固有的一群人和可分配的资源，从一种分配状态到另一种状态的变化中，在没有使任何人境况变坏的前提下，不可能使至少一个人变得更好。

消费者排号等手段，减少或推迟商品房的供给，谋取更多利润，消费者利益遭受损失。

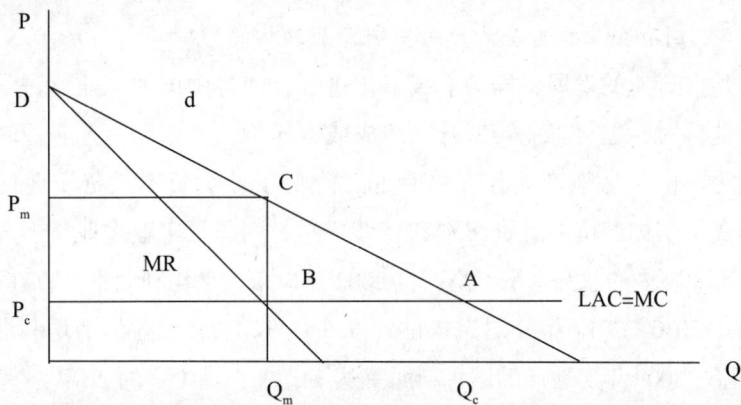

图 6-6　房地产市场垄断带来无谓损失

第二，垄断高房价抑制住房的消费属性而放大其投资属性，产生房地产泡沫，威胁经济安全和社会稳定。垄断房地产商控制下的高房价造成消费者对商品房的逆向选择。具有消费需求的消费者因房价过高无法购房，或推迟购房，或不得不购买并不能满足自己需求的住房，从而抑制对商品房的消费需求。高房价增强了市场对房价上涨的预期，助长投资需求。如果住房的消费需求受到抑制而投资需求占据主导地位，就会产生房地产泡沫。中国社会科学院和北京工业大学发布的《2010 年北京社会建设分析报告》分析到，以每户家庭住宅面积 90 平方米计算，2009 年 11 月北京住房均价 17810 元/平方米，需支付 160 多万元，相当于普通家庭 25 年的可支配收入，房价收入比 25。2014 年《中国家庭金融调查报告》称中国房屋的空置率为 22.4%，远高于其他国家和地区，社会资源浪费严重①。高房价收入比和高房屋空置率证明了高房价对房屋消费需求的抑制。

第三，阻碍经济的可持续发展。短期看，房地产市场繁荣带动上下游及环向关联产业发展，并形成稳定的税源，促进地方经济快速发展。但从长期看，房地产的垄断高价将对消费者的长期收入产生挤出效应，压缩消

---

① 上述数据来源于曾庆阳、支伟业：《我国房地产市场垄断性分析》，《商》2015 年第 21 期，第 246 页。

费者在其他方面的支出。高房价还会增加企业的运营成本和人们的居住成本（在一线城市尤其显著），导致人才流失，投资减少，弱化城市的竞争力，最终损害房地产业和地方经济的可持续发展。

（四）国有企业投资房地产对中国产业结构的影响

房地产行业的发展，推动了城市化进程，使得中国的工业化进一步加快，与此同时，也对工业转型升级造成成本压力，并削弱工业企业转型升级的动力。由于房地产业存在高利润，降低了社会资本投资实业的积极性，提高了实体经济的融资成本和经营成本，削弱了工业企业转型升级的动力。工业整体的盈利水平不高，自 2002 年以来，平均利润率一直在 6%—7% 波动，2010—2012 年分别为 7.6%、7.3%、6.1%，工业的平均利润率在逐渐下降。2009 年房地产的销售利润率达 14.3%，是工业的 2 倍左右[1]。大量资金流入房地产，工业部门的投资金额较少，使得工业转型升级困难。

另外，国有企业的"地王"行为和资源优势也会破坏房地产行业的市场竞争秩序，使得房地产行业难以实现技术进步，加剧资源环境压力，造成资源浪费。

---

① 尹振茂、苗圩：《金融房地产高利润削弱工业转型动力》，《证券时报》2013 年 11 月 28 日。

第七章　中国房地产健康发展的政策建议

第一节　美国房地产发展借鉴

一、美国的房地产发展历程

纵观美国房地产发展历程，大致可分为以下四个阶段。

（一）美国房地产萌芽阶段：美国殖民地时期到1933年

美国独立之前，移民开始与美洲土著进行土地交易，房地产市场开始萌芽。美国成立之初，政府通过各种方式（战争或协议购买）获得大片土地，并在19世纪把其中的许多土地卖给农民或其他个人。美国政府奉行"经济人"理念：如果土地归私人所有，人们就会有更大的积极性进行投资，从而使土地经济效益最大化的同时整个国家的财富也会大大增加。土地私有化意味着土地的自由流动，只要价格合适，土地所有者可以将土地卖给任何具有土地需求的人。所有权的自由转让，鼓励了人们的投资热情。1830年，铁路的出现给美国居民的出行和生活带来极大便利，居民对铁路沿线住房的需求上升，土地交易量扩大，从而带动了沿路城市房地产的发展。其次是工业化浪潮的兴起，城市商业区土地快速升值，许多投机者发现套利机会，参与房地产投机活动。与此类似，各州也相继出现了此类投机。这一时期发生了2次著名的房地产市场投机：1880年加利福尼亚投机①

---

①　19世纪末美国城市工业化道路开启，加州作为西部淘金热的重要地区，成为商人投资的核心。在当时，各大媒体在报纸上大量宣传加州房地产市场的繁荣。1887年，经济温和衰退，标志着这次投机热潮结束。这次投机在后来被认为是由于资产价格"非理性繁荣"所致。

和 1920 年佛罗里达投机①。紧接着到了大萧条。1929—1933 年，美国经济大萧条使得近 200 万居民因无力偿还住房贷款而丧失住房产权，大量银行也因无法收回贷款而破产。罗斯福政府意识到解决问题的关键：一是解决居民的支付能力，二是完善银行的信用管理体系。因此在这段时期里，政府针对居民和银行制定一系列金融扶持政策，如《联邦住房借贷银行法案》《有房户借贷法案》。

（二）美国房地产初步发展阶段：1933 年到 1960 年

由于战争的影响，大量的壮年男子因服役离开本土，居民对住房需求大大减少，因此在这期间，除了少量工业建筑和住宅完成开发，大多数私人住房建设被搁置，此时的闲置房屋很少。二战结束后，大量军人回到家乡，对住房需求迅速增加，出现大规模住房建设，导致房价出现全面性上涨②。1942—1947 年期间，美国房价指数上涨了 6 成，美国房价回归到第一次世界大战之前的水平，但此后政府也并未采取大幅降低房价政策。

杜鲁门政府在 1949 年修订的《国家住房法》中提出，"政府为每一个美国家庭提供具有良好居住条件的住房"。1940—1960 年，在经济政策的刺激下，美国房地产行业进入快速发展时期，住房拥有率大幅度上升，从 44% 升至 62%③。美国居民主要的居住方式由以租房为主转成以自有房为主，美国住房私有化进程加快。

（三）美国房地产高速发展阶段：1960 年到 1990 年

这一时期美国爆发了储贷协会危机，以储蓄、贷款协会和共同储蓄银行为中心的住房贷款系统出现如下严重问题：一是用短期存款来支持长期贷款，出现资金缺口，同时由于通货膨胀率和利率的不断上升，使得该贷款系统出现严重负利率现象。二是从 1970 年开始，货币市场共同基金（MMMF）的出现，吸引了部分储户将资金从储蓄转移到基金投资。因此，

①　美国佛罗里达州房地产投机发生于 1923 年，当时美国经济超级繁荣，享乐主义兴起，现代信贷消费制度初步建立。由于旅游业发达和政府相应的支持，导致当地的房地产价格过高，投机盛行。1926 年，飓风袭击佛罗里达州，引发房地产泡沫破灭，导致整个资金链断裂，大量房地产企业面临破产，银行面临巨额坏账，最终引发金融危机。

②　罗斯福新政与第二次世界大战后美国经济快速增长也是此轮房价上涨的重要原因。

③　葛瑛：《美国房地产市场及房地产金融发展的历史回顾》，《浙江金融》2011 年第 1 期，第 75 页。

储贷协会不得不提高利率进行融资，使得其资金成本急剧上升。由于资不抵债，最终导致储贷协会大量倒闭。

为打破公司和富人投资医院、工业园区以及基础设施等大型房地产项目的垄断地位，让中小投资者也能够参与投资大型房地产项目，美国国会批准《房地产信托投资法》，允许一些公司通过公开募集的方式，将众多中小投资者的资金汇集到拥有特定不动产的公司，但是由于该法案刚处于萌芽阶段，在各方面受到限制较多，致使房地产投资信托（Real Estate Investment Trust，以下简称REITs）发展缓慢，规模较小。特别地，REITs使较少的股东权益可以募集到大量的资金，在房地产开发的热潮时期，该方法可以为房地产投资项目提供短期贷款，迅速扩大它的资产规模。反之，在经济下行阶段，中小投资者由于资金不足，对基金的投资需求减少，导致基金价格下跌，规模缩小。随着股权类REITs的上市，其投资领域扩大到工业地产、酒店、营销中心等地产项目，房地产投资信托日渐成熟。

此外，联邦政府为加强二级市场发展，相继设立了房利美、吉利美、房地美三大机构为居民提供住房抵押贷款。这三大机构通过大规模整合抵押贷款，并将之证券化，促进二级市场的发展。随着新时代的计算机化，各种房屋抵押贷款业务手续简单，操作快速便捷，大大缩短贷款审批所需的时间。将之前隔离的信贷系统转变为一个开放式系统，并以此为进入世界金融市场奠定基础。资产证券化和二级抵押市场使美国能将全球资本引入房地产行业，完善美国住房金融体系。

（四）美国房地产萧条与复苏阶段：1990年至今

由于美国货币当局采取宽松的货币政策，刺激次级抵押贷款[①]席卷整个房地产市场。经济下行时，房价也下跌，导致房屋本身的价值低于抵押时的价值。经济下行使贷款抵押者收入水平降低，不愿偿还贷款，于是相继出现贷款违约，抵押住房被银行收回的现象。许多银行、投资银行（如雷曼兄弟）、保险公司（如美国友邦AIA）的应收账款变为坏账，接连出现倒闭的现象，增加了整个金融市场的系统风险，酿制2007年金融危机。

危机期间，美联储通过短期国债交易降低联邦基金目标利率。2006年

---

① 指银行以更高的利率贷款给收入水平低，风险承受能力低的人群。

末，美国国债余额为 7836 亿美元，2008 年年末为 4814 亿美元，国债资产占美联储总资产的比例大幅下降。2008 年 12 月，美联储宣布将联邦基金利率控制在 0—0.25%，同时将法定存款准备金和超额存款准备金利率控制在这个范围内①。

如表 7-1 所示的量化宽松政策降低长期利率水平，使美国房地产公司从银行借款的利率有所下降，降低了贷款成本，投资兴建房屋的成本降低，刺激了房地产市场的发展。长期利率的降低活跃了信贷市场，信贷公司发放的房屋抵押贷款利率比危机发生时更低、更合理。此时，购房者更愿意在信贷市场上进行抵押贷款购房。

表 7-1   2008 年金融危机期间美国政府采取的四次量化宽松政策

时间	2009 年 1 月— 2010 年 3 月	2010 年 11 月— 2011 年 6 月	2011 年 9 月— 2012 年 6 月	2012 年 9 月— 2014 年 10 月
操作方式	买入 MBS 和国债	买入国债	卖出短期国债买入长期国债	买入 MBS 和国债
购买量	MBS1.25 万亿元，国债 3000 亿美元	国债 6000 亿美元	国债 4000 亿美元（买入、卖出各 4000 亿美元）	国债 6500 亿美元、 MBS8000 亿美元（2014 年底）
三年期国债利率	1.45%	0.94%	0.38%	0.49%
七年期国债利率	2.98%	2.57%	1.27%	1.56%
十年期国债利率	3.40%	3.15%	1.87%	2.20%

资料来源：陈曦：《美联储：量化宽松政策之进与退》，《金融市场研究》2014 年第 12 期。

在这四次量化宽松政策中，美国政府通过大规模的购买抵押债券和国债，既压低了房屋抵押贷款利率，又为抵押贷款公司提供了资金支持，从而推动按揭贷款市场以及整个房地产市场的复苏。总体而言，美国的量化宽松政策取得了理想的效果，但是美联储也因此成为了 MBS 和中长期国债的持有者。2013 年以后，美国失业率水平稳步下降，距离国家正常失业率水平（5%）越来越近，因而，美联储逐步退出量化宽松政策。一是减少

---

① 董洪福：《从美联储报表看美国货币政策变化及特点》，《银行家》2011 年第 5 期，第 33 页。

对机构债券的投资，即美国联邦政府减少对资产（如国债和抵押贷款债券）的购买。同时随着政府对资产购买量的减少，也必将会改变这些债券的收益率。二是联邦政府逐步出售所持有资产。为缓解危机，政府采取宽松政策，购买大量资产，资产负债表中资产达到空前的高水平。为使资产负债表恢复到合理水平，政府将这些资产重新投放到市场上，但是为避免一次性全部投入造成市场的剧烈波动，所以政府缓慢进行资产投放。三是改变利率水平，美联储通过卖出长期债券买入短期债券这种反向操作来实现。一旦美联储减少对国债购买，长期国债收益率将会迅速改变。利率上升，购房者的抵押贷款利率上升，对房屋的需求减少，房地产公司的贷款成本也会上升，对房地产的投资也会下降，抑制了房地产的过热增长。

二、美国的住房保障政策

（一）美国的公共住房保障政策

作为最早实施公共住房政策的国家之一，美国对于公共住房已有超过150年的调控经验。美国公共住房政策始于1867年的纽约经济公寓建设法案，先后经历了酝酿和尝试阶段、逐步制度化阶段、持续调整阶段和如今的发展完善四个阶段。

1937年9月1日，为实现关于改善居民住房条件的承诺，国会通过了参议员瓦格纳及众议院主席蒂高尔提议的《美国住房法》[①]，该法案标志着美国住房局的成立。美国住房局负责公共住房建设和管理，为房屋建设提供超过房屋开发总额度九成的资金，负责房屋地点选择、施工、物管，以及选择合适的居住者。此外，住房局还为业主担保信贷抵押，降低了银行贷款利率且能延长贷款期限。住房局成立后的4年内累计完成建筑工程511项，住宅约16万套，一定程度上改善了中低收入阶层的居住环境。此后不久爆发的二战影响到公共住房的发展，同期颁布的拉纳姆法等相关政策则是为了给复员士兵及家人提供应急住房、用于教育机构而设立。

1949年7月8日，美国国会参议院通过了《1949年住房法》，该法案

---

① 该法案是美国首部针对低收入群体的法案，是美国公共住房建设进入实质发展阶段的重要标志。

着眼于住房问题，美国政府由此拉开了大规模城市更新的序幕。法案宣称将要通过对贫民窟进行清理、改造衰败地区来改善美国家庭的居住环境。按照该法案的规划，联邦和地方政府将在6年之内建立81万套廉价公共住房。地方政府通过清除衰败的住宅和居民区，将清理出的土地以低价出售给私人开发商和房屋建设部门并用于公共住房建设，从而为无力购买住房的家庭提供帮助。但随着朝鲜战争的爆发，以公共住房建设为核心的住房援助计划实施进程受到很大影响，直到1960年，所新建的公共住房数量仍屈指可数。

城市更新运动展开十年后，中心城市衰败的问题仍然严重，肯尼迪政府发现，住房补贴为地方政府和家庭提供了更大的灵活性，并且避免了清除计划对原社区的破坏。于是1961年到1970年，公共住房政策从新建公共住房为主转移到以住房补贴为主。1968年《住房与城市发展法》除了继续提供公共住房外，还鼓励非营利性组织、私营开发商向低收入居民提供住房，这些机构会获得政府的资助或者通过降低贷款利率来为低收入者提供低价格的公共住房。通过该法案，截至1973年，美国新增170万套补贴住房。

1970年后，美国住房市场上住房短缺问题得到极大改善，政府着力解决低收入者交付房租压力过大的问题。1976年，在美国年收入不足一万美元的家庭中，有18.5%的家庭房租超过收入的50%。尼克松政府于1974年颁布《住房和社区发展法》，推行社区发展拨款项目和租金证明计划。改计划允许政府为社区发展提供资金，并对低收入家庭房租进行补贴。到1993年，该法案提供的补助惠及超过130万个家庭[①]。

21世纪初，为刺激经济发展，美联储连续降低联邦基金利率。经过13次降息后，利率达到最低点1%，此水平一直维持到2004年6月。低利率带来了美国房地产的空前繁荣，房价从2002年开始了连续4年每年10%的上涨。同时，政府为中低收入的购房者提供贷款保险，使其获得银行贷款，从而达到鼓励中低收入人群买房的目的。大量中低收入者的出现，推动了当地房地产业空前繁荣，信贷机构次级贷款的额度一路飙升，为次贷

---

① 穆诗煜、成虎：《从供需角度分析美国住房保障》，《工程管理报》2010年第2期，第193页。

危机的爆发埋下了祸根。

（二）从供需角度分析美国住房保障模式

在美国，政府对中低收入家庭从供给和需求两方面提供补贴来保障住房（见图7-1）。

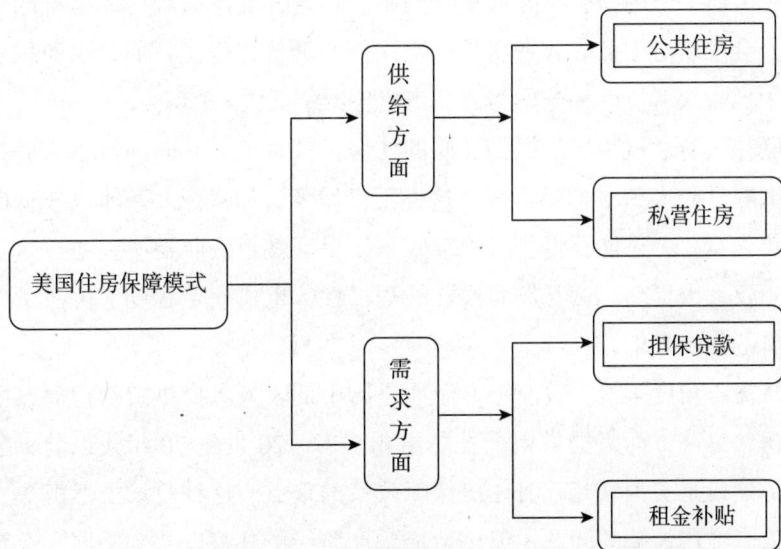

图7-1 美国住房保障模式

从供给角度来看，增加低租金住房的供给或以较低的价格将住房卖给中低收入者是政府采取的主要措施。低租金住房的供给主要发生在20世纪30年代的大萧条和二战后。20世纪20—30年代，由于美国经济大萧条，导致大量城市居民失业，丧失住房；加之快速的城市化进程使城市人口急剧上升，大量的城市住房老化需要进行维修翻新。在这种情况下，政府为解决中低收入者的住房问题，对房地产的调控开始由市场调节转化为直接干预，公共住房的建设由此开始。第二次世界大战后，大量的退伍老兵离开战场返回家乡，使美国房地产市场再次陷入供不应求的局面。政府为缓和这种矛盾，先后出台了《兰汉姆法》《士兵福利法案》《住房法》等，计划于1955年前兴建81万套公共住房。

与公共住房保障相同，私营住房的保障也是出现在美国住房供不应求时期，美国联邦政府以较低的价格将住房卖给中低收入者——包括20世纪

60年代通过优惠政策等方式鼓励开发商提供的廉租住房和低价住房。当时根据有关学者的分析，20世纪60年代末到70年代末，美国住房需求将上升至2600万套，为此政府制定了补贴600万套住房的目标①。这一目标仅依靠政府难以实现。为刺激私营开发商开发低于市场正常租金水平的低价住房，政府采取的措施是降低贷款利率。私营开发商为获得成本低的银行贷款，会主动对中低收入者安排一定比例的低价住房，一部分以廉租房出租给中低收入者，一部分作为商品房出售给中低收入者。

联邦政府通过为居民提供长期的住房抵押贷款，并向中低收入者提供超过家庭月收入30%的租房券，这样不仅保障了私营开发商能以较低的成本筹集到贷款，还能获得住房租金收入，保证其投资收益率。通过这种方式，不仅大大提高私营开发商投资的积极性，也在一定程度上解决了中低收入者的住房需求。

从需求角度来看，政府一方面通过给中低收入者提供贷款担保鼓励他们买房，另一方面，提供租金补贴给租房者。20世纪70年代以前，公共住房的建设是美国联邦政府住房保障政策的重点。这种政策虽然解决了中低收入者住房短缺的问题，但也造成中产阶级的住房购买力下降——资金回收困难。在此情形下，住房市场出现停滞不前的现象，市场运行效率降低，其他收入者的住房消费水平无法提高。20世纪70年代后，由于住房总量相对充足，美国联邦政府的住房保障政策逐渐由供给保障转换为需求保障：政府直接向中低收入者提供租房与买房补贴。

由于租金补贴保障方式的补贴效率是100%，补贴转移时不会出现损失，所以被经济学家们广泛认同。如图7-2所示，直线AB表示在未实施住房补贴政策时消费者预算线，直线CD是采取租金补贴保障方式下的消费者预算线，直线A′B是采取生产者补贴保障方式下的消费者预算线。三种补贴下的消费者均衡点分别为E、F、G。曲线①和曲线②分别表示补贴前后的无差异曲线。由图可知，在实行租金补贴保障方式下，消费者收入增加，消费者预算线从AB平移到CD，其住房和其他商品的消费量以等比例的形式增加，此时消费者的偏好满足程度与补贴之前相同。但在生产者

---

① 穆诗煜、成虎：《从供需角度分析美国住房保障》，《工程管理报》2010年第2期，第194页。

补贴保障方式下，消费者仅仅能够增加对住房的消费，而无法增加其对其他商品的消费。尽管两种不同补贴模式下的均衡点位于同一无差异曲线上，消费者所获得的总效用相同，但显然生产者补贴方式牺牲了其他消费品需求，这种方式危害了其他商品的市场，影响了市场制度的整体性，不利于市场公平竞争原则。两相比较，租金补贴更符合市场经济的发展规律。

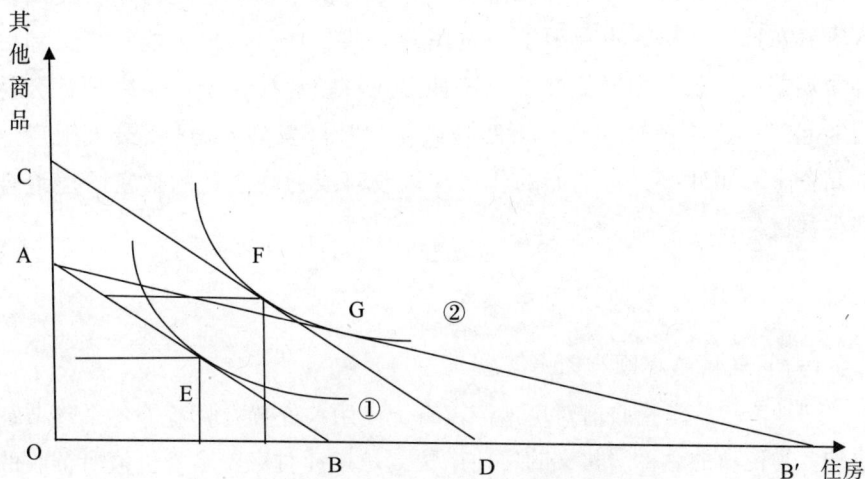

图7-2　不同补贴方式下的经济效率分析

租金补贴保障在市场框架中运行，有助于改善各个阶层居民的居住条件。政府将私有住房市场的低价房屋加以利用，有效减少了社会资源的浪费。20世纪70年代的租金补贴保障降低了美国住房市场的住房空置率，提高了社会总体福利效应，基本上实现了"提高全美人民居住条件"的总体目标。租金补贴的缺点是，如果在住房市场上供给远远小于需求的情况下，房屋的租金会大大高于房屋的实际价值。此时的租金补贴将加大政府的财政负担。政府通过为中低收入者提供担保贷款或住房保险，不需要动用财政资金，这类保障将有效减少财政负担。但相对宽松的贷款条件可能导致过度借贷，对政府和信贷公司都存在一定的风险。中低收入者购买自己无力偿还的住房后，只能由政府为此买单，这也是导致次贷危机的重要原因。

（三）美国公共住房保障政策对中国的启示

第一是建立完善的住房法律法规。完善的法律法规是美国住房市场长期以来良好发展的前提①，同时完备的监督机制使美国住房政策相对公平。第二是通过大规模新建公共住房、提供租金补贴、以低价出售住房等方式来解决住房数量不足的问题。中国对中低收入家庭住房保障的实施计划、供应标准、资金运作、和保障措施等，可借鉴美国做法上升到法律法规层面进行界定和保障。第三是对租房者的直接补贴，使低收入家庭在选择住房时不受困于"贫民窟"式的居住环境，能够享受到更高质量的社区服务和居住环境。这种方式对缓解社会矛盾、维护社会稳定能起到一定的积极作用。第四是成立"社区发展基金"，最大限度地提高资金利用效率，将老旧的住房片区改建成为高质量的贫富阶层混合居住社区。

三、美国的房地产调控政策

（一）美国的房地产税收体系

房地产税，是指政府对房地产占有、使用、处置、收益等各个环节征收的各类税项的总称。狭义的房地产税，是指针对房屋本身价值所征收的财产税，它属于房地产保有税的环节之一。广义的房地产税还包括房屋买卖交易时需要缴纳的交易税。美国房地产税收体系至今已有200多年的历史，对纳税人、课税对象、征税依据、税率、税收优惠、税收用途等均有明确规定。

1. 美国房地产税收体系的主要内容

美国房产税的纳税人是指拥有房地产的自然人或者法人，主要包括住宅所有者和住宅出租者。纳税人一般不包括住宅承租者，但出租人与承租人二者可以通过协议商定或者法律决定由哪一方缴纳房产税。例如，根据加利福尼亚州房地产税法的规定，凡在当地拥有房地产都属于房地产税纳税人。

---

① 美国法律对住房受惠人群有着明确的标准。

美国房产税的课税对象①为房屋及土地，以房屋估价为课税依据。由于地方政府要求低估大额房地产的价值，以此来吸引外地资本流入，所以在实际估价过程中，估价和市价二者之间往往存在较大差异，通常只将市价的 3/4 甚至一半定为估价。例如，加利福尼亚州房地产相关税法将房地产市场价格作为课税依据，但实际课税价格仅为评估部门所确定市场价格的 40%。

美国房产税的税率，通常是地方政府根据每年各级政府的预算需要确定，但由于预算应征收的房产税与房屋计税价值总额每年都有变化，所以房产税税率也经常变化。税率的确定方法是，政府用其他政府收入总额（除房产税之外）与下一财政年度预算总额的差额除以当地房地产的市场价格②。即税率的计算公式为：房地产税率＝（下一年财政预算总额－其他政府收入总额）／当地房地产的市场价格③。鉴于住房在居民生活中的重要性，美国实施了一系列税收优惠政策。其一是为鼓励私人投资提供的税收优惠④。其二是减免税，针对纳税压力相对更高的特定人群而设定。其中最为典型的是个人房产税的减免：当房产税超过某一最大值时，纳税人可

---

① 在国际实践中，征税对象存在三种不同模式。第一种是分离型，对房屋税和土地税分别进行征收，或者只对二者之一进行征收。第二种是合并型，即将房屋和土地作为同一征税对象。第三种混合型，将房屋和土地合并在同一税种之下。美国采取的是第二种模式。

② 按照房屋用途，房屋可以分为居民住宅房、商业房和工业房三大类，对不同的房屋类型征收的税率也不同。

③ 联邦法律规定了对房地产征税的最高限额，所以美国房产税税率的高低会受到一定的限制。

④ 私人部门建造廉租房获得税收优惠简称 LTHTC（Low-income housing tax credit），其条件是：投资的这个项目必须要按照一个固定的比例将其分配给低收入家庭，并且这部分住房要求的租金不得高于低收入家庭收入的 30%。各州被赋予权力向建造、改建和获得廉租房者提供税收优惠证，房屋所有者可以用这个优惠证减免其他收入的税收，也有权将房屋变卖进行融资。其主要内容包括：（1）税收优惠期一般是 10 年，税收优惠率一般在 4% 和 9% 左右波动。获得联邦补贴和现有住房的改建房和新建房通常只能获得 4% 的优惠，但是如果建者将联邦补贴从房屋基础价值中扣除，仍然可以获得 9% 的税收优惠。9% 的税收优惠吸引力巨大，在美国各州竞争激烈，是很有效的一种权益融资机制。（2）1989 年在补充法案中，提出为难开发地区和特定人群区提供较高的免税资产基准。难开发区是指位于都市区或非都市区劳动成本、建筑成本以及其他开发成本较高的地区；特定人群区是指某个地区 50% 的家庭收入低于中等家庭收入的 60% 的地区。这些地区的选择由 HUD（Housing and urban development 住房和城市发展部）决定。LTHTC 每年为市场提供大约 10 万套廉租房，在 2006 年为市场提供了 13 万套廉租房，在市场占据了一定的地位；并且融资效果不容小觑，在 2004 年向投资者出售 1 美元住房的税收优惠达到 80—90 美分的资金，相比最初的 35—40 美分，优惠幅度大大提高。上述数据来源于杨井贺：《美国房地产税收制度研究》，硕士学位论文，浙江理工大学管理科学与工程学院，2008 年。

从州政府得到相应的州个人所得税抵免或现金补偿。但在政策的实施中，大部分州的实施对象仅限于老年业主①。其三是延期纳税。延期纳税制度规定房产在无法抗拒的力量下增值时，纳税人可以用房产原有的价值作为课税依据。原值与现值之差可以延期缴纳。美国不同州对于该政策具体要求不同，部分州需要缴纳全部差额，而有些州只需缴纳部分；不同州对于差额的利息要求也有所不同，部分州甚至免除相关利息。

2. 美国房地产税的用途

美国房地产税的征收并不是调控房地产市场的主要手段。绝大多数房地产税由地方政府征收，并用于公共用途。支付学区义务教育、提升治安水平、改善公共环境占据地方政府房产税去向的绝大部分比例。

美国在中小学阶段实行义务教育制度，教育方面的开支巨大，在亚特兰价格最高的学区，平均每年教育方面财政预算接近7000万美元。房产税是弥补这一巨大财政缺口的重要手段。2013年华盛顿州用于中小学经费支出的费用占物业税支出的45%，约136.4亿美元。这些经费支出包括学校基础设施建设、教师福利费用以及学生伙食。此外，还有18%的税收支出作为公立大学经费，主要被用于科研项目需求以及教学设备升级②。改善公共环境的税收支出则用于为社会提供公共服务，例如建设机场、公园、医院、消防、码头等，最后剩余的税收才被用于政府经费。美国房地产税收的用途很好地诠释了"取之于民，用之于民"的含义。

3. 美国房地产税的特点

第一是不同级政府税率制定的自主性。

税收支出主要用于提供地区公共服务，为了使纳税居民更好地监督、评估税收使用情况、提高公共服务质量，使征税权责对等，房地产税主要由地区政府征收。地方政府拥有独立的税率制定权，并自主征收、使用，无需上交至更高级的联邦和州政府。房地产税的收入，对地方政府运作预算的平衡有着积极的促进作用。

---

① 美国各州按用途划分，对于用于教育、宗教、非盈利性机构以及用于公共目的的政府房产实施免税。除此之外，用于环保和促进经济发展的部分项目享受免税。

② 《取之于民用之于民看看美国房产税都被用来做了啥?》，世界新闻网，2013年3月26日，见 http://m.fang.com/news/bj10_ 9775145.html。

第二是价值评估体系的争议性。

为了精确地评估出房产的价值，部分州以五年为周期对房地产价值进行一轮评定并以此为计税依据。不同州对房产税核定价值的标准有所不同。大部分州以房地产市场价值为标准（如新泽西州），部分州以全部价值的固定比例为标准（如纽约州）。不同标准存在很大的争议性。对于市场价值的评估又有当前用途和潜在用途两种不同标准，在不同标准之下，同一处房地产可能出现不同的用途，从而导致不同的价格。还有部分州将销售价值作为税基计算标准，该体系无固定估价周期，仅在出售时才会重新估价，使得同一处房产，新老业主可能面临不同的房产税，有失公平。

第三是房产税减免条例多样性。

不同州有着不同政策来减少纳税人的房产税，从而减轻其财务负担。其中包括对特定个人、机构的房产评估价值按比例减免税收，从而实现吸引更多企业、促进地区经济发展的目的。针对低收入的老年业主，某些州会将超出家庭收入一定比例的房产税部分返还业主。一些州政府为一些困难家庭提供了延期纳税政策，使部分新增税款不必立刻全额缴纳。在一些特定地区，地方政府无需用一般纳税人所提供的税款为新开发项目进行融资。

（二）美国的"限购政策"

美国并没有像中国这样明确地出台限购政策，仅仅是提高一些标准和增加一些管理手段变相地限制一些房屋的购买。例如2008年金融危机后，为避免经济复苏带来泡沫，美国联邦政府要求各银行提高贷款标准，废除对低收入者和无收入者的支持措施，对不符合信用要求和贷款标准的贷款者不予发放贷款，降低出现大量坏账的可能性。

美国房地产"限购"的主要做法是收紧贷款信用和提高放贷利率。包括收紧贷款标准、加大放贷者责任、更严格地审核贷款流程、根据贷款的"指数指导利率"来批准借款人的贷款等。美国的"限购政策"使房产市场复苏并至今保持着良好的发展趋势，但使低收入者更难买房。

（三）美国房地产调控政策的经验借鉴

第一，在符合国家相关规定的情况下赋予省一级政府更大的税收自主权，包括税率的制定、税收减免制度、延期纳税制度、税收加成征收制度以及独立的税法解释权力等。这样既能保证全国税收的统一性，又能兼顾各地的实际情况。第二，完善法律法规，加强税收透明度，有效防止税收中滋生的腐败，真正实现"取之于民，用之于民"。第三，实行"少税种，宽税基"的税收制度，避免因为税种复杂导致重复课税。在税率制定上，要既让普通居民能够接受，又能起到调节高收入者住房消费的作用。第四，优化房产税征管制度，规范和简化征管方式，既可以提高征管效率、降低房产税税收征管成本，又可以保障税收收入。

第二节　日本的房地产发展借鉴

一、第二次世界大战后日本房地产发展历程

二战结束以后，日本国内元气大伤，人民生活水平极度恶化。为了改善人民生活水平和发展国内经济，政府开始大力促进工业发展，尤其是重型、大型产业高速发展。受日本经济迅速恢复和工业快速发展的影响，日本的房地产行业从工业用地开始兴起，接着向住房用地以及商业用地进行转变，地产价格一路上升，泡沫不断扩大，直到《广场协议》之后，日元出现大幅升值，地产价格开始暴跌，日本陷入了长达十年或者说是二十年的经济萧条。纵观二战后日本房地产的发展过程，可以分为三个阶段。

（一）正常上升阶段：1955—1980 年

第二次世界大战以后，日本政府认为要想使本国经济重新发展、迅速恢复，必须先注重工业发展，以工业带动其他行业，因此，当时日本对人民生活居住环境的重视程度远远不及对工业发展的重视程度。在 1955 年到 1970 年这一段时期内，日本着重发展重化工行业和制造行业，工业化率从以前的 40% 上升到了 49%[①]。在这样的环境下，日本工业用地的价格伴随着经济急速恢复与工业化进程加快而大幅度上涨，在当时，工业用地的投资占总体土地开发投资总和的比例达到了历史高位。

与此同时，第二次世界大战以后日本出生率快速提高，使得日本城市居民迅速增多，再加上由于工业化发展所导致的农村青年向城市转移，人

---

① 林采宜、吴齐华、王丽妍：《影响日本房地产周期的关键因素》，《新金融评论》2014 年第 5 期，第 61 页。

口城镇化率从 1950 年的 40% 提高到 1975 年的 75%①。1965 年后，随着战后出生的一代进入结婚组建家庭的高峰期，日本国内对住宅的需求开始逐渐增加。当时日本工业化进程已经逐渐从顶峰下来，到 1970 年，工业化已基本完成。因此从 1965 年开始，住宅用地地价领先于各类土地价格，开始成为拉动房地产价格的主要动力。这一时期，日本政府开始看重住宅建设，提出"第一期住宅五年计划"，大力推动民间资本进入房地产行业，民营企业迅速成为住宅建设发展的主要力量。1972 年日本内阁总理田中角荣发表著名的《日本列岛改造论》以及东京圈复兴计划，推动日本部分地区房地产价格上涨，政府土地收储、大规模基础设施建设、产业迁移等因素都使得投资者预期待开发地区的土地价格大幅度上涨升值②。东京圈、大阪圈和名古屋圈凭借着历史因素以及本身地理位置成为发展最快速的三大城市圈，收入水平迅速提高，并且与其他地区的收入差距不断拉大，逐渐吸引许多青年在这些地区定居。

1973 年，当欧洲和美国因为石油危机陷入萧条时，日本房地产进入繁荣阶段。随着日本经济从高速增长转变为中低速增长，日本房地产行业也开始转向平稳增长，在 1981 年到达房地产增长的最高点。随后由于房地产投机现象开始蔓延、日本政府的财政政策以及国际汇率和贸易的一些因素，日本房地产转向一个泡沫增长并且不断膨胀的阶段。

（二）泡沫增长阶段：1980—1991 年

20 世纪 70 年代后期，日本经济从"投资主导型"转变为"出口主导型"。1983 年后，世界经济开始恢复，美国在 1982 年实行高汇率政策，开始大量进口日本的高科技技术产品，使得日本出口急剧上升，并带动日本国内的钢铁和制造行业的发展，最终导致日本的外贸盈余越来越多。1985 年，日本成为世界上最大的债权国，日元开始成为世界第三大储备货币，占各国外汇储备的 8%。同一时期美国发生严重的通货膨胀，美国政府企图通过高利率抑制通货膨胀，却带来了美元升值，外贸赤字进一步扩大，

---

① 林采宜、吴齐华、王丽妍：《影响日本房地产周期的关键因素》，《新金融评论》2014 年第 5 期，第 62 页。

② 一些从前无人问津的偏僻地区，由于预期可能成为候补开发区，也被企业相继购买。

不仅使美国制造业竞争力下降，而且使美国陷入了贸易赤字和财政赤字双重危机。随后，美国政府开始促使世界第二大经济体日本的货币升值，并通过对外汇市场的干预，使美元贬值，增强美国国内制造工业在国际社会的竞争能力。由于日本国内也认为日元升值对日元国际化比较有利，于是在1985年9月22日，在美国的主导下，美、英、德、法、意等五国制定了"广场协议"，五国共同对外汇市场进行干预，使得美元相对于日元大幅度贬值，同时，日本官方也出台了一系列政策，迫使日元开始了快速升值的步伐，在1985年间，日元兑美元的汇率从240∶1升至120∶1。

1985年，日本政府发布《关于金融自由化、日元国际化的现状和展望》的公告，拉开日本经济、金融全面自由化、国际化的序幕。国际资本由此可以自由地进入日本进行投机活动，一些国际性大银行进入原本由中小金融机构服务的中小企业和个人业务，压制了中小金融机构的业务活动，迫使他们转入到高收益高风险的房地产市场。1986年4月，日本政府出台《国际协调经济结构调整研究会报告书》（又称《前川报告》），其宗旨是扩大内需、稳定汇率、推进金融市场自由化和国际化、彻底转变进出口的产业结构。这些政策在迫使日本政府大规模增加财政支出，降低利率的同时，使日本人民产生错误估计，纷纷把资金投入房地产市场，引发大规模的土地投机活动。

由于多种因素的作用，日本银行为了加强自身的竞争力，开始把目光放到了当时日益上涨的房地产市场上，毫无节制地向日本房地产公司和建筑公司发放抵押贷款，提供大量资金给房地产投机者，使银行的土地抵押贷款额迅速攀升。1984年日本全国的房地产抵押贷款占银行的贷款总额比例为17%，到1987年这个数字上升到了20%，呈现出逐年增加的态势。银行对房地产行业的信贷扩张与地产价格上涨形成恶性循环，助长了房地产泡沫的形成和膨胀。从1986年到1991年，日本土地价格上升了两倍多，仅1987年，日本的土地价值就达到了1638万亿日元，相当于美国同期土地资产总价值的4倍。1987年到1991年间东京的土地资产总值甚至超过了日本全国的GDP总值[①]。

---

① 白力文：《日本房地产泡沫的形成与崩溃及其对中国的启示》，硕士学位论文，东北财经大学世界经济系，2011年，第27页。

（三）日本房地产泡沫破灭以及后续稳定阶段：1991年至今

随着日本房地产价格不断地上涨，房产泡沫越来越大，房地产价格达到了一个人们无法忍受的高度。对于那些普通的工薪阶层来说，买房已经成为一种奢求，人们开始要求政府对已经畸形的房产价格做出调整。1989年5月底，日本银行开始金融紧缩。由于上调央行贴现率对控制地价效果不甚显著，日本大藏省发布《关于控制土地相关融资的规定》，对土地金融进行总量控制，规定全国的金融机构必须将每个季度关于房地产业的融资余额增长率控制在全部贷款余额的控制率之下。这一突然而剧烈的金融紧缩政策成为日本房产泡沫破灭的导火索，股票和房地产价格双双大幅下跌，紧接着，大型银行开始出现巨额坏账，众多的中小型银行和非银行金融机构破产。日本政府出台的"总量控制"政策使房产真正开始下跌，累积的房产泡沫一夕破碎。

由于房产泡沫的破灭，日本的地产和房产价格都开始暴跌，日本不同用途的地产以及不同地区的地产，其市场价格都具有一致的趋势。东京地区最高级住宅用地每坪地价，从1985年的约182700港元涨至1990年的945000港元，上涨超过了400%，到1992年降至425800港元[①]。房地产开发企业负债总额明显上升，倒闭数目不断增加，日本房地产出现长期持续低迷的状态。

在1984年到1989年间，日本对海外房地产投资额逐年增加，从7亿美元加到15亿美元、61亿美元、100亿美元、143亿美元。然而，随着国内房地产泡沫破灭，日本在海外的投资也巨幅下降，在1991年，跌到了51亿美元[②]。1997年，东南亚金融危机爆发后，日元大幅贬值，经济增长率大幅下降，给本就因泡沫破灭而收缩的房地产行业又一次严重打击，房地产行业经济至今仍无明显回升的态势。

二、日本房地产泡沫的成因与危害

（一）日本房地产泡沫的成因

由于错误地采用扩张性货币政策，以及日本市场缺乏有利的投资机

---

① 梁刚：《日本城市地价变动及其经济影响分析》，硕士学位论文，吉林大学世界经济系，2004年，第15页。

② 梁刚：《日本城市地价变动及其经济影响分析》，硕士学位论文，吉林大学世界经济系，2004年，第16页。

会，大量资金涌入股票和房地产市场。因此泡沫形成的根本原因是金融体系的缺陷与产业结构升级停滞。其次是人们对日本经济的乐观预期：由于日本国土面积较小，物以稀为贵，20世纪80年代以前，日本认为土地价格的上涨幅度会永远高于物价上涨幅度，认为土地不会贬值使得"土地神话"盛行一时，这在一定程度上促使了地价上涨。第三是银行盲目放贷，使得地产越炒越热：由于市场缺乏有利的投资机会，银行利用泡沫期间的超低利率盲目放贷，使得由于日本贸易顺差的快速扩大以及后来过度的扩张性货币政策而产生的大量过剩资金流向房地产。第四是金融和实体经济关系之间不协调：日本金融自由化之后，积累于资本市场的资金没能够得到有效率的运作，即当时实体经济不能正常吸纳资本市场的资金。最后是日本政府调控不力。泡沫的形成和破灭主要在于货币政策的失误，以及金融自由化进程中监管不力。

（二）日本房地产泡沫的危害

日本房地产泡沫所带来的危害，既是影响重大的，也是长久的。

从技术方面来看，房地产泡沫的本质是一种非生产性资产泡沫，所以随着其增长，非创造性劳动的边际报酬也会随之提高，打破了原来与创造性劳动边际报酬的平衡。人们将会把更多的劳动投入到非创造性劳动当中，以期获得更高的报酬，直到产生一个新的平衡为止。

这种对创造性劳动投入的过度减少，必然会导致技术创新的基础薄弱，从而增加了创新失败的风险，再次进一步抑制了人们对创造性劳动的投入，形成一个恶性循环，最终结果是技术进步缓慢。即使人们愿意对创造性劳动进行投入，也会选择风险相对较低的领域。因此日本当时除了技术进步放缓外，也出现了技术改良多于技术改革的局面。而在信息技术时代，这对于日本是非常不利的，以至于日本经济也受到了长久的影响。

从经济方面来看，日本经济增长率在波动中大体呈下降趋势，甚至有时候还会呈现负数。虽然日本经济的下滑有很多种原因，但是房地产泡沫的冲击无疑是不可忽视的一个重要原因。一方面，房地产泡沫的迅速膨胀以及房地产泡沫的破裂，本身就会对经济产生冲击；而另一方面，在房地产泡沫膨胀时期技术进步缓慢，则会对未来的经济发展产生更长久的影响。

三、日本政府的房地产调控政策

1989 年年底，日本正式通过《土地基本法》，明确规定"对土地要适宜地采取合理的税制措施"，并出台一些有关土地的基本政策，确立税制理念对日本后来的土地价格调控政策具有标志性意义。

1991 年日本进行第一次税收改革，核心以增加土地税负为主，具体举措包括开征地价税和特别土地持有税。地价税作为国税来征收，初衷是增大土地持有成本，抑制土地需求。强化的土地保有税则集中在泡沫较为严重的中心城市。因此从抑制房地产价格的目的来看，该次税制改革并没有错，但由于实施时泡沫已经破裂，所以对房地产市场在总体上造成"雪上加霜"的效果。

因此房地产泡沫破裂后，地价长期下滑，出现大量土地闲置、企业资产负债表恶化、金融机构不良债权处理停滞等问题。从 1994 年开始，日本政府为减轻住宅用地的税收负担，采取一系列减税措施，如降低课税标准额。另对特定的新建住宅、长期优良住宅，及现有住宅的耐震改造、残疾设施改造和节能改造等实施减税措施。1997 年日本政府出台《新综合土地政策推进要纲》，将土地理念由所有改为利用，提出土地政策的目标是促进土地的有效使用而不再是抑制地价。

由于地价持续下跌，日本于 2003 年再次进行税制改革，大幅度减轻流通环节的课税，并停止土地保有税，土地价格下滑趋势得到缓解和停止。2009 年，日本制定"土地政策的中长期展望"，指出今后的土地政策将以提高国民生活水平为目标，以房地产的使用价值为根本，从战略高度制定房地产业发展的中长期政策。

四、日本房地产调控的经验教训

首先是完善房地产管理制度，从制度层面抑制房地产投机行为。其次是加快发展完善金融体系，提高闲散资金的利用效率。第三是引导理性购房，打击炒房行为。第四是鼓励创新、加大创新力度，利用技术创新促进经济增长。最后是对房地产投机膨胀可能带来的消极影响进行有效预防。

第三节 中国房地产健康发展的政策建议

一、中国房地产的功能定位

计划经济时期，房屋和土地主要作为一种生活和生产资料，由国家管控、行政分配，以实现其居住和生产的功能①。1998 年，国家出台《国务院关于进一步深化城镇住房制度改革加快住房建设的通知》（国发〔1998〕23 号），标志着住房实物分配的终止，从而确立了商品房的市场主体地位。

1998 年，是中国住房市场化改革的起点，也是中国房地产市场的发展起点。自从实行住房分配货币化以来，贷款买房、按揭等行为逐渐走进人们的生活，房地产市场得到了极大的发展。在国家政策的支持下，住房市场化改革取得了巨大成就。首先，居民的居住条件得到了极大改善。无论是全社会住宅房屋竣工面积、商品住宅房屋竣工面积、城镇人均居住面积还是农村人均居住面积，都有了较大改善。其次，房地产业实现了蓬勃发展（见表 7-2）。房地产及相关产业在国民经济中的占比日益上升，充分发挥了支柱性产业的作用。家具制造业、金融保险业、社会服务业等行业也受到房地产业发展的影响得到了较快的发展，提供了大量就业岗位，促进了社会的和谐发展。

表 7-2 住房市场化改革前后房地产及相关产业发展对比

项目	住房市场化改革前（1998 年）	住房市场化改革后（2015 年）	增加量
房地产业增加值（亿元）	3434.50	41701.00	38266.5（12.14 倍）
房地产业增加值占 GDP 的比例（%）	4.03	6.05	2.02

---

① 中国是一个农业大国，土地对中国人民的重要性不言而喻。新中国建立后，1950 年，中央人民政府颁布的《中华人民共和国土地改革法》规定，废除地主阶级封建剥削的土地所有制，实行农民的土地所有制。1956 年，"三大改造"完成，中国进入社会主义社会，开始实行土地公有制，由此决定了中国的土地属于全体人民，土地不能买卖，只有土地使用权可以依法转让。

项目	住房市场化改革前（1998 年）	住房市场化改革后（2015 年）	增加量
商品房销售额（亿元）	3935.44（2000 年）	87280.84	83345.40
全社会住宅投资（亿元）	6393.80	80247.69	73853.89
房地产住宅投资（亿元）	2081.60	64595.24	62513.64
建筑业总产值（亿元）	10062.00	180757.47	17.96 倍
建筑业增加值（亿元）	4993.00	46626.70	41633.7
建筑业增加值占 GDP 的比例（%）	5.86	6.77	0.91

数据来源：国家统计局网站或根据国家统计局网站提供的数据计算所得。

但是，住房市场化改革以来房地产的投资功能日益凸显。房地产的过度投资投机导致房价快速飙升、供需失衡，尽管在国家政策的调控下有短暂的缓解，但随后而来的恶性反弹引发一系列问题。房地产市场投资投机现象导致房地产非理性繁荣①，区域之间价格差异巨大②。中国一直存在的土地财政政策，也促使地方政府有意无意推高房价。房地产调控手段的缺陷使房价因反复限制、放松陷入恶性循环。这些问题足以说明如果任由房地产业按此趋势发展下去，将导致泡沫越来越严重，解决思路就是要重新正确、科学定位房地产的功能。

2017 年 2 月 28 日，习近平在中央财经领导小组第十五次会议上指出，建立促进房地产市场平稳健康发展的长效机制，要充分考虑到房地产市场的特点，紧紧把握"房子是用来住的，不是用来炒的"的定位，深入研究

---

① 在众多的"炒房团"中，最著名的当属温州炒房团。温州人从 1998 年涌入温州楼市，2001 年开始买遍上海滩，之后在杭州、苏州、厦门、北京等地也活跃着温州人的身影。到了 2004 年，温州几乎陷入全民炒房的热潮，堪比现在的全民炒股。

② 房价比较高的城市如北京、上海等。2015 年北京的商品房平均销售价格为 22633 元/平方米，是 2000 年的 4.6 倍，上海 2015 年的房价为 20949 元/平方米，是 2000 年的 5.9 倍。北京和上海 2015 年的商品房平均价格是当年全国商品房平均价格的三倍多。房价低点的地区如河南和贵州省。2015 年河南省的商品房平均价格为 4611 元/平方米，比 2000 年每平方米价格上涨了 3351 元，贵州省的商品房平均价格为 4415 元/平方米，比 2000 年每平方米价格上涨了 3146 元。2015 年河南省商品房平均价格比全国平均价格每平方米低 2182 元，贵州省每平方米低 2378 元。数据来自于国家统计局网站。

短期和长期相结合的长效机制和基础性制度安排。这一言论充分说明，党中央有让房地产政策回归社会政策本质的意愿，也将引导房地产市场重心向居者有其屋功能方向发展，而未来，我们也有望看到房地产市场走向成熟。"房子是用来住的，而不是用来炒的"，这一定位并不意味着房地产市场的发展将受到限制，而是在理性的租售并举的行为下，带动国民经济的发展，实现有效的资源配置。

二、加快房地产税立法与相关制度建设

健全的法律制度是实现房地产税征收的基础，然而在中国现行的税收法律制度中，仅有《中华人民共和国个人所得税法》《中华人民共和国企业所得税法》《中华人民共和国税收征管法》三部有关税收征收与管理的法律。为改善中国房地产税立法层级较低、相关制度建设还不够完善的现状，需提高中国房地产税的立法层级，将征收房地产税提升到法律层面上来以增强其合法性、严肃性与权威性。

（一）明确房地产税的功能定位

筹集地方财政收入。目前中国税收制度中，地方政府税收收入较少且来源极不稳定，如果房地产税成为地方的主体税种，可以为地方带来稳定、持续、可靠的收入，为地方政府进行基础设施建设提供资金保障。另一方面由于中国幅员辽阔，区域差异较大，地方政府负责征管和控制房地产税，可以提高房地产税的征管效率，降低征管成本。

调节收入分配。除增加地方财政收入的功能外，房地产税还能调节收入分配。在公众所持有的财产中，不动产价值含量较高，可以作为衡量个人纳税能力的一个重要标准。房地产具有不易被隐匿和转移的特点，是房地产税收入分配调节功能的重要基础。根据各个地区的经济、财政状况、个人收入等实行差别税率，可以有效地弥补个人所得税在收入调节上的不足，进一步缩小贫富差距，实现社会公平的需要。

调控房地产市场。房地产税的调控功能是指，通过在房地产的保有环节征税会增加持有房地产的成本，在房地产供需双方行为合理化导向上形成一种经济参数和税负约束，降低投资性需求，使房价恢复到合理范围。也就是说，通过对房地产持有人进行征税，增加了房产保有成本，可以防

止出现随意浪费房产资源的行为，有效抑制房地产的投资、投机动机，促进房地产市场的健康发展。

促进金融市场的健康运行。2003 年以来房地产市场一直热度不减，过多的资源集中在房地产领域，房价持续上扬，产生金融泡沫，威胁金融市场的安全。20 世纪 80 年代日本泡沫经济、90 年代亚洲金融危机和 2007 年美国次贷危机都与房地产市场的剧烈波动有关。在现行的经济体系下，房产泡沫破裂会引发一连串的危机，甚至产生蝴蝶效应造成全球化经济危机。房地产非理性繁荣使大量本应用于发展实体经济的资源更多地投入房地产领域，阻碍中国的产业转型升级。征收房地产税有利于从根源上解决房地产行业波动所带来的经济大幅度波动，促进金融市场的健康运行。

（二）房地产税制设计建议

1. 实行地方性差异化

自 1994 年实行分税制改革以来，税收收入主要流入中央，地方财政收入吃紧不能满足地方政府履行职能的需要，所以首先要明确房地产税的地方税特征。第二是由于不同地区的经济情况、家庭收入、房产价值存在较大差异，进而影响其纳税能力，所以房地产税需要考虑地区差异。《全国人大常委会 2017 年立法工作计划》中也提出房地产税具体税率可能将由地方在中央确定的税率区间内自行决定。因此地方政府需要综合考虑地方财政和家庭的税负能力，采用科学的地方性差异化的税收设计，才能有效地发挥房地产税的再分配效应，进一步推动房地产市场的健康发展并促进节约集约用地。

根据沪渝房产税试点来看，虽然沪渝两地区并没有实行统一税率，但是也缺乏灵活性。其税率的设置主要根据房屋当前的价格与年度均价的倍数关系来确定，忽略了各地区的经济发展情况及家庭的纳税能力。纳税能力不仅取决于每个家庭收入的高低，更取决于收入、生活地域、物价水平等因素与房地产价值的相对高低。例如，北京、上海、深圳的平均收入是中西部地区的 2 至 3 倍，但在房价方面是中西部地区的 5 至 6 倍，在物价水平方面与中西部地区也是差上了一大截，所以经济发达地区的纳税能力可能还要低于经济相对较弱的中西部地区。因此在确定纳税能力时要综合若干指标来考量，灵活地设置地方性差异税率才能体现税收的公平性，并能有效减少地区间经济水平差异，促进各个地区的均衡发展。

2. 调整不合理的税制结构，拓宽征收范围

中国现行的房地产税规定个人所有的非营业用房产免征房地产税，即不开发不征税、不流通不征税，这就使得目前中国房地产税制注重开发、流通而忽视保有这一重要环节。通过调整税制对房地产的保有环节征税，可以促使投资者、投机者减少买房炒房的动机，进而减少房地产保有量，增加房地产的有效供给，促进社会资源合理分配，调节收入再分配的作用，维护社会公平。随着新型城镇化的发展以及中国对发展农村经济的政策支持，农村地区的经济发展增速有所提高，城乡之间的贫富差距进一步缩小，农村地区的房地产价值不断抬高，所以更要将纳税范围延伸至城乡所有的土地和房产。

3. 完善房地产价值评估体系

从沪渝房地产税试点改革中我们可以了解到，如果以房屋的交易价值作为计税依据，会因市场的变化而变化，若根据房屋的交易价格或租赁价格为计税依据，则难以体现税收的公平原则。另一方面，房地产税更大程度是一种对存量房地产征收的财产税，征收依据就必须要定位到房产财产的评估价值上来①。为此需要完善评估体系。现阶段中国主要评估机构主要有建设部为主的房地产评估机构、国土资源部下属的以土地为评估标准的评估机构以及国资委下属的资产评估机构，不同的评估机构存在系统独立、管理分散、疏于团结协作等问题。政府可以将下属的评估部门联合起来实行集中化管理，实现信息互通并发扬团结协作的精神，进而推进房地产定期价值评估高效进行，建立科学的房产价值评估体系。

4. 明确税收征管机制及收入的用途。

中国目前的税制是以直接税和间接税为双主体的税制结构。其中，间接税包括增值税、消费税等累退税，直接税是以企业所得税、个人所得税为主的累进税，在房地产保有环节征收的房地产税作为一种财产税也属于直接税。但从目前来看，中国税务机关在征收间接税方面的能力强于直接

---

① 房地产税的计税依据也可以将家庭的房地产面积与数量作为辅助标准，综合考虑这两方面因素使得税负更加合理，并能有效地减少利用法律漏洞偷税漏税的现象，真正实现税负分配上的公平性。

税，并且在征管过程中存在着主管部门管理较为松散、职员分工也不够明确等问题。由于房地产税属于典型的地方税体系，这就需要地方完善以房地产税为主的直接税征管体系。地方政府应该建立独立的房地产税征管部门，加强征管部门与不动产登记、评估部门的联系与合作，明确各个部门的职能并进行集中化的高效管理。

关于房地产税的用途，可以借鉴沪渝的经验，明确税收收入的使用范围，做到"取之于民，用之于民"。此外，地方政府还应该做到信息公开，让纳税人知道税收的利用及流向，以实现税收政策的透明化从而有利于维护社会稳定。

5. 完善房地产登记系统与资产评估制度

中国现有的房屋登记制度较为松散，与近年来日益发展的房地产市场相比非常滞后，迫切需要完善。中国应建立统一的房地产登记制度和平台，统一登记全国范围内的房产，方便信息查找与核对，并根据收集到的信息编制房产信息登记簿，包括房产的产权归属、市场价值、流转信息等，对于无法明晰产权的房产更要严格予以调查。以此来推进房地产信息登记事业，最后实现中国现有房产信息全部汇集，实现全国房地产信息联网。截至目前中国已出台《物权法》及其配套法律、《土地登记办法》《房屋登记办法》，并自2015年3月1日起施行《不动产登记暂行条例》，这些都大大完善了房地产登记制度，但是仍需要进一步完善和充实。

三、完善房地产市场的土地调控政策

中国《土地管理法》明确规定：中华人民共和国实行土地的社会主义公有制，即全民所有制和劳动群众集体所有制。全民所有，即土地所有权由国家代表全体人民行使；农民集体所有的土地依法属于村农民集体所有，由村集体经济组织或者村民委员会经营、管理。中国的土地所有制度使政府拥有了控制土地资源的绝对权力，也是土地政策参与房地产市场宏观调控的基础。

（一）土地制度

在中国，土地制度包括土地公有制与土地征用制度。土地公有制度使国家拥有对土地的绝对支配权和收益权，政府才是土地市场上的供应者。

因此，政府制定的土地政策必然会对房地产市场产生直接的影响，但土地政策存在时滞性，这种影响可能在中长期发挥更显著的调控作用。关于土地征用制度，根据中国宪法规定，为了公共利益的需要，可依法对土地实行征收或征用并予以补偿。按照中国土地使用权的相关法律规定，政府是土地征用权力的控制者。政府作为土地供应者和规则制定者，掌握着巨大的优势，更易通过制定土地政策对房地产市场进行宏观调节。

（二）住房市场化改革以来中国的土地政策变迁

房地产市场宏观调控里的土地政策是指国家采用经济手段、行政手段、法律手段和政策方法，调整房地产市场上的土地的有效供给、改善土地供给结构和土地供给方式等，促使房地产市场健康发展。2003年，中央政府明确提出将运用土地政策加强房地产市场的宏观调控。2003—2004年，中央制定的土地调控政策从供给端出发，通过调整土地供给计划、改变土地出让方式和加强土地监管等抑制房地产市场投机过热的现象。2005—2007年，面对房价的迅猛上涨，中央政府同时从供给和需求两侧出发，运用土地税收、土地金融政策来参与房地产市场宏观调控，明确土地使用用途，规范土地出让方式，以此来抑制房价的快速增长。2008—2009年，全球金融危机爆发，为了最大限度地减缓金融危机对房地产市场的影响，此时的宏观调控政策更多地采用货币政策，土地政策仍然沿用前一阶段的政策。2010—2014年，土地政策处于紧缩状态，国家开始重视保障性住房建设，着力改善土地供应结构，完善土地监管政策。2015—2016年，土地供应政策得到进一步调整。为了配合宏观经济供给侧结构性改革，积极调整土地利用结构，减少无效供给，扩大有效供给，土地利用计划更加强调服务于国家宏观经济发展需求。

（三）房地产市场宏观调控中土地政策存在的问题

回顾住房市场化改革以来土地政策对房地产市场的调控效果，可以看出土地政策并没有实现预期目标。土地政策虽然控制了房地产开发速度，几次抑制住了房价上涨，但各地仍然屡屡出现"地王"现象，房价上涨势头并没有得到彻底扭转。综合来看，土地政策发挥显著效果的最重要障碍是中央政府与地方政府的利益不一致性。

中国土地政策的制定大多是从供给端出发，通过调节土地供给总量、土地供给结构和土地出让方式等手段来调控房价，其中影响房地产供应的土地政策首先作用到土地供应价格，再通过土地价格来影响房地产的价格、结构和数量。土地政策实施效果不佳，我们不能忽视中央政府与地方政府这两个重要主体在土地政策的制定、执行、监督三个环节上的分歧，分歧产生的原因归根到底就是中央与地方利益的不一致性。就理论上讲，中央政府是土地政策的制定者，地方政府是土地政策的执行者，但是在实际中，地方政府具有双重角色，既是中央政策的执行者，又是辖区内房地产市场规则的制定者，管理所在辖区里的全部房产商。中央政府出台土地政策是为了维护房地产市场的稳定发展，地方政府为了追求经济增长、优良政绩，在政策执行过程难免会出现目标偏移①。这种偏移主要表现在土地政策制定、土地政策实施与土地政策监管三个环节上面。

1. 土地政策目标效果的差异。

土地政策的目标效果有长短期之分。长期内的土地政策由国务院和各级地方政府一同参与制定，但各地方政府的政策目标具有区域化特点。国家从大局出发，统筹规划全国用地，不可能对每一寸土地资源的真实利用情况了如指掌，则在制定政策上面，难免会有失偏颇；地方政府对管辖区内的土地使用状况了如指掌，明显能够提高土地的使用效率。中央政府关注长期目标，地方政府则更关注短期政绩和地方利益。两个主体目标不一致导致不同的决策。

2. 土地政策执行方面的差异。

地方政府是中央政策的主要执行者，在与中央政府存在政策制定差异的基础上，很容易产生违规执行、歪曲执行、选择执行、机械执行等现象。违规执行是指故意违背中央土地政策的宗旨，执行错误政策，出现违法行为时也不采取行动；歪曲执行指故意曲解中央政策含义，采取阳奉阴违的政策；选择执行是指地方政府选择那些有利于自身利益的政策来执行；机械执行是指地方政府完全按照中央指示执行政策，不考虑政策在本地的执行效果，缺乏灵活性，非常呆板。地方政府的违规执行是出现最多的现象。地方政府追逐利益，渴望丰厚的土地财政收入，在巨大的利益面

① 从国家统计局和财政局发布的数据来看，房地产对地方政府财政收入的贡献是巨大的。

前，非常容易放大自身监管者和供给者的身份，所以放松土地审批甚至违规审批、暗箱操作出售土地的现象屡屡发生。

3. 土地政策监督方面的差异。

中央政府是地方政府的监督者，地方政府是本辖区内各经济主体的监督者。中央政府对地方政府的监督非常容易实现，但地方政府的监管任务却非常繁重，因监管对象众多很难面面俱到。由于房地产业的迅速发展带来的巨额利益收入，某些地方政府甚至主动钻上级政策的空子，与当地房产商相互勾结，形成利益共同体，一起牟取超额收益。地方政府作为土地政策的监督者与执行者的双重身份，在利益面前弱化了土地政策的效果。

（四）完善房地产市场宏观调控中的土地政策

1. 改革土地财政模式

土地资源是有限的、具有竞争性的、不可再生的宝贵自然资源，节约有限的土地资源、提高土地利用率、加强土地监督与管理是政府不可推卸的责任和义务。要实现房地产市场长期健康发展，就必须改革现有的土地财政模式，明确地方政府职能，合理划分中央与地方的事权与财权，多种措施解决地方政府的财政收入困境。地方政府收入主要来自于本地税收和中央拨款，其中税收占较大一部分。在现下的财税制度下，地方政府只能通过扶植本地优势行业、重点企业或者增加地方课税科目来增加财政收入。但增加地方税目从制定到实施需要很长时间，所以地方政府更青睐于发展与各种行业关联性极大的房地产行业。因此，想要转变地方政府对土地财政的依赖，最重要的是重新明确中央政府与地方政府的事权财权关系；其次是鼓励地方政府从其他途径获取财政收入；最后是适当增加地方税目，比如开征物业税。

2. 完善政绩考核体系

政府官员政绩考核体系最初单纯地以 GDP 作为考核指标，在社会与经济的不断发展下，中央政府一直积极致力于完善中国政府官员政绩考核体系。2004 年，国家加紧研究符合中国国情的"绿色 GDP"核算体系；2016 年党的十八届五中全会又提出要完善政绩考核评价体系和奖惩机制。虽然考核的内容体系在不断发展完善，但是当前中国政绩考核体系无论是在理论还是实践上都还存在缺陷。中央政府对地方经济增长的高度重视以及现有的业绩考核方法，导致地方政府目标短期化、利益化、经济化。因此，要积极改革完善政府考核体系，明确政府各部门职能，约束地方政府行为，为经济、社会、民生的发展提供更好的公共物品与公共服务，构建和谐社会。

3. 建立第三方监督机构

地方政府是房地产市场的管理者和监督者，双重身份使土地政策不能发挥预期效果，所以有必要成立一个独立于地方政府的第三方机构来履行监督职能。该机构的组成人员可以由上级政府人员和居民代表组成，机构内人员权利是平等的，同时地方政府应该信任第三方监督机构，这样才会发挥良性作用。

四、发展房地产金融，完善社会信用体系建设

商业银行为房地产业的发展提供了极大的资金支持，银行一边向房地产开发商提供巨额贷款供其建设，一边向个人开展住房信贷业务。在中国企业征信体系与个人征信体系还不完善的现实面前，银行搜集客户信息的成本十分高昂，所以为招揽客户增加业绩，银行放松风险防控，不仔细审查客户财产信用信息的真实性，增加了银行的经营风险。所以，为了房地产产业与金融业的长效发展，政府要让全社会意识到违约成本是不可估量的，金融机构则需要和其他信用机构合作建立信用信息共享平台，更加严格地把控信贷审贷力度。

（一）发展房地产金融

中国房地产市场发展到今天，无论是开发商还是消费者都对金融服务提出了更高的要求，银行必须根据客户的需求，一方面加强信贷风险管理，规范房地产金融业务发展；另一方面不断创新金融产品，进一步挖掘房地产信贷业务的金融附加值。

首先要加大房地产信贷监管力度，严肃查处房地产信贷中的违规问题，加强房地产信贷风险的管理和防范。建立和完善房地产市场信息披露制度、预警预报体系、统计指标体系等。其次要创新抵押贷款工具，开发新的信贷品种，创造出新的利润增长点。发展房地产信托业务，将多种金融工具进行优化整合，实现一揽子组合融资解决方案。第三要完善金融体

系，建立和发展金融二级市场，实行住房抵押贷款证券化，增强贷款机构资产的流动性，分散住房抵押贷款的风险。

（二）完善社会信用体系建设

住房市场化改革以来，中国的信用体系建设进入了稳步推进阶段。企业开始依赖商业信用和银行信用，这样一方面提高了企业守信的意识，另一方面由于信用法律制度的滞后与信用体系的不完善，社会上的失信行为屡不胜数。房地产业的信用问题尤其尖锐、突出。政府、房地产开发商、消费者和房屋中介机构四者是房地产信用体系中的信用主体，政府是三者的监督机构，房产开发商向消费者提供有形的房产，房屋中介机构向消费者提供无形服务。由于信用机制的不健全，在利益驱使下，房地产市场中的四个信用主体都存在不同程度的信用缺失现象。

政府的失信行为主要是忘其本色，利用手中权力操纵市场，牟取利益[1]。房产开发商是房地产市场商品的提供者，其商品的质量、价格、售后服务是消费者最关心的。根据中国消费者协会提供的数据，2013—2016年房屋建材类投诉占全年投诉总量的比例在4%左右，2011年、2012年房屋建材类比例都在4.5%左右，2003—2004年是中国房屋建材类投诉最多的两年，比例直达6.4%。房产开发商不守信的主要表现有：房屋质量问题、房屋交易问题、房屋面积欺诈问题、物业服务纠纷等。房屋中介机构是二手房市场的重要活动主体、房屋信息集合中转站，其在房产交易市场的地位日益上升。根据中国消费者协会提供的2014—2016年年度分析报告来看，房产中介不诚信主要表现在隐瞒房屋的真实信息、乱收费、合同欺诈、故意诱导客户等方面。消费者是房屋的享有者，都希望买到完美的房产，享受优质的物业服务，捍卫自己百分之百的利益。然而现实是部分消费者和物业公司或房产开发商存在激烈的矛盾纠纷，个别消费者希望房产开发商和物业公司能够全力满足自己的要求，致使矛盾激化，难以调和。

为建立完善的社会信用体系，本书借鉴世界上信用体系最发达的国家——美国的经验，提出以下建议：第一，法律是国家权威的体现，没有

---

[1] 例如，地方政府作为土地供应者，在中国现有土地供应体系不健全的情况下，应该握紧手中的权力，不能乱批文，但部分政府却在巨额利润面前不由自主地放松标准，滥用权力，破坏行业秩序，甚至滋生腐败。

规矩难以成方圆，调控房地产市场健康可持续发展以及社会信用体系的建成，首先离不开的是相关的与时俱进的法律。美国最早的征信公司出现在1837年，经过近一个多世纪的发展，构建出了美国信用体系中所需要的健全的法律体系，完善的监督管理系统，规范化的中介系统，信用记录完整的广大消费者群体，这些都构成了美国以商业信用为主的成熟的征信体系。中国信用行业发展历史不长，各地区发展水平参差不齐，还未建立专门的全国性法律，所以中国当务之急是建立完善系统的法律体系，做到有法可依。第二，建立全国统一的征信数据库，最重要的是要确保数据的真实性，注意数据的可得性。每一位公民都能够拥有权限去查询自己需要的合法的信用数据。最后是要加强信用中介机构的规范化管理。信用中介机构的发展程度取决于市场监督者和信用消费者对其信用产品的偏爱程度。中国信用机构处于起步阶段，信用产品还不被市场青睐，业务量小，从美国的信用危机中我们应该意识到信用中介发展的规范化是经济健康可持续发展的重要保障，所以政府应该积极采用并推广信用产品来促进信用中介的发展。

五、完善多层次住房供应体系

中国房地产市场目前还存在房屋供给结构失衡的问题。各大房产开发商热衷开发中高档楼盘，赚取高额利润，不愿意开发低利润的低档住房，居民的基本住房需求没有得到满足。2003—2007年是中国房地产行业的黄金发展时期，房价一路上涨，许多人从住房市场化改革中获取了红利，住房条件大大改善，但低收入阶层的住房问题却越发突出。国家终于意识到，忽视保障性住房建设是屡次房地产调控失效的原因之一，开始转变重市场轻保障的政策导向。2008年底，国务院正式出台《国务院办公厅关于促进房地产市场健康发展的若干意见》，提出要加大保障性住房力度。在其后几年里，国家不断出台各种保障性住房政策，重视各项政策的贯彻落实。国内外经验都表明，住房与民生息息相关，关乎百姓的切身利益，加大保障性住房建设，完善住房供应体系，是构建和谐社会的重要一步。

中国的保障性住房分为经济适用房、廉租房、公共租赁房、定向安置房、两限商品房等，其中经济适用房的保障对象为低收入困难家庭，廉租房是对城市最低收入家庭提供的普通住房，公租房面向中低收入家庭。鉴于中国目前的保障性住房现状以及国内房地产所处的发展阶段，吸收国外经验，认为可以从以下两个方面来加大对保障性住房的建设：第一是从需求端出发向中低收入家庭提供多样化的补贴政策。例如对低收入家庭提供住房补贴，这样不仅可以保证房地产市场的连续性，还能提高资源利用效率。第二是增加保障性住房的资金来源渠道。目前中国保障性住房建设资金主要来自于财政拨款与开发商配建，从发达国家经验来看，除了增加财政拨款外，积极发挥金融支持手段引导民间资金进入保障性住房金融领域。具体而言，就是发展住房金融工具，调动大量资金。

六、适时开征遗产税

开征遗产税在国际上早已有完备的理论研究与较为充分的社会实践，其中，美国和日本的遗产税制度是最具有代表性的，尽管二者在征收对象上略有差异，即美国的遗产税是对被继承人的财产总额征税，即总遗产税制，而日本的遗产税是对继承人收到的遗产总额征税，即分遗产税制，但二者均是对征收对象的应纳税财产征以一次性的全额比例税，即应纳税财产不区分动产与不动产，纳税人须直接按照应纳税财产总额一次性现金缴纳遗产税款，同时二者的税基都较为狭窄，也就是起征标准和目标都很高，皆是针对中产以上的富裕阶层征收遗产税，且二者的税制设计均偏向多级累进的高额税率，例如美国联邦遗产和赠与税为 17 级的超额累进税率，最高税率可达 55%，此种税收的主要目标可以简述为减轻财富的代际传递效应、缩小社会收入差距、实现一定的收入分配效果。

但迄今为止，中国还没有开征遗产税的先例，仅从政策制定层面看，2004 年发布的《中华人民共和国遗产税暂行条例（草案）》在上报至国务院后并未实施，并且该项条例中规定的遗产税免征额仅为 20 万元，而具体的遗产税率，免征额以及允许扣除的金额与项目则没有具体说明，2010年的修订版草案仅增加了"本条例由财政部负责解释，实施细则由财政部制定"的规定，并没有实质性地推进遗产税的施行。仅从削弱当前社会大众对于不动产商品的过度偏好而言，适时开征遗产税是必要的。

（一）开征房地产遗产税的时机与条件

当前中国房地产市场的供需增速均处于高位，但其增长趋势已经趋于平缓，这是中国房地产市场迈向成熟阶段的一个信号。综合美日两国的遗产税开征经验，中国已基本具备开征房地产遗产税的条件。对房地产市场而言，针对房地产的遗产税能在一定范围内压缩社会大众对于房地产商品的过度偏好，有利于房地产市场的健康、理性和长远的发展；对于政府而言，开征房地产遗产税可以使得政府对房地产市场的调控手段更为多样灵活，也更为有效，并能助力地方政府加速摆脱"土地财政"的依赖。不动产遗产税还可作为先行试点政策，为今后施行全面广泛的遗产税税收政策积累社会实践经验、奠定税收框架基础。

（二）房地产遗产税的目标

针对房地产的遗产税的主要目标是：减轻财富的代际传递效应、抑制以财富传递为目的的房地产消费、削弱当前社会大众对于不动产商品的过度偏好，并以该项遗产税的税收收入来缓冲此前以财富传递为目的的房地产过度消费行为的负外部性。

因此，针对房地产的遗产税的目标中有一部分是和房产税的目标一致的，二者具有一定的协同作用，但是需要注意的是，房产税通常被视为一种"收益税"、"地方税"，即纳税人在一定区域内履行纳税义务，同时也在这个区域内享受相应的公共服务或者获得相应的公共物品，也就是说房产税的收入支出是有明确方向的，即便是纳税人不能直接享受由缴纳的房产税所带来的公共服务或者公共物品，纳税人也可以从公共物品与服务的增加中获得利益，由此可见，房产税实际上有着明显的资源再分配功能，这也是房产税的主要设计目标之一。

对比之下，针对房地产的遗产税则不具有上述的明确支出方向。作为财产税的一种，房地产遗产税与所得税、消费税一起组成完善的税制，具有一定的组织财政收入功能，促进地方政府摆脱"土地财政"进而完成财政转型。

（三）房地产遗产税的征收范围

美日的遗产税制度具有窄税基、多级高税率的特征，征收范围仅限于富人阶层，其设计目标过度偏向于扭转社会贫富差距，其税制的设计在公平与效率的考量中恰恰"不公平"地偏向了公平一边。

本书认为现阶段如果中国开征房地产遗产税，则侧重于与房产税的协同作用目标，要达成这样的目标则需要该项遗产税的税基拓展至整个房地产市场的交易者，所以此项遗产税的征收范围一定不可能只限于富人阶层，而是应当对整个房地产市场中拥有除开基本保障住房以外的不动产所有者的遗留与赠与财产征税，即该项遗产税的税基在通常的窄税基上应获得充分的拓宽，就纳税人而言，他们中的大多数都应属于中产阶级，并且是房地产市场中的资产持有人或交易活跃者。

（四）房地产遗产税的征收方式

遗产税并非收益税，因此税收效率①的高低并不是最重要的问题。遗产税实施时，纳税人的可支配收入并不会直接受到压缩，因为遗产税只是发生在非配偶间、非慈善目的和非保险目的的财产传递时，并且无论是在总遗产税制下还是在分遗产税制下，税收对象始终是遗产本身，征收也并不会使纳税人的原可支配收入减少。但税金的缴纳通常是一次性的现金交纳，因此需要纳税人付出额外的流动性强的资产来补贴遗产税纳税额，当纳税人无法支出足够的税金时，只有出售不动产获得现金来缴纳遗产税税金，这样就造成了一些不必要的损失，故房地产遗产税的征收方式需要尽量避免这样的损失。

首先，本书建议此项遗产税的征收方式为代扣代缴加代收代缴，这也与已经试点施行的上海市与重庆市的房产税征收方式一致，但与房产税一年一度缴纳税金不同的是，此项遗产税需要一次性缴纳税金，也可以考虑允许纳税人分期缴纳税金，分期的长度可与此项遗产税的分级相对应，这样即可在保证税金分期缴纳设计的有效性的同时避免处于较低纳税税率级别中的纳税人出于避税目的的拖延分期的行为。

其次，考虑到遗产税的主要目标，定额税率与比例税率均不适合，调控影响力度较大的超额累进税率和超率累进税率较为契合，而在同等税率等级划分的情况下，超率累进税率的调控影响力度又是最大的，但其对于

---

① 指纳税人获得的公共产品与服务的价值加上对应的资产升值与失去的可支配收入的比例大小。

纳税人的税务负担也是最大的，鉴于中国房地产市场供需状况与定位，本文认为超率累进税率对压缩和引导社会大众对不动产的过度偏好以及以财富传递为目的的房地产过度消费是合适的。

最后，征收减免是保护税基的必要手段，也是保护中下收入人群的最佳方法，《草案》中规定的遗产税免征额为二十万元，而房地产遗产税显然不适合采用固定免征额度，而以人均合理居住面积为定额，以不动产的市场价格计算免征额才更科学、合理。

附录　住房市场化改革以来中国主要
房地产政策

序号	文号	成文时间	名称	主要内容
1	国发〔1998〕23号	1998.7.3	《国务院关于进一步深化城镇住房制度改革加快住房建设的通知》	1. 停止住房实物分配，逐步实行住房分配货币化。 2. 建立和完善以经济适用住房为主的多层次城镇住房供应体系。 3. 发展住房金融，培育和规范住房交易市场。
2	国发〔1999〕262号	1999.3.17	《住房公积金管理条例》	1. 职工住房公积金的月缴存额为职工本人上一年度月平均工资乘以职工住房公积金缴存比例。单位为职工缴存的住房公积金的月缴存额为职工本人上一年度月平均工资乘以单位住房公积金缴存比例。 2. 每个职工只能有一个住房公积金账户。 3. 住房公积金应当用于职工购买、建造、翻建、大修自住住房，任何单位和个人不得挪作他用。
3	国发〔2001〕15号	2001.4.30	《国务院关于加强国有土地资产管理的通知》	1. 有条件的地方政府要对建设用地试行收购储备制度。 2. 大力推行国有土地使用权招标、拍卖。 3. 土地使用权要依法公开交易，不得搞隐形交易。划拨土地使用权未经批准不得自行转让。 4. 县人民政府要依法定期确定、公布当地的基准地价和标定地价，切实加强地价管理。

序号	文号	成文时间	名称	主要内容
4	国土资发〔2002〕11号	2002.5.9	《招标拍卖挂牌出让国有土地使用权规定》	文件叫停了已沿用多年的土地协议出让方式，要求从2002年7月1日起，商业、旅游、娱乐和商业住宅等各类经营性用地必须以招标、拍卖或者挂牌方式进行公开交易。
5	国发〔2002〕12号	2002.5.13	《国务院关于进一步加强住房公积金管理的通知》	1. 受委托银行要为缴存住房公积金的职工建立个人账户。 2. 住房公积金管理中心要建立职工住房公积金明细账。 3. 强化住房公积金归集，加大个人贷款发放力度。
6	银发〔2003〕121号	2003.6.5	《关于进一步加强房地产信贷的通知》	1. 对商品房空置量大、负债率高的房地产开发企业，要严格审批新增房地产开发贷款并重点监控。 2. 房地产开发企业申请银行贷款，其自有资金（指所有者权益）应不低于开发项目总投资的30%。对土地储备机构发放的贷款为抵押贷款，贷款额度不得超过所收购土地评估价值的70%，贷款期限最长不得超过2年。 3. 商业银行不得向房地产开发企业发放用于缴交土地出让金的贷款。 4. 商业银行要严格防止建筑施工企业使用银行贷款垫资房地产开发项目。 5. 对借款人申请个人住房贷款购买第一套自住住房的，首付款比例仍执行20%的规定；对购买第二套以上（含第二套）住房的，应适当提高首付款比例。 6. 借款人申请个人商业用房贷款的抵借比不得超过60%，贷款期限最长不得超过10年，所购商业用房为竣工验收的房屋。对借款人以"商住两用房"名义申请银行贷款的，商业银行一律按照个人商业用房贷款管理规定执行。

序号	文号	成文时间	名称	主要内容
7	国办发〔2003〕70号	2003.7.30	《国务院办公厅关于清理整顿各类开发区加强建设用地管理的通知》	清理整顿各类开发区，严禁随意圈占大量耕地和违法出让、转让土地，越权出台优惠政策的行为。
8	国发〔2003〕18号	2003.8.12	《国务院关于促进房地产市场持续健康发展的通知》	确立房地产业为国民经济的支柱产业。
9	国发〔2004〕13号	2004.4.26	《国务院关于调整部分行业固定资产投资项目资本金比例的通知》	房地产开发项目（不含经济适用房项目）资本金比例由20%及以上提高到35%及以上。
10	国办发明电〔2004〕20号	2004.4.29	《国务院办公厅关于深入开展土地市场治理整顿严格土地管理的紧急通知》	1. 继续深入开展土地市场治理整顿。2. 治理整顿期间，全国暂停审批农用地转非农建设用地。
11	国办发〔2004〕46号	2004.6.6	《国务院办公厅关于控制城镇房屋拆迁规模严格拆迁管理的通知》	1. 确保2004年全国房屋拆迁总量比2003年有明显减少。2. 各地要严格控制土地征用规模，切实保护城镇居民和农民的合法权益。
12	发改价检〔2004〕1428号	2004.7.19	《物业服务收费明码标价规定》	提出物业服务收费实行明码标价。
13	银监发〔2004〕57号	2004.9.2	中国银监会公布《商业银行房地产贷款风险指引》	1. 商业银行对资本金没有到位或资本金严重不足、经营管理不规范的借款人不得发放土地储备贷款。2. 商业银行对申请贷款的房地产开发企业，应要求其开发项目资本金比例不低于35%。

序号	文号	成文时间	名称	主要内容
				3. 商业银行应对申请贷款的房地产开发企业进行深入调查审核：包括企业的性质、股东构成、资质信用等级等基本背景，近三年的经营管理和财务状况，以往的开发经验和开发项目情况，与关联企业的业务往来等。
14	国发〔2004〕28号	2004.10.21	《国务院关于深化改革严格土地管理的通知》	1. 禁止非法压低地价招商。 2. 从严从紧控制农用地转为建设用地的总量和速度。 3. 鼓励农村建设用地整理，城镇建设用地增加要与农村建设用地减少相挂钩。 4. 实行强化节约和集约用地政策。建设用地要严格控制增量，积极盘活存量。
15	国办发明电〔2005〕8号	2005.3.26	《国务院办公厅关于切实稳定住房价格的通知》	1. 对住房价格涨幅超过当地居民消费价格指数一定幅度的地区，有关部门可采取暂停审批该地区其他建设项目用地、暂停提高公用事业价格和收费标准等措施。 2. 对住房价格上涨过快，控制措施不力，造成当地房地产市场大起大落，影响经济稳定运行和社会发展的地区，要追究有关责任人的责任。
16	国办发〔2005〕26号	2005.5.9	《国务院办公厅转发建设部等部门关于做好稳定住房价格意见的通知》	1. 对2年内未开工的住房项目，要再次进行规划审查。 2. 对超过出让合同约定的动工开发日期满1年未动工开发的，征收土地闲置费；满2年未动工开发的，无偿收回土地使用权。 3. 对个人购买住房不足2年转手交易的，销售时按其取得的售房收入全额征收营业税。 4. 在规划审批、土地供应以及信贷、税收等方面，对中小套型、中低价位普通住房给予优惠政策支持。
17	国税发〔2005〕89号	2005.5.27	《关于加强房地产税收管理的通知》	是对国办发〔2005〕26号的贯彻落实。

序号	文号	成文时间	名称	主要内容
18	国办发〔2006〕37号	2006.5.24	《国务院办公厅转发关于调整住房供应结构稳定住房价格意见的通知》	1. 凡新审批、新开工的商品住房建设，套型建筑面积90平方米以下住房（含经济适用住房）面积所占比重，必须达到开发建设总面积的70%以上。 2. 对购买住房不足5年转手交易的，销售时按其取得的售房收入全额征收营业税。 3. 对项目资本金比例达不到35%等贷款条件的房地产企业，商业银行不得发放贷款。对空置3年以上的商品房，商业银行不得接受其作为贷款的抵押物。 4. 个人住房按揭贷款首付款比例不得低于30%。建筑面积90平方米以下的仍执行首付款比例20%的规定。 5. 要优先保证中低价位、中小套型普通商品住房（含经济适用住房）和廉租住房的土地供应，其年度供应量不得低于居住用地供应总量的70%。
19	国税发〔2006〕74号	2006.5.30	《关于加强住房营业税征收管理有关问题的通知》	1. 2006年6月1日后，个人将购买不足5年的住房对外销售全额征收营业税。 2. 2006年6月1日后，个人将购买超过5年（含5年）的普通住房对外销售，应持有关材料向地方税务部门申请办理免征营业税手续。能提供属于普通住房证明材料或经审核不符合规定条件的，一律执行销售非普通住房政策，按其售房收入减去购买房屋的价款后的余额征收营业税。
20	建住房〔2006〕171号	2006.7.11	《关于规范房地产市场外资准入和管理的意见》	1. 外商投资设立房地产企业，投资总额超过1000万美元（含1000万美元）的，注册资本不得低于投资总额的50%。投资总额低于1000万美元的，注册资本金仍按现行规定执行。 2. 境外投资者通过股权转让其他方式并购的境内房地产企业，收购合资企业中方股权的，需妥善安置职工，处理银行债务，并以自有资金一次性支付全部转让金。

序号	文号	成文时间	名称	主要内容
21	国税发〔2006〕108号	2006.7.26	《关于住房转让所得征收个人所得税有关问题的通知》	《中华人民共和国个人所得税法》及其实施条例规定，个人转让住房，以其转让收入额减除财产原值和合理费用后的余额为应纳税所得额，按照"财产转让所得"项目缴纳个人所得税。对住房转让所得征收个人所得税时，以实际成交价格为转让收入。
22	国发〔2006〕31号	2006.8.31	《国务院关于加强土地调控有关问题的通知》	1. 提高新增建设用地土地有偿使用费缴纳标准。 2. 建立工业用地出让最低价标准统一公布制度。 3. 禁止擅自将农用地转为建设用地。
23	国办发〔2006〕100号	2006.12.17	《国务院办公厅关于规范国有土地使用权出让收支管理的通知》	1. 明确国有土地使用权出让收入范围，加强国有土地使用权出让收入征收管理。 2. 将土地出让收支全额纳入预算，实行"收支两条线"管理。 3. 规范土地出让收入使用范围，重点向新农村建设倾斜。 4. 土地出让合同、征地协议等应约定对土地使用者不按时足额缴纳土地出让收入的，按日加收违约金额1‰的违约金。违约金随同土地出让收入一并缴入地方国库。
24	国税发〔2006〕187号	2006.12.28	国家税务总局颁布《关于房地产开发企业土地增值税清算管理有关问题的通知》	符合下列情形之一的，纳税人应进行土地增值税的清算： 1. 房地产开发项目全部竣工、完成销售的； 2. 整体转让未竣工决算房地产开发项目的； 3. 直接转让土地使用权的。

序号	文号	成文时间	名称	主要内容
25	国发〔2007〕24号	2007.8.7	《关于解决城市低收入家庭住房困难的若干意见》	1. 新建廉租住房套型建筑面积控制在50平方米以内，主要在经济适用住房以及普通商品住房小区中配建，并在用地规划和土地出让条件中明确规定建成后由政府收回或回购；也可以考虑相对集中建设。积极发展住房租赁市场，鼓励房地产开发企业开发建设中小户型住房面向社会出租。 2. 土地出让净收益用于廉租住房保障资金的比例不得低于10%，廉租房面向社会出租。 3. 严格经济适用住房上市交易管理。
26	银发〔2007〕359号	2007.9.27	《中国人民银行 中国银行业监督管理委员会关于加强商业性房地产信贷管理的通知》	1. 对项目资本金（所有者权益）比例达不到35%或未取得土地使用权证书、建设用地规划许可证、建设工程规划许可证和施工许可证的项目，商业银行不得发放任何形式的贷款。 2. 对经国土资源部门、建设主管部门查实具有囤积土地、囤积房源行为的房地产开发企业，商业银行不得对其发放贷款。 3. 对空置3年以上的商品房，商业银行不得接受其作为贷款的抵押物。 4. 商业银行对房地产开发企业发放的贷款只能通过房地产开发贷款科目发放，严禁以房地产开发流动资金贷款或其他贷款科目发放。 5. 商业银行发放的房地产开发贷款原则上只能用于本地区的房地产开发项目，不得跨地区使用。商业银行不得向房地产开发企业发放专门用于缴交土地出让金的贷款。 6. 对政府土地储备机构的贷款应以抵押贷款方式发放，且贷款额度不得超过所收购土地评估价值的70%，贷款期限最长不得超过2年。 7. 只能对购买主体结构已封顶住房的个人发放住房贷款。

中国房地产市场繁荣对实体经济的影响研究

序号	文号	成文时间	名称	主要内容
				8. 对购买首套自住房且套型建筑面积在90平方米以下的，贷款首付款比例（包括本外币贷款，下同）不得低于20%；对购买首套自住房且套型建筑面积在90平方米以上的，贷款首付款比例不得低于30%。 9. 对已利用贷款购买住房、又申请购买第二套（含）以上住房的，贷款首付款比例不得低于40%，贷款利率不得低于中国人民银行公布的同期同档次基准利率的1.1倍，而且贷款首付款比例和利率水平应随套数增加而大幅度提高。 10. 借款人偿还住房贷款的月支出不得高于其月收入的50%。 11. 商业用房购房贷款首付款比例不得低于50%，期限不得超过10年，贷款利率不得低于中国人民银行公布的同期同档次利率的1.1倍。 12. 对以"商住两用房"名义申请贷款的，首付款比例不得低于45%，贷款期限和利率水平按照商业性用房贷款管理规定执行。
27	建设部令〔2007〕第162号	2007.12.1	发展改革委等8部委联合发布《廉租房保障办法》	1. 廉租住房保障方式实行货币补贴和实物配租等相结合。 2. 土地出让净收益用于廉租住房保障资金的比例，不得低于10%。
28	银发〔2007〕452号	2007.12.5	《中国人民银行 中国银行业监督管理委员会关于加强商业性房地产信贷管理的补充通知》	1. 就执行银发〔2007〕359号《通知》第三部分"严格住房消费贷款管理"中的有关问题补充通知。 2. 以借款人家庭（包括借款人、配偶及未成年子女）为单位认定房贷次数。 3. 对于已利用银行贷款购买首套自住房的家庭，如其人均住房面积高于当地平均水平，再次向商业银行申请住房贷款的，按第二套房贷执行。

序号	文号	成文时间	名称	主要内容
29	国办发〔2007〕71号	2007.12.30	《国务院办公厅关于严格执行有关农村集体建设用地法律和政策的通知》	1. 严格控制农村集体建设用地规模。 2. 严格控制农民集体所有建设用地使用权流转范围。 3. 土地整理新增耕地面积只能折抵用于建设占用耕地的补偿，不得折抵为建设用地指标，扩大建设用地规模。 4. 严格禁止和严肃查处"以租代征"转用农用地的违法违规行为。
30	国发〔2008〕3号	2008.1.3	《关于促进节约集约用地的通知》	1. 对闲置土地特别是闲置房地产用地要征缴增值地价。 2. 继续停止别墅类房地产开发项目的土地供应。 3. 防止大套型商品房多占土地。 4. 金融机构对房地产项目超过土地出让合同约定的动工开发日期满一年，完成土地开发面积不足1/3或投资不足1/4的企业，应审慎贷款和核准融资，从严控制展期贷款或滚动授信；对违法用地项目不得提供贷款和上市融资，违规提供贷款和核准融资的，要追究相关责任人的责任。
31	银发〔2008〕13号	2008.1.18	《中国人民银行 中国银行业监督管理委员会关于印发〈经济适用住房开发贷款管理办法〉的通知》	1. 经济适用住房开发贷款必须专项用于经济适用住房项目建设，不得挪作他用。严禁以流动资金贷款形式发放经济适用住房开发贷款。 2. 经济适用住房开发贷款期限一般为3年，最长不超过5年。 3. 建设项目资本金（所有者权益）不低于项目总投资的30%，并在贷款使用前已投入项目建设。 4. 借款人实收资本不低于人民币1000万元，信用良好，具有按期偿还贷款本息的能力。 5. 经济适用住房开发贷款利率按中国人民银行利率政策执行，可适当下浮，但下浮比例不得超过10%。

序号	文号	成文时间	名称	主要内容
32	银监发〔2008〕42号	2008.5.26	《中国银监会关于进一步加强房地产行业授信风险管理的通知》	1. 严格执行个人住房贷款政策和条件，加强借款人的资格管理。 2. 严格房地产企业资信审查，防范房地产企业向银行转嫁风险。
33	银发〔2008〕372号	2008.10.22	中国人民银行发布《扩大商业性个人住房贷款利率下浮幅度，支持居民首次购买普通住房》	1. 人民银行决定自2008年10月27日起，将商业性个人住房贷款利率的下限扩大为贷款基准利率的0.7倍；最低首付款比例调整为20%。 2. 下调个人住房公积金贷款利率。其中，五年期以下（含）由现行的4.32%调整为4.05%，五年期以上由现行的4.86%调整为4.59%，分别下调0.27个百分点。
34	财税〔2008〕137号	2008.10.22	《财政部　税务总局关于调整房地产交易环节税收政策的通知》	1. 对个人首次购买90平方米及以下普通住房的，契税税率暂统一下调到1%。首次购房证明由住房所在地县（区）住房建设主管部门出具。 2. 对个人销售或购买住房暂免征收印花税。 3. 对个人销售住房暂免征收土地增值税。
35	银发〔2008〕355号	2008.12.3	《中国人民银行中国银行业监督管理委员会关于印发〈廉租住房建设贷款管理办法〉的通知》	1. 新建廉租住房项目资本金不低于项目总投资20%的比例；改建廉租住房项目资本金不低于项目总投资30%的比例。 2. 贷款申请金额不得高于回购协议确定的回购价款。 3. 廉租住房建设贷款期限最长不超过5年，具体由借贷双方协商确定。 4. 廉租住房建设贷款利率应按中国人民银行公布的同期同档次贷款基准利率下浮10%执行。

序号	文号	成文时间	名称	主要内容
36	国办发〔2008〕131号	2008.12.20	《国务院办公厅关于促进房地产市场健康发展的若干意见》	1. 选择部分有条件的地区进行试点，在确保资金安全的前提下，将本地区部分住房公积金闲置资金补充用于经济适用住房等住房建设。 2. 争取用3年时间基本解决城市低收入住房困难家庭住房及棚户区改造问题。 3. 加大对自住型和改善型住房消费的信贷支持力度，申请贷款购买二套房比照首套房优惠政策。 4. 对住房转让环节营业税暂定一年实行减免政策。将现行个人购买普通住房超过5年（含5年）转让免征营业税，改为超过2年（含2年）转让免征营业税；将个人购买普通住房不足2年转让的，由按其转让收入全额征收营业税，改为按其转让收入减去购买住房原价的差额征收营业税；个人购买非普通住房不足2年转让的，仍按其转让收入全额征收营业税（以上政策暂定执行至2009年12月31日）。 5. 取消城市房地产税。
37	建保〔2009〕91号	2009.5.22	《住房城乡建设部 发展改革委 财政部关于印发2009—2011年廉租住房保障规划的通知》	1. 2008年第四季度已开工建设廉租住房38万套，三年内再新增廉租住房518万套、新增发放租赁补贴191万户。 2. 进一步健全实物配租和租赁补贴相结合的廉租住房制度，并以此为重点加快城市住房保障体系建设，完善相关的土地、财税和信贷支持政策。
38	国办发〔2010〕4号	2010.1.7	《国务院办公厅关于促进房地产市场平稳健康发展的通知》	1. 购买第二套（含）以上住房的家庭贷款首付款比例不得低于40% 2. 已取得预售许可的房地产开发企业，要在规定时间内一次性公开全部房源，严格按照申报价格，明码标价对外销售。

序号	文号	成文时间	名称	主要内容
39	国发〔2010〕10号	2010.4.17	《国务院关于坚决遏制部分城市房价过快上涨的通知》	1. 对购买首套自住房且套型建筑面积在90平方米以上的家庭贷款首付款比例不得低于30%；对贷款购买第二套住房的家庭，贷款首付款比例不得低于50%，贷款利率不得低于基准利率的1.1倍；对贷款购买第三套及以上住房的，贷款首付款比例和贷款利率应大幅度提高。 2. 保障性住房、棚户区改造和中小套型普通商品住房用地不低于住房建设用地供应总量的70%，并优先保证供应。 3. 在坚持和完善土地招拍挂制度的同时，探索"综合评标""一次竞价""双向竞价"等出让方式，抑制居住用地出让价格非理性上涨。 4. 严禁非房地产主业的国有及国有控股企业参与商业性土地开发和房地产经营业务。 5. 商业银行要加强对房地产企业开发贷款的贷前审查和贷后管理。 6. 对取得预售许可或者办理现房销售备案的房地产开发项目，要在规定时间内一次性公开全部销售房源，并严格按照申报价格明码标价对外销售。 7. 落实地方各级人民政府责任。
40	国务院令第590号	2011.1.21	《国有土地上房屋征收与补偿条例》	对被征收房屋价值的补偿，不得低于房屋征收决定公告之日被征收房屋类似房地产的市场价格。被征收房屋的价值，由具有相应资质的房地产价格评估机构按照房屋征收评估办法评估确定。

附录 住房市场化改革以来中国主要房地产政策

序号	文号	成文时间	名称	主要内容
41	中华人民共和国住房和城乡建设部 中华人民共和国国家发展和改革委员会 中华人民共和国人力资源和社会保障部令第8号	2011.1.25	《房地产经纪管理办法》	规范房地产经纪活动，保护房地产交易及经纪活动当事人的合法权益。
42	国办发〔2011〕1号	2011.1.26	《国务院办公厅关于进一步做好房地产市场调控工作有关问题的通知》	1. 调整个人转让住房营业税政策，对个人购买住房不足5年转手交易的，统一按其销售收入全额征税。 2. 对贷款购买第二套住房的家庭，首付款比例不低于60%，贷款利率不低于基准利率的1.1倍。 3. 保障性住房、棚户区改造住房和中小套型普通商品住房用地不低于住房建设用地供应总量的70%。 4. 加强对企业土地市场准入资格和资金来源的审查，超过两年没有取得施工许可证进行开工建设的，必须及时收回土地使用权，并处以闲置一年以上罚款。 5. 对房地产开发建设投资达不到25%以上的（不含土地价款），不得以任何方式转让土地及合同约定的土地开发项目。
43	国办发〔2011〕45号	2011.9.28	《国务院办公厅关于保障性安居工程建设和管理的指导意见》	1. 大力推进以公共租赁住房为重点的保障性安居工程建设。 2. 据实际情况继续安排经济适用住房和限价商品住房建设。 3. 加快实施各类棚户区改造。棚户区（危旧房）改造要坚持政府主导、市场运作，发挥多方面积极性，改造资金由政府适当补助，住户合理负担。 4. 加大农村危房改造力度。

序号	文号	成文时间	名称	主要内容
44	国办发〔2013〕17号	2013.2.26	《国务院办公厅关于继续做好房地产市场调控工作的通知》	1. 继续严格执行商品住房限购措施。 2. 继续严格实施差别化住房信贷政策。 3. 充分发挥税收政策的调节作用。 4. 增加普通商品住房及用地供应。
45	银发〔2013〕287号	2014.9.26	《中国人民银行银监会发布关于进一步做好住房金融服务工作的通知》	1. 首套普通自住房贷款最低首付比例为30%，贷款利率下限为贷款基准利率的0.7倍。 2. 对于已结清第一套住房贷款的家庭申请第二套住房贷款执行首套房贷款政策。
46	中华人民共和国国务院令第656号	2014.11.24	《不动产登记暂行条例》	1. 该条例从2015年正式实施并试点运行。对"土地和房产"等不动产进行统一登记。房屋做不动产登记是房屋所有权公示手段。房屋产权的设立、变更、转让和消灭，经依法登记，发生效力；未经登记，不发生效力。 2. 允许农村集体建设用地进入市场，和国有建设用地"同地、同权、同价"。
47	国发〔2015〕37号	2015.6.25	《国务院关于进一步做好城镇棚户区和城乡危房改造及配套基础设施建设有关工作的意见》	1. 加快城镇棚户区改造。 2. 完善配套基础设施。 3. 推进农村危房改造。 4. 推动政府购买棚改服务。 5. 推广政府与社会资本合作模式。 6. 构建多元化棚改实施主体。 7. 发挥开发性金融支持作用。
48	国发〔2015〕51号	2015.9.9	《国务院关于调整和完善固定资产投资项目资本金制度的通知》	房地产开发项目：保障性住房和普通商品住房项目维持20%不变，其他项目由30%调整为25%。

序号	文号	成文时间	名称	主要内容
49		2015.11.20	国务院法制办公室发布《住房公积金管理条例（修订送审稿）》①	1. 明确购买、建造、大修、装修自住住房，无房职工支付自住住房租金，职工支付自住住房物业费，均可以提取公积金；发生上述支出及偿还住房贷款本息时，还可同时提取配偶的公积金。 2. 划定住房公积金缴存比例上下限。2002修订版的《公积金管理条例》中只设定了5%的较低缴存比例，并未对缴存基数作出上下限规定。2005年住建部曾下发一个指导意见，但也留下"具体标准由各地根据实际情况确定"的口子。
50	国发〔2017〕3号	2017.1.3	国务院关于印发全国国土规划纲要（2016—2030年）的通知	1. 约束性要求耕地保有量2015年为18.65亿亩，2020年为18.65亿亩，2030年为18.25亿亩。 2. 约束性要求国土开发强度2015年为4.02%，2020年为4.24%，2030年为4.62%。 3. 预期性目标城镇空间2015年为8.90万平方千米，2020年为10.21万平方千米，2030年为11.67万平方千米。 4. 控制生产空间，减少工业用地比例；适当增加生活空间。 5. 推动低效建设用地再开发。

---

① 该文件属于修订送审稿，截至本书完成之日尚未正式出台，故无文号。

参考文献

1. ［美］阿列克斯·施瓦兹：《美国住房政策》，黄瑛译，中信出版社 2008 年版。

2. 安体富、葛静：《关于房地产税立法的几个相关问题研究》，《财贸经济》2014 年第 8 期。

3. 敖青：《我国房地产金融风险演进与风险抑制研究——基于日本 20 世纪 80 年代房地产泡沫的启示》，硕士学位论文，广东省社会科学院国际贸易学，2015 年。

4. 曹国志：《房地产市场非理性消费行为研究》，硕士学位论文，中南林业大学企业管理，2012 年。

5. 昌磊：《基于评税目的的房地产价值评估体系研究》，硕士学位论文，大连理工大学土木工程管理，2008 年。

6. 陈彦斌、邱哲圣：《高房价如何影响居民储蓄率和财产不平等》，《经济研究》2011 年第 10 期。

7. 陈卓：《需求视角下的房地产价格影响因素研究》，硕士学位论文，西南财经大学产业经济学专业，2010 年。

8. 成思危：《中国城镇住房制度改革：目标模式与实施难点》，民主与建设出版社 1999 年版。

程大涛：《我国房地产价格上涨驱动机理分析》，《财贸经济》2010 年第 8 期。

9. 程瑶：《土地财政与中国房地产税》，南京大学出版社 2013 年版。

10. 程仲鸣等：《政府干预、金字塔结构与地方国有上市公司投资》，《管理世界》2008 年第 8 期。

11. ［日］池田信夫人：《失去的二十年：日本经济长期停滞的真正原

因》，机械工业出版社 2012 年版。

12. ［美］大卫·林恩、蒂姆·王:《新兴市场房地产投资:在中国、印度和巴西的投资》，郭红、孟昊译，东北财经大学出版社 2012 年版。

13. 单志鹏:《在宏观调控中土地政策对房地产市场的影响效果研究》，博士学位论文，吉林大学行政管理专业，2013 年。

14. 邓富民、梁学栋:《宏观经济、政府规制与房地产市场发展》，《经济研究》2012 年第 12 期。

15. 邱振龙:《美国次贷危机的形成及传导机制研究》，博士学位论文，东北师范大学世界经济专业，2013 年。

16. 董藩等:《房地产经济学》，清华大学出版社 2012 年版。

17. 董裕平、宣晓影:《日本的房地产税收制度与调控效应及其启示》，《金融评论》2011 年第 3 期。

18. 杜莉等:《房价上升对城镇居民平均消费倾向的影响——基于上海市入户调查数据的实证研究》，《金融研究》2013 年第 3 期。

19. 范剑勇、邵婷:《挺房价水平、差异化产品区位分布与城市体系》，《经济研究》2011 年第 2 期。

20. 范允奇、王艺明:《中国房价影响因素的区域差异与时序变化研究》，《贵州财经大学学报》2014 年第 1 期。

21. 方福前、张艳丽:《城乡居民不同收入的边际消费倾向及变动趋势分析》，《财贸经济》2011 年第 4 期。

22. 方梅:《房地产市场与城市经济协调发展研究》，博士学位论文，华中科技大学西方经济学专业，2006 年。

23. 房地产金融市场分析小组撰写:《中国房地产金融报告 2014》，中国金融出版社 2015 年版。

24. 冯科、何理:《中国房地产市场"限购政策"研究——基于反需求函数的理论与经验分析》，《经济学动态》2012 年第 2 期。

25. 冯维江、何帆:《日本股市与房地产泡沫起源及崩溃的政治经济解释》，《世界经济》2008 年第 1 期。

26. 高波、赵奉军:《中国房地产周期波动与宏观调控》，商务印书馆2012 年版。

27. 高波等:《预期、收入差距与中国城市房价租金"剪刀差"之谜》,《经济研究》2013 年第 6 期。

28. 宫汝凯:《分税制改革、土地财政和房价水平》,《世界经济文汇》2012 年第 4 期。

29. 龚强、许蔓:《中国房地产市场投资性需求分析》,《浙江社会科学》2010 年第 3 期。

30. 顾澄龙等:《住房公积金制度、房价与住房福利》,《经济学(季刊)》2015 年第 10 期。

31. 顾海峰、张元姣:《货币政策与房地价格调控:理论与中国经验》,《经济研究》2014 年第 1 期。

32. 顾乃华等:《我国土地财政的区域差异与成因——基于省际面板数据的实证研究》,《产经评论》2011 年第 2 期。

33. 郭宏宝:《房产税改革的经济效应:理论、政策与地方税制的完善》,中国社会科学出版社 2013 年版。

34. 郭婧娟:《房地产供应链成本构成及对房价的推动机理研究》,博士学位论文,北京交通大学产业经济学专业,2013 年。

35. 郭珂:《土地财政依赖、财政缺口与房价——基于省际面板数据的研究》,《经济评论》2013 年第 2 期。

36. 何宾宾:《收入差距对居民住房需求的影响研究》,硕士学位论文,南京大学产业经济学,2013 年。

37. 侯一麟、马海涛:《中国房地产税设计原理和实施策略分析》,《财政研究》2016 年第 2 期。

38. 胡洪曙:《财产税的税率设计研究》,《财贸经济》2010 年第 10 期。

39. 黄静:《中国房地产价格上涨的广义财富效应研究》,博士学位论文,上海大学管理科学与工程专业,2010 年。

40. 黄速建、余菁:《国有企业的性质、目标与社会责任》,《中国工业经济》2006 年第 2 期。

41. 黄兴文、蒋丽红著:《住房体制市场化改革——成就、问题、展望》,中国财政经济出版社 2009 年版。

42. 惠博、张琦:《美国、新加坡保障性住房发展经验及对我国的借鉴》,《海南金融》2011 年第 5 期。

43. 纪敏、王月:《结构性价格上涨的结构和总量分析视角》,《经济学动态》2010 年第 7 期。

44. 贾康、刘微:《"土地财政":分析及出路——在深化财税改革中构建合理规范可持续的地方土地生财机制》,《财政研究》2012 年第 1 期。

45. 姜建:《我国房地产市场调控政策研究》,博士学位论文,华中科技大学西方经济学专业,2012 年。

46. 金碚:《论国有企业改革再定位》,《中国工业经济》2010 年第 4 期。

47. 柯复:《谈房地产征收补偿和损害赔偿的标准》,2005 年国际房地产估价学术研讨会论文集,2005 年。

48. 况伟大、李涛:《土地出让方式、地价与房价》,《金融研究》2012 年第 8 期。

49. 况伟大:《房产税、地价与房价》,《中国软科学》2012 年第 4 期。

50. 况伟大:《房地产税市场结构与房价》,《经济理论与经济管理》2012 年第 1 期。

51. 况伟大:《房价变动与中国城市居民消费》,《世界经济》2011 年第 10 期。

52. 况伟大:《预期、投机与中国城市房价波动》,《经济研究》2010 年第 9 期。

53. 况伟大等:《房产税对房价的影响:来自 OECD 国家的证据》,《财贸经济》2012 年第 5 期。

54. 李斌:《物业管理:理论与实务》,复旦大学出版社 2012 年版。

55. 李超等:《中国住房需求持续高涨之谜——基于人口结构视角》,《经济研究》2015 年第 5 期。

56. 李春风:《房价波动对我国城镇居民消费的影响研究》,博士学位论文,湖南大学理论经济学专业,2013 年。

57. 李春华等编著:《中国房地产发展报告. No. 13》,社会科学文献出版社 2016 年版。

58. 李莉、王旭:《美国公共住房政策的演变与启示》,《东南学术》

2007 年第 5 期。

59. 李鹏：《土地出让收益、公共品供给及对城市增长影响研究》，博士学位论文，浙江大学经济系，2013 年。

60. 李雪松、黄彦彦：《房价上涨、多套房决策与中国城镇居民储蓄率》，《经济研究》2015 年第 9 期。

61. 李永友：《房价上涨的需求驱动和涟漪效应——兼论我国房价问题的应对策略》，《经济学（季刊）》2014 年第 2 期。

62. 李玉杰、王庆石：《房地产业对相关产业带动效应的国际比较研究》，《世界经济与政治论坛》2010 年第 6 期。

63. 李玉洁：《中国房地产业与国民经济关联关系及协调发展研究》，博士学位论文，东北财经大学应用经济学专业，2011 年。

64. 廖昕雁：《城郊农民拆迁意愿及补偿需求研究》，硕士学位论文，江西农业大学公共管理系，2014 年。

65. 林毅夫：《自生能力与我国当前资本市场的建设》，《经济学（季刊）》2004 年第 1 期。

66. 刘畅、冀云阳：《我国开征遗产税的收入分配效应》，《财经问题研究》2016 年第 3 期。

67. 刘明慧、赵敏捷：《房地产税改革定位的相关问题辨析》，《经济与管理评论》2014 年第 3 期。

68. 刘祺阳、罗志刚：《我国房地产政策的演变与调控绩效》，《江汉论坛》2014 年第 9 期。

69. 刘廷：《中国大城市房价高涨背后的人口因素研究》，硕士学位论文，山西师范大学金融学专业，2015 年。

70. 刘宪：《房地产泡沫对技术进步的消极影响及其对策—关于中日房地产泡沫的比较分析》，《人民论坛》2015 年第 21 期。

71. 刘宪：《非生产性资产泡沫与日本经济增长》，《日本研究》2010 年第 3 期。

72. 刘佐：《中国改革开放以来房地产税改革的简要回顾与展望》，《财贸经济》2011 年第 12 期。

73. 卢彪：《房价上涨与中国居民消费——财富效应还是挤出效应》，

硕士学位论文，西南财经大学西方经济学，2014 年。

74. 陆嘉玮等：《债务来源、产权性质与房地产企业过度投资》，《经济与管理研究》2016 年第 9 期。

75. 陆铭等：《理性还是泡沫：对城市化、移民和房价的经验研究》，《世界经济》2014 年第 1 期。

76. 吕萍等：《快速城镇化过程中我国的住房政策》，《中国软科学》2010 年第 8 期。

77. 米旭明：《房地产税、居住需求与税基评估：参照美国做法》，《改革》2012 年第 12 期。

78. 闵一峰：《城市房屋拆迁补偿制度的经济学研究》，博士学位论文，南京农业大学土地资源管理，2005 年。

79. 潘家华、李景国：《中国房地产发展报告 No. 8》，社会科学文献出版社 2011 年版。

80. 齐晓华：《中国学者有关 FDI 理论及模型的比较分析》，《世界经济研究》2004 年第 4 期。

81. 钱津：《论国有企业改革的分类与分流》，《经济纵横》2016 年第 1 期。

82. 瞿晓琳：《改革开放初期城市住房紧张问题及其初步缓解》，《当代中国史研究》2016 年第 3 期。

83. 阙彬：《房地产市场供求非均衡》，西南交通大学出版社 2011 年版。

84. 饶煜东：《我国房价与地价关系研究》，硕士学位论文，西南财经大学经济学专业，2013 年。

85. 戎雪：《外商直接投资（FDI）对我国房地产市场的影响分析》，硕士学位论文，华中科技大学公共管理学院，2008 年。

86. 上海财经大学财经研究所·中国经济研究中心撰写：《国民经济安全研究——房地产泡沫、经济波动与政府调控》，上海财经大学出版社有限公司 2008 年版。

87. 邵朝对等：《房价、土地财政与城市集聚特征：中国式城市发展之路》，《管理世界》2016 年第 2 期。

88. 师展：《地方政府土地出让行为及其市场影响研究》，硕士学位论文，清华大学管理科学与工程系，2011年。

89. 史代平等：《投资乘数影响因素的扩展研究》，《财经科学》2014年第7期。

90. 谭锐、王珺：《住房投资性需求对城市规模的影响机制——基于中国城市的理论研究》，《经济系动态》2014年第5期。

91. 谭锐：《住房投资性需求与中国城市规模扩张——基于空间均衡模型的分析》，《经济评论》2013年第5期。

92. 唐浩等：《金融危机背景下中国的投资乘数效应与防通胀分析》，《经济学家》2010年第4期。

93. 唐健、徐小峰：《近年来房地产调控中的土地政策评析》，《中国土地科学》2011年第3期。

94. 唐莉、张永娟：《房地产产业链关联性的分析研究》，《世界经济文汇》2006年第3期。

95. 汪利娜：《货币政策在房地产调控中的不确定性》，《财经科学》2008年第5期。

96. 王刚：《货币政策调控对房地产市场的影响研究》，博士学位论文，西南财经大学产业经济学，2010年。

97. 王国军、刘水杏：《房地产业对相关产业的带动效应研究》，《经济研究》2004年第8期。

98. 王佳杰等：《国企分红、过度投资与国有资本经营预算制度的有效性》，《经济学动态》2014年第4期。

99. 王猛等：《土地财政、房价波动与城乡消费差距——基于面板数据联立方程的研究》，《产业经济研究（双月刊）》2013年第5期。

100. 王鹏、王灿华：《基于适应性预期的房地产价格驱动因素分析》，《财贸研究》2012年第4期。

101. 王文春、荣昭：《房价上涨对工业企业创新的抑制影响研究》，《经济学（季刊）》2014年第2期。

102. 王先柱、赵晨：《货币政策抑制了房地产需求吗——基于消费需求和投资需求比较视角》，《财贸研究》2014年第4期。

103. 王先柱、赵奉军:《房价波动与财政收入:传导机制与实证分析》,《财贸经济》2012 年第 11 期。

104. 王菅、朱博文:《多元利益驱动下地方政府对企业信贷的干预机制研究》,《南方经济》2014 年第 4 期。

105. 王跃生:《FDI 理论发展与我国企业对外投资的基础》,《南方金融》2007 年。

106. 卫欢:《美国公共住房制度及其对中国的启示》,《改革与战略》2016 年第 4 期。

107. 魏丽艳:《社会保障性住房供给机制及方法研究》,中国社会科学出版社 2014 年版。

108. 吴晓瑜等:《中国的高房价是否阻碍了创业》,《经济研究》2014 年第 9 期。

109. 吴智慧:《中国家具产业的现状和发展趋势》,《家具》2013 年第 5 期。

110. 伍冠玲:《美国房地产税制及启示》,《上海房地》2010 年第 9 期。

111. 武可:《我国公共住房政策历史及现状》,《商业经济》2010 年第 3 期。

112. 冼国明、欧志斌:《FDI 对中国国内投资的挤入和挤出效应及进入壁垒对该效应的影响——基于行业面板数据的重新检验》,《跨国公司与国际投资》2008 年第 3 期。

113. 向为民、伯彦村:《我国房地产业后向、前向和环向产业关联度研究及政策建议》,《重庆理工大学学报(社会科学)》2014 年第 5 期。

114. 肖卫国等:《房价影响消费的非线性特征——基于 1999—2012 年中国宏观数据的实证分析》,《经济评论》2014 年第 5 期。

115. 肖卫国等:《住房价格、消费与中国货币政策最优选择:基于异质性房价预期的视角》,《经济评论》2012 年第 4 期。

116. 谢福泉、黄俊晖:《城镇化与房地产市场供需:基于中国数据的检验》,《上海经济研究》2013 年第 8 期。

117. 谢卉:《征收房产税对投资性购房的影响研究》,硕士学位论文,湖南大学国际商务系,2013 年。

118. 谢家瑾:《房地产这十年：房地产风雨兼程起起伏伏之内幕》，中国市场出版社2009年版。

119. 谢琦:《房地产价格上涨对居民消费需求影响的实证研究》，《社会科学辑刊》2012年第6期。

120. 邢戬:《住房价格决定机制与住房供给制度研究》，博士学位论文，吉林大学数量经济学系，2013年。

121. 熊华平:《中国房地产业发展轨迹与影响因素研究》，中国建筑工业出版社2012年版。

122. 徐春华:《对外开放、房价上涨与居民边际消费倾向》，《国际贸易问题》2015年第1期。

123. 许莉、郭定文:《我国政府支出对私人投资影响的实证分析》，《经济问题探索》2009年第4期。

124. 杨丹辉:《外商投资企业竞争优势与市场份额分析》，《上海经济研究》2001年第5期。

125. 尹冰清:《国有企业投资房地产问题研究》，经济管理出版社2016年版。

126. 于丹等:《消费者购房需求及个人因素的影响研究》，《管理评论》2007年第9期。

127. 于海静:《河北省城镇居民收入与消费协整关系的实证分析》，《经济论坛》2007年第11期。

128. 余华义、陈东:《中国地价、利率与房价的关联性研究》，《经济评论》2009年第4期。

129. 余华义、黄燕芬:《货币政策影响下收入和房价的跨区域联动》，《中国软科学》2015年第10期。

130. 余华义:《经济基本面还是房地产政策在影响中国的房价》，《财贸经济》2010年第3期。

131. 詹世鸿:《中国房地产市场与宏观经济运行的关联性研究》，博士学位论文，吉林大学经济计量学系，2012年。

132. 张冲:《中国人口结构对住房需求的影响：理论与实证检验》，博士学位论文，西南财经大学人口经济学，2014年。

133. 张传勇:《中国房价波动的收入分配效应研究》,博士学位论文,华东师范大学世界经济专业,2012 年。

134. 张海洋等:《投资性需求对我国房价影响程度的实证分析》,《软科学》2011 年第 3 期。

135. 张浩等:《教育资源配置机制与房价——我国教育资本化现象的实证分析》,《金融研究》2014 年第 5 期。

136. 张红编著:《房地产经济学(第二版)》,清华大学出版社 2005年版。

137. 张慧一:《近三年我国房地产需求特征变化调查》,《经济纵横》2014 年第 11 期。

138. 张平、侯一麟:《房地产税的纳税力、税负分布及再分配效应》,《经济研究》2016 年第 12 期。

139. 张桥云:《完善我国住房金融制度研究——基于美国的经验与教训》,西南财经大学出版社 2013 年版。

140. 张双长、李稻葵:《"二次房改"的财政基础分析——基于土地财政与房地产价格关系的视角》,《财政研究》2010 年第 7 期。

141. 张蔚:《货币政策与财政政策的房地产调控效果比较研究》,硕士学位论文,湘潭大学金融学专业,2014 年。

142. 张文君:《货币需求的投机性动机还是预防性储蓄:来自房地产行业的证据》,《财务与金融》2012 年第 5 期。

143. 章卫东、赵琪:《地方政府干预下国有企业过度投资问题研究——基于地方政府公共治理目标视角》,《中国软科学》2014 年第 6 期。

144. 赵放:《平等与效率的冲突——围绕日本遗产税存与废的争论》,《日本研究》2009 年第 2 期。

145. 赵伟、周小付:《基于功能定位的遗产税框架设计》,《中央财经大学学报》2014 年第 2 期。

146. 赵霞:《我国房价波动的内在推动力研究》,硕士学位论文,哈尔滨商业大学国民经济,2016 年。

147. 赵杨:《中国房地产市场财富效应研究》,博士学位论文,吉林大学数量经济学,2012 年。

148. 郑华：《房地产市场分析方法：数据分析与案例》，电子工业出版社2011年版。

149. 郑娟尔：《土地供应模式和供应量影响房价的理论探索与实证研究》，博士学位论文，浙江大学土地资源管理，2006年。

150. 郑书耀：《从日本房地产泡沫看我国房地产市场的发展》，《经济论坛》2014年第5期。

151. 中国人民大学中国宏观经济论坛课题组编撰：《中国现阶段宏观经济政策因应：缘自增长目标与民生目标协同》，《改革》2011年第7期。

152. 中国人民大学中国宏观经济分析与预测课题组编撰：《中国宏观经济分析与预测：2011—2012》，《改革》2011年第11期。

153. 中国人民银行研究局课题组撰写：《当前价格形势及变化趋势分析》，《金融发展评论》2010年第5期。

154. 钟明：《房地产产业联动机制及市场风险演化模式研究》，博士学位论文，华南理工大学企业管理专业，2014年。

155. 周飞舟：《大兴土木：土地财政与地方政府行为》，《经济社会体制比较（双月刊）》2010年第3期。

156. 周华东、周亚虹：《收入差距推动了我国房价上涨吗？》，《产业经济研究（双月刊）》2015年第4期。

157. 周佳梅：《经济开放度影响中国房地产价格的区域差异性研究》，硕士学位论文，湘潭大学商学院，2016年。

158. 周建安：《我国积极财政政策的投资效应研究》，《湖南师范大学社会科学学报》2009年第4期。

159. 周建华、周倩：《高房价背景下农民工留城定居意愿及其政策含义》，《经济体制改革》2014年第1期。

160. 周阳敏：《房地产中央企业经营效率研究》，《中国工业经济》2010年第7期。

161. 周毅：《美国房地产税制度概述》，《改革》2011年第3期。

162. 朱冬亮等：《政策供给与农民需求——征地拆迁难题的原因及机制分析》，《探索》2007年第4期。

163. 朱国钟、颜色：《住房市场调控新政能够实现"居者有其屋"

吗？——一个动态一般均衡的理论分析》，《经济学（季刊）》2013 年第 3 期。

164. 朱媛玲：《我国房地产市场价格区域差异的计量研究》，博士学位论文，吉林大学数量经济学专业，2012 年。

165. 朱珍：《国企分红制度：现行模式探讨与宪政框架重构》，《金融与经济》2010 年第 5 期。

166. 朱志强、杨红员：《关注美国次贷危机加强金融市场监管——美国次贷危机的起因、传导、危害和启示》，《河北金融》2008 年第 11 期。

167. 祝婕：《影响我国房价因素的区域差异性分析》，硕士学位论文，山东大学计量经济学，2016 年。

168. 邹瑾：《人口老龄化与房价波动——来自中国的经验证据》，《财经科学》2014 年第 6 期。

169. 邹琳华等：《投资需求扩张、房价上涨与住房限购——一个基于大国政策的准自然实验》，《城市发展研究》2014 年第 6 期。

170. 左翔、殷醒民：《土地一级市场垄断与地方公共品供给》，《经济学（季刊）》2013 年第 2 期。

171. A. Kraay, Household Saving in China, *World Bank Economic Review*, 2000, 14 (3).

172. A. Nocera and M. Roma, *House Prices and Monetary Policy in the Euro Area: Evidence from Structural VARs*, Social Science Electronic Publishing, 2017.

173. Atif R. Mian, *House Prices, Homeowner Borrowing, and the U. S. Household Leverage Crisis*, Nber Working Papers, 2009.

174. B. Bernanke and M. Gertler, Monetary Policy and Asset Price Volatility, *Federal Reserve Bank of Kansas City Economic Review*, Fourth Quarter, Mark Gertler, 1999, 84 (September).

175. B. S. Bernanke, Gertler M, Inside the Black Box: The Credit Channel of Monetary Policy Transmission, *Journal of Economic Perspectives*, 1995, 9 (4).

176. C. Batisse, Dynamic Externalities and Local Growth : A Panel Data

Analysis Applied to Chinese Provinces, *China Economic Review*, 2002, 13（2）.

177. D. J. Henderson, R. J. Carrol, and Q. Li, Nonparametric Estimation and Testing of Fixed Effects Panel Data Models, *Journal of Econometrics*, 2008, 144（1）.

178. E. Hui and S. Yue, Housing Price Bubbles in Hong Kong, Beijing and Shanghai: A Comparative Study, *The Journal of Real Estate Finance and Economics*, 2006, 33（4）.

179. E. L. Glaeser, H. D. Kallal, Jose A. Scheinkman, and A. Shleifer, Growth in Cities, *Journal of Political Economy*, 1992, 100（6）.

180. E. L. Glaeser, J. Gyourko J, R. E. Saks, Urban Growth and Housing Supply, *Journal of Economic Geography*, 2006, 6（1）.

181. E. L. Glaeser, J. D. Gottlieb, The Wealth of Cities: Agglomeration Economies and Spatial Equilibrium in the United States, *Journal of Economic Literature*, 2009, 47（4）.

182. E. P. Davis, H. Zhu, Bank Lending and Commercial Property Cycles: Some Cross－Country Evidence, *Journal of International Money & Finance*, 2011, 30（1）.

183. F. Kajuth, The Role of Liquidity Constraints in the Response of Monetary Policy to House Prices, *Journal of Financial Stability*, 2010, 6（4）: 230-242.

184. F. Magne, S. Rady, Housing Market Dynamics: On the Contribution of Income Shocks and Credit Constraints, *Discussion Papers in Economics*, 2006. 73（2）.

185. F. Michael, Wayne Martin, M. Morrison, *China's "Hot Money" Problems*, Congressional Research Service Reports, 2008. 21（7）.

186. G. Duranton, D. Puga, Diversity and Specialisation in Cities: Why, Where and When Does it Matter?. *Urban Studies*, 2016, 37（3）.

187. G. Mion, Spatial Externalities and Empirical Analysis: the Case of Italy, *Journal of Urban Economics*, 2004.

188. Gordon Hanson, Market Potential, Increasing Returns and

Geographic Concentration, *Journal of International Economics*, 2005, 67 (1).

189. H. Hong, J. Scheinkman, and W. Xiong, Asset Float and Speculative Bubbles, *The Journal of Finance*, 2006, 61 (3).

190. J. Cantwell, *Foreign Direct Investment and Technological Change*, Edward Elgar Pub, 1999.

191. J. Contreras, and J. Nichols, Consumption Responses to Permanent and Transitory Shocks to House Appreciation, *Finance & Economics Discussion*, 2011.

192. J. Gallin, The Long‒Run Relationship between House Price and Income: Evidence from Local Housing Markets, *Real Estate Economics*, 2006, 34 (3).

193. J. Hoeslim, J. Lekander and W. Witkiewicz, International Evidence on Real Estate, *Journal of Real Estate Research*, 2004, 26 (2).

194. Jianfu Shen, Xianting Yin, Credit Expansion, State Ownership and Capital Structure of Chinese Real Estate Companies, *Journal of Property Investment & Finance*, 2016, Vol. 34 (3).

195. Jie Gan, Housing Wealth and Consumption Growth: Evidence from a Large Panel of Households, *The Review of Financial Studies*, 2010, 23 (6).

196. Jing Li, Yat‒Hung, What Pushes up China's Real Estate Price? *International Journal of Housing Markets and Analysis*, 2012, Vol. 5 (2).

197. J. McCaethy, R. Peach, *Are Home Prices the Next Bubble*, Social Science Electronic Publishing, 2004.

198. J. Muellbauer, *Housing, Credit and Consumer Expenditure*, Cepr Discussion Papers, 2008.

199. J. Ooi, S. Lee, Price Discovery Between Residential Land and Housing Markets, *Journal of Housing Research*, 2006, 15 (2).

200. J. S. Bain, *Barriers to New Competition*, Harvard University Press, 1956.

201. J. Westerlund, Testing For Error Correction in Panel Data, *Oxford Bulletin of Economics & Statistics*, 2007, 69 (6).

202. K. Aoki, and J. Ptoudman, and G. Vlieghe, House Price, Consumption and Monetary Policy: A Financial Accelerator Approach, *Journal of Financial Intermediation*, 2004, Vol. 15 No. 13.

203. K. Carstensen, O. Hulsewig, T. Wollmershaeuser , *Monetary Policy Transmission and House Prices: European Cross - Country Evidence*, Social Science Electronic Publishing, 2009 (8).

204. Li Tian, Wenjun Ma, Government Intervention in City Development of China: A Tool of Land Supply, *Land Use Policy*, 2009, (26).

205. Man Cho, Congestion Effects of Spatial Empirical Analysis, *Real Estate Economics*, 2003 (25).

206. Matteo Iacoviello, Consumption, House Prices, and Collateral Constraints: A Structural Econometric Analysis, *Journal of Housing Economics*, 2004, 13 (4) .

207. M. D. Chamon, E. S. Prasad, Why Are Saving Rates of Urban Households in China Rising? *American Economic Journal Macroeconomics*, 2010, 2 (1).

208. M. Iacociello, M, Housing Prices, Borrowing Constraints, and Monetary Policy in the Business Cycle, *American Economic Review*, 2005, 95 (3) .

209. M. Richarel, S. Betta, J. Ely., *Basic Real Estate Appraisal*, Prentice Hall, 2002 (7).

210. N. K. Chen, S. S. Chen, Y. H. Chou, House Prices, Collateral Constraint, and the Asymmetric Effect on Consumption, *Journal of Housing Economics,*, 2010, 19 (1).

211. N. Kiyotaki, A. Michaelides, K. Nikolov, *Winners and Losers in Housing Markets*, Cdma Conference Paper Series, 2007.

212. Norman Miller, Liang Peng, Exploring Metropolitan Housing Price Volatility, *Journal of Real Estate Finance & Economics*, 2006, 33 (1).

213. P. Pedroni, Critical Value for Cointegration Tests in Heterogeneous Panels with Multiple Regressors, *Oxford Bulletin of Economics & Statistics*, 2010, 61 (S1) .

参考文献

214. Qigui Liu, Xiaofei Pan, Gary Tian, To What Extent did the Economic Stimulus Package Influence Bank Lending and Corporate Investment Decisions? Evidence from China, *Journal of Bank and Finance*, 2016.

215. Q. Liang, H. Cao, Property Prices and Bank Lending in China, *Journal of Asian Economics*, 2007.

216. R. B. Andrews, A. R. Bruce, *Urban Land Economics and Public Policy*, Macmillan, 1995.

217. R. Bostic, S. Gabriel, G. Painter. Housing Wealth, Financial Wealth, and Consumption: New Evidence from Micro Data, *Regional Science & Urban Economics*, 2009, 39 (1).

218. R. Dieci, F. Westerhoff, *A Simple Model of a Speculative Housing Market*, Berg Working Paper, 2012, 22 (2).

219. Ren Wang, Jie Hou, Xiaobei He, Real Estate Price and Heterogeneous Investment Behavior in China, *International Journal of Housing Markets and Analysis*, 2017, Vol. 60.

220. R. H. Edelstein, K. H. Kim, Special Issue on Housing and the Macroeconomy: The Nexus, *Journal of Housing Economics*, 2004, 13 (4).

221. R. J. Arnott and J. E. Stiglitz, Aggregate Land Rents, Expenditure on Public Goods, and Optimal City Size, *The Quarterly Journal of Economics*, 1979, 93 (4).

222. R. J. Barro, Government Spending in a Simple Model of Endogenous Growth, *Journal of Political Economy*, 1990, 98 (5).

223. R. Martin, The Local Geographies of the Financial Crisis: from the Housing Bubble to Economic Recession and beyond, *Journal of Economic Geography*, 2011, 11 (4).

224. S. G. Hany, I. G. Christos, I. A. Randy, *the US Housing Market*: *Asset Pricing Forecasts Using Time Varying Coefficient*, Social Science Electronic Publishing, 2005, 30 (1).

225. Shangjin Wei, Xiaobo zhang, Yin Liu, *Status Competition and Housing Price*, NBER Working Papers, 2012.

226. S. Holly, M. H. Pesaran, T. Yamagata, The Spatial and Temporal Diffusion of House Prices in the UK, *Journal of Urban Economics*, 2011, 69 (1).

227. Siqi Zheng, M. E. Kahn, Does Government Investment in Local Public Good Spur Gentrification? Evidence from Beijing, *Real Estate Economics*, 2013, 41 (1).

228. Tao Liu, Guangzhong Cao, Yan Yan, Raymond Yu Wang: Urban Land Marketization in China, Central Policy, Local Initiative, and Market Mechanism, *Land Use Policy*, 2016, 57.

229. T. P. Boehm and A. M. Schlottmann, The Dynamics of Race, Income, and Homeownership, *Journal of Urban Economics*, 2004, 55 (1).

230. W. Peng, D. C. Tam, M. S. Yiu, Property Market and the Macroeconomy of Mainland China, a Cross Region Study, *Pacific Economic Review*, 2008, 13 (2).

231. Yongheng Deng, Randall Morck, Jing Wu, Bernard Yeung, *Monetary and Fiscal Stimuli*, *Ownership Structure*, *and China's Housing Market*, Social Science Electronic Publishing, 2011.

232. Zan Yang, Rongrong Ren, Hongyu Liu, Huan Zhang, Land Leasing and Local Government Behaviour in China: Evidence from Beijing, *Urban Studie*, 2015, 52 (5).

233. Zeng Tao, Institutional Environment, Inside Ownership and Effective Tax Rate, *Nankai Business Review International*, 2011, Vol. 2 (4).

后　记

　　房地产作为国民经济的支柱产业之一，对经济发展的"双刃剑"作用值得我们关注。日前社会上几乎"一边倒"地负面评价房地产发展现状，本书认为有失偏颇。因此本书站在比较中立的立场，对中国房地产市场非理性繁荣对实体经济的影响进行较为综合、系统的论述。从这个视角来说，本书的部分观点是探索性的，且由于数据获取的难度，本书一定存在诸多错漏、不当之处，恳请各位专家和学者赐教。

　　本书的写作得到四川师范大学文晟区域经济与产业发展研究中心的鼎力支持。四川师范大学文晟区域经济与产业发展研究中心系四川师范大学与重庆文晟投资管理有限公司联合设立的政策研究与咨询机构，主要研究中国区域经济、社会发展和改革开放中的热点问题、前瞻性问题、长期性问题及难点问题。感谢四川师范大学文晟区域经济与产业发展研究中心的各位同仁，他们对本书的研究工作提出不少有益的意见和建议。感谢四川师范大学经济与管理学院的研究生叶燕平、许辰迪、江婷婷、卓美琼、万千、杨玉莹、欧阳小雪、李诗兰，以及本科生苏丹娜、冯嫱薇、陈子培、邹风帆、饶津竹等同学，他们在本研究开展过程中，做了大量基础资料（含数据）收集与梳理工作。

蒲　艳

2017 年 11 月

责任编辑：高晓璐　周文婷

图书在版编目(CIP)数据

中国房地产市场繁荣对实体经济的影响研究/蒲艳 等 著. —北京：
　人民出版社,2018.1
　ISBN 978－7－01－018743－3

Ⅰ.①中…　Ⅱ.①蒲…　Ⅲ.①房地产市场-影响-中国经济-经济发展-
　研究　Ⅳ.①F124

中国版本图书馆 CIP 数据核字(2017)第 324231 号

中国房地产市场繁荣对实体经济的影响研究
ZHONGGUO FANGDICHAN SHICHANG FANRONG DUI SHITI JINGJI DE YINGXIANG YANJIU

蒲艳　汤晖　王官诚　李康荣　周勇　著

人民出版社 出版发行
(100706　北京市东城区隆福寺街 99 号)

北京龙之冉印务有限公司印刷　新华书店经销

2018 年 1 月第 1 版　2018 年 1 月北京第 1 次印刷
开本：710 毫米×1000 毫米 1/16　印张：15.75
字数：305 千字

ISBN 978－7－01－018743－3　定价：49.00 元

邮购地址 100706　北京市东城区隆福寺街 99 号
人民东方图书销售中心　电话 (010)65250042　65289539

版权所有·侵权必究
凡购买本社图书,如有印制质量问题,我社负责调换。
服务电话:(010)65250042